W0064227

Als Dorothea Lasky und Alex Dimitrov sich 2010 in einem New Yorker Loft über den Weg liefen, spürten die beiden sofort eine innige Verbindung – kaum verwunderlich, sind Widder und Schütze doch das ideale Match. Die halbe Nacht fachsimpelten die beiden Dichter über Sternkonstellationen und die Bewegungen der Planeten. Heute sind sie beste Freunde und die kreativen Köpfe hinter dem Twitteraccount @poetastrologers. Mit ihren geistreichen und pointierten Tweets über die perfektionistische Jungfrau (Beyoncé), den kopflastigen Zwilling (Bob Dylan) und die liebesdurstige Waage (Oscar Wilde) sind sie die Gurus einer neuen Generation junger Astrologie-Interessierter.

ALEX DIMITROV hat bisher drei Gedichtbände veröffentlicht. Seine Arbeiten wurden im *New Yorker*, der *Paris Review* und der *New York Times* veröffentlicht.

DOROTHEA LASKY ist Autorin von sechs Büchern – Gedichte und Prosa. Ihre Arbeiten wurden im *New Yorker* veröffentlicht. Sie ist lehrt an der Columbia University School of the Arts.

Alex Dimitrov
Dorothea Lasky

ASTRO-GUIDE

FÜR DAS
21. JAHRHUNDERT

Mit den Astro Poets verstehen,
wie die Sternzeichen ticken

Aus dem Englischen
von Viola Krauß

Rowohlt Taschenbuch Verlag

Die amerikanische Originalausgabe erschien 2019
unter dem Titel «Astro Poets: Your Guides to the Zodiac»
bei Flatiron Books, New York.

Deutsche Erstausgabe
Veröffentlicht im Rowohlt Taschenbuch Verlag, Hamburg, Oktober 2020
Copyright © 2020 by Rowohlt Verlag GmbH, Hamburg
«Astro Poets» Copyright © 2019 by Alex Dimitrov and Dorothea Lasky.
Published by arrangement with FLATIRON BOOKS, New York.
Covergestaltung zero-media.net, München
Coverabbildung FinePic®, München
Satz aus der Franziska bei Pinkuin Satz und Datentechnik, Berlin
Druck und Bindung CPI books GmbH, Leck, Germany
ISBN 978-3-499-00293-9

Die Rowohlt Verlage haben sich zu einer nachhaltigen Buchproduktion
verpflichtet. Gemeinsam mit unseren Partnern und Lieferanten setzen
wir uns für eine klimaneutrale Buchproduktion ein, die den Erwerb von
Klimazertifikaten zur Kompensation des CO_2-Ausstoßes einschließt.
www.klimaneutralerverlag.de

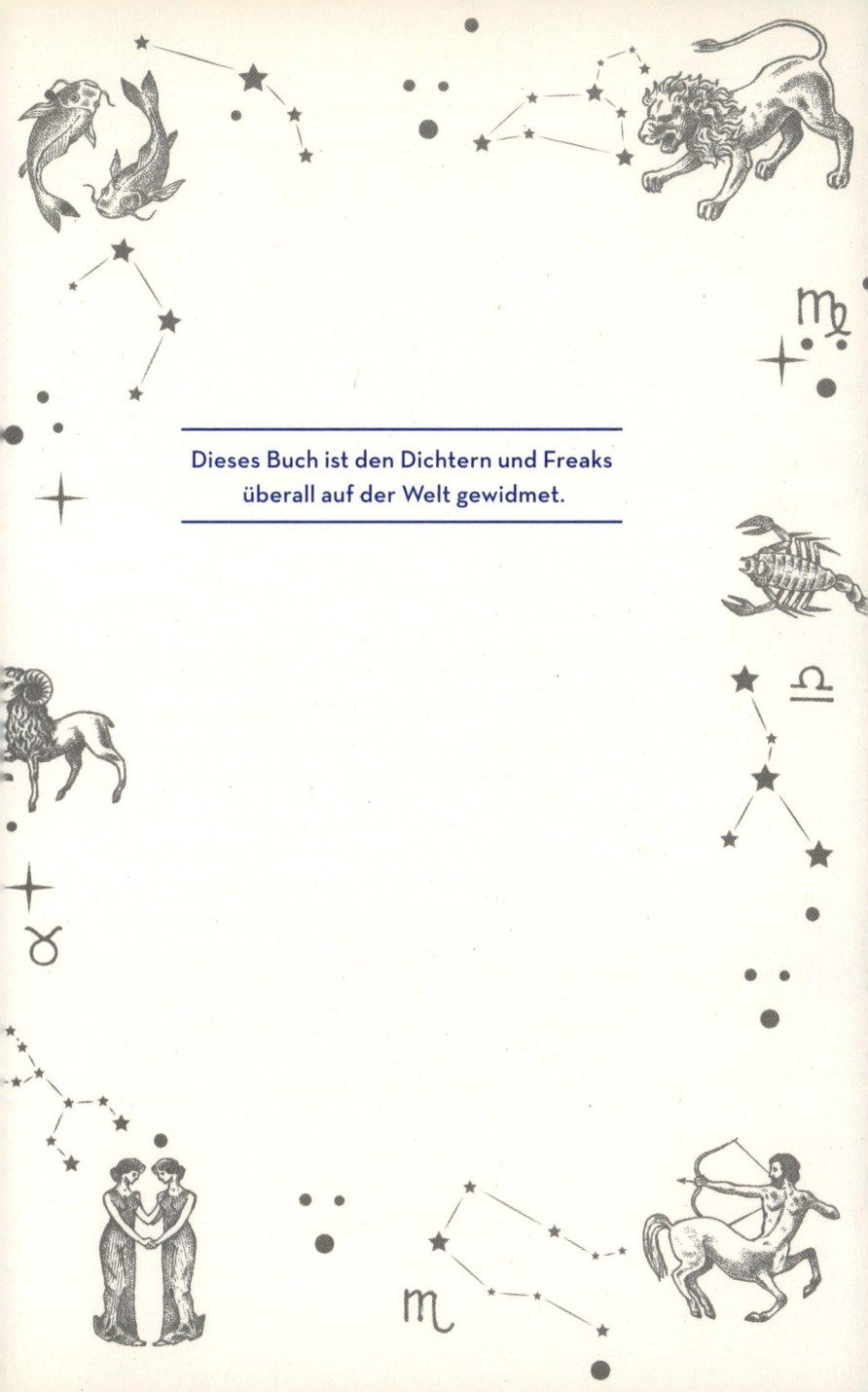

Dieses Buch ist den Dichtern und Freaks
überall auf der Welt gewidmet.

INHALT

WILLKOMMEN
IN UNSEREM BUCH

Wir freuen uns, dass du den Weg hierher gefunden hast. Dieses Buch ist für dich und für alle, mit denen du jemals ausgehen wirst, und für alle, mit denen du jemals ausgegangen bist, für deine Mutter und deine Schwester und den Hund, den du dir bald zulegen wirst, und für den Fremden auf der Straße, dem du gerne hallo sagen würdest, es dich aber nicht traust – zumindest noch nicht. Dieses Buch ist für deinen jetzigen Chef und deinen ätzenden Ex-Chef und deine nervige, aufdringliche Kollegin. Für deine Freunde, die dich sowohl gerettet als auch enttäuscht haben, und für die Freunde, die dir nie von der Seite gewichen sind, was auch passierte. Wir hoffen, du findest sie auf diesen Seiten wieder, wie auch den Mond, die Sonne, Leidenschaft, Ozeane voller Zeit und einen kleinen Spiegel, in dem du dich manchmal selbst erkennst.

Die Astrologie offenbart, wie wir miteinander verbunden sind. Sie ist wie eine Art Landkarte – halb in Wasser getaucht, an den Rändern angesengt und gerade noch lesbar genug, um sie überallhin mitzunehmen. Wohin die Reise geht, wird sie dir nicht verraten, dafür aber einiges über die Liebe und die Ewigkeit, über die Vergangenheit und die Zukunft, darüber, was du sofort in Angriff nehmen solltest, wenn du dieses Buch durchgelesen hast (deinen wahren Leidenschaften ein Stückchen näher kommen).

Wir beide hatten diese Karte im Gepäck, als wir uns auf einer Party nach einer Lesung im April 2011 kennenlernten. Unsere Feuerzeichen-Connection war sofort spürbar, wir sprühten nur so vor Ideen. Eine davon waren die *Astro Poets*, damals hießen sie nur noch nicht so. Zunächst gründeten wir einen Twitter-Account zum Thema Astrologie mit dem Namen *Fire Signs 4 Life* (weil das Dasein als Feuerzeichen ein so glorreicher Kampf ist). Nach ein paar Wochen auf Twitter langweilten wir uns. So ticken nun mal die Feuerzeichen: Sie berauschen sich an den Möglichkeiten, haben eine Menge Energie und eine kurze Aufmerksamkeitsspanne. Im November 2016 kamen wir noch einmal auf die Idee zurück und riefen die *Astro Poets* ins Leben. Diesmal sollte die Poesie im Zentrum stehen, und das war es, was die Sache ins Rollen brachte. Wie die Astrologie auch, beschäftigt sich die Poesie – im Grunde also die Sprache – mit Vergangenheit und Zukunft. Die Sprache zeigt uns, wer wir sind und wer wir waren und wer wir womöglich sein werden. Sie eröffnet uns eine heilige Gegenwart, in der sich die Stimmen unserer Vorfahren mit der Stimme unseres zukünftigen Ichs vereinen. Anders formuliert: Die Poesie bringt uns wieder mit uns selbst in Kontakt.

Bevor du dich in dieses Buch vertiefst, möchten wir dir gerne noch ein paar grundlegende Dinge zur Astrologie an die Hand geben. Deshalb hier die Antworten auf einige der brennendsten Fragen:

Charakter
Was ist ein Sonnenzeichen?

Wenn man das erste Mal mit Astrologie in Berührung kommt, hört man normalerweise zuerst von den Sonnenzeichen. Und diese sind es auch, nach denen man gefragt wird, wenn es heißt: «Welches Sternzeichen hast du?» Sagt jemand: «Ich bin Jungfrau», meint er damit eigentlich, dass Jungfrau sein Sonnenzeichen ist. (Und wenn Jungfrauen nicht zu dir passen, solltest du die Beine in die Hand nehmen, und zwar schnell, denn eine Jungfrau weiß, wie sie dich ausfindig macht.)

Geburtsdatum, -zeit und -ort bestimmen dein Sonnenzeichen; es bezieht sich darauf, in welchem der zwölf Tierkreiszeichen die Sonne bei deiner Geburt stand: Widder, Stier, Zwillinge, Krebs, Löwe, Jungfrau, Waage, Skorpion, Schütze, Steinbock, Wassermann und Fische. Jedes Zeichen wird sowohl einem Element (Feuer, Erde, Luft, Wasser) als auch einer Qualität (kardinal, fix und veränderlich) zugeordnet. Das sieht dann so aus:

	kardinal	fix	veränderlich
Feuer	Widder	Löwe	Schütze
Erde	Steinbock	Stier	Jungfrau
Luft	Waage	Wassermann	Zwillinge
Wasser	Krebs	Skorpion	Fische

Wenn du wissen möchtest, welchen Einfluss die Sterne auf deine Persönlichkeit haben, dann ist dein Sonnenzeichen mit Abstand die wichtigste Quelle. Vorstellen kannst du es dir als dein Ego, als das Potenzial deiner Seele. In vielerlei Hinsicht ist es die Version deiner selbst, auf die du im besten Falle hoffen kannst in diesem Leben. Betrachte dein Sonnenzeichen als eine Art karmischen Leitfaden.

Oft wollen die Leute wissen, welche Zeichen gut sind und welche schlecht, meist weil sie einen Skorpion kennengelernt haben und herausfinden möchten, ob nicht vielleicht doch alle Skorpione abgrundtief böse sind. Die Antwort lautet (und das gilt auch für den Skorpion): Kein Zeichen ist «schlechter» als das andere. Jedes hat gute und schlechte Eigenschaften, und es kommt darauf an, wie wir unsere Potenziale nutzen, um der Mensch zu werden, der wir sein möchten.

Das soll heißen, dass deine Himmelskarte kein Schicksal, sondern eine grobe Skizze ist, die du nach Herzenslust ausarbeiten und verfeinern kannst. Eine Vielzahl von Kräften wirkt auf uns ein, und das Sonnenzeichen ist gerade mal ein Einfluss unter vielen. Unser freier Wille ist es, der uns prägt, egal welches Sternzeichen wir haben. Dein Zeichen entscheidet nicht über dein Schicksal – entlang deines Wegs wirst du auf eine Menge Hindernisse treffen, die alles verkomplizieren.

Prince (ein Zwilling) sang einst die berühmten Worte: «Ain't no particular sign that I'm compatible with», und in mancher Hinsicht hatte er damit absolut recht. Zwillinge harmonieren aufgrund ihrer lockeren und gefälligen Art, aufgrund ihres Charmes, mit so ziemlich jedem Sternzeichen. Aber darüber hinaus können alle Sternzeichen miteinander harmonieren – es kommt ganz darauf an, wie viel wir bereit sind zu investieren.

Beim Thema Astrologie denken die meisten gleich an Liebe. Und ja, es gibt einige Grundregeln dafür, wer als Paar zusammenpasst, aber noch einmal: Sie machen lange nicht das große Ganze aus. Im Allgemeinen verstehen wir uns mit den Sonnenzeichen desselben Elements besonders gut. Widder und Löwe sind zum Beispiel beide Feuerzeichen und werden daher meist gut miteinander auskommen. Die Zeichen, deren Elemente harmonieren, fühlen sich ebenfalls zueinander hingezogen (Feuer und Luft; Wasser und Erde). Bist du also Stier und hast ein Auge auf einen Fisch geworfen, dann nichts wie los. Bist du hingegen Skorpion und hast es auf einen Löwen abgesehen, dann viel Glück. Du wirst es brauchen.

Was ist ein Element?

Die zwölf Sonnenzeichen werden in vier Elemente unterteilt: Feuer, Erde, Luft und Wasser. Das unserem Zeichen zugeordnete Element wirkt sich auf unseren inneren Antrieb und unsere Handlungen aus und kann uns einen Eindruck von unserem Charakter vermitteln. Bei der Frage, welche Elemente für welche menschlichen Eigenschaften stehen, überlege dir einfach, was du mit den einzelnen Elementen in Verbindung bringst. Lernst du also einen faszinierenden Fisch kennen, lad dir nicht gleich panisch die nächstbeste Astrologie-App herunter. Schaue lieber, was dir beim Thema Wasser in den Sinn kommt. Damit weißt du schon das meiste, was du wissen musst. Lass dich von deinem Instinkt leiten. Feuerzeichen zum Beispiel (Widder, Löwe und Schütze) gelten als lebhaft, unabhängig und impulsiv, während die Erdzeichen (Stier, Jungfrau und Steinbock) als sinnlich, liebevoll und pragmatisch betrachtet werden. Die Wasserzeichen (Krebs, Skorpion und Fische) sind im Allgemeinen spirituell veranlagt, launisch und empathisch; die Luftzeichen dagegen (Waage, Wassermann und Zwillinge) sind – meistens – geistreich, kommunikativ und rastlos. Vergiss nicht: In deinem Innern verfügst du bereits über ein intuitives Wissen über die Tierkreiszeichen.

Was ist eine Qualität?

Jedes Zeichen hat eine der folgenden drei Qualitäten (auch Kreuze genannt): kardinal, fix oder veränderlich. Die vier kardinalen Tierkreiszeichen sind Widder, Krebs, Waage und Steinbock. Die vier fixen Tierkreiszeichen Stier, Löwe, Skorpion und Wassermann und die vier veränderlichen Zwillinge, Jungfrau, Schütze und Fische. Hinter die Qualitäten kommst du genauso leicht wie hinter die Elemente. Falls du dir einmal unsicher sein solltest und es weit und breit keinen Internetzugang gibt, musst du nur die Wörter an sich unter die Lupe nehmen: «kardinal», «fix» und «veränderlich». Ein Kardinal ist der höchste Würdenträger nach dem Papst, ganz oben also, das heißt, diese Zeichen wollen an erster Stelle stehen, wollen anführen und den Laden schmeißen. Jeden Laden, besonders, wenn er ihnen eigentlich gar nicht gehört. Sie möchten erobern. Sie verzehren sich nach der Führungsrolle und sind meist schwer enttäuscht, wenn andere ihnen nicht ohne weiteres folgen. Obwohl etwa Widder und Krebs eine tiefe Zuneigung für die zupackende Haltung des jeweils anderen empfinden, werden sie um epochale und hochtheatralische Machtkämpfe nicht herumkommen. Besteht am Arbeitsplatz zwischen zwei kardinalen Tierkreiszeichen ein Machtgefälle, etwa was die Position oder das Gehalt oder beides betrifft, sind Konflikte vorprogrammiert. Am besten herrschen zwischen diesen vier Zeichen exakt die gleichen Verhältnisse. Was sie nicht davon abhalten wird, Gründe zum Streiten zu finden.

Die fixen Zeichen bleiben – wie der Name schon sagt – gern an Ort und Stelle. Sie sind mitunter unglaublich stur und möchten sich partout nicht verändern. Deshalb sind sie sehr loyal und würden alles für die Menschen tun, die ihnen nahestehen. Sobald sich ein fixes Zeichen auf irgendetwas oder irgendjemanden eingeschossen hat, ist es äußerst unwahrscheinlich, dass es seinen Kurs noch einmal ändert. Diese Loyalität ist fast schon wieder ein Handicap, denn das Bedürfnis fixer Zeichen, an Ort und Stelle zu verharren, kann sie dazu verleiten, sich etwas vorzumachen – und dabei die Möglichkeit eines Verrats durch Freunde oder Partner gar nicht erst in Betracht zu ziehen. Ein typisches fixes Zeichen ist der Stier. Der Stier steht bekanntermaßen stundenlang nicht von der Couch auf, wenn es keinen verdammt guten Grund dafür gibt. Sind Schokolade und Rotwein in greifbarer Nähe, könnte er es tatsächlich für immer dort aushalten. Der Skorpion hält es, wenn es sein muss, Jahrtausende bei einem Partner aus, der ihn betrügt, so sehr sind ihm das Ungewisse und das Alleinsein verhasst. Ein fixes Zeichen bringt Dinge zu Ende und gehört zu der Sorte Mensch, auf die man sich zu hundert Prozent verlassen kann. Insofern man sich auf etwas verlassen möchte, das sich keinen Millimeter bewegt. Die meisten Menschen möchten das. Alle anderen frustriert es.

Mit den veränderlichen Zeichen kann man eine Menge Spaß haben. Sie machen beinahe alles mit, und obwohl sie – je nach Element – vom Wesen her sehr unterschiedlich sind, nehmen sie die Dinge, wie sie kommen. Sie lieben andere veränderliche Zeichen, verzweifeln allerdings leicht an ihnen, weil keiner die Führung übernehmen will. Und wenn es einer von ihnen doch tut, hat das nicht wirklich etwas mit Führung zu tun, sondern stellt nur einen halbherzigen Versuch dar, die Lage irgendwie unter Kontrolle zu bringen. Veränderliche Zeichen sehnen sich nach kardinalen und fixen Zeichen. Besonders die kardinalen Zeichen wissen veränderliche Zeichen zu schätzen, da diese ihnen ihre Eskapaden nicht übelnehmen. Im Gegensatz zu den fixen Zeichen lieben veränderliche Zeichen Zufälle und Veränderungen und sind oft Stimmungskanonen (sogar Fische, die auf einer Party gefühlsduselig unterwegs sind). Zwar stehlen ihnen die kardinalen Zeichen meist die Show, und die fixen Zeichen wohnen dieser Show bereitwillig bei, die veränderlichen Zeichen aber *sind* die Show. Im astrologischen Tierkreis greifen nämlich sämtliche Qualitäten ineinander und bilden so ein harmonisches Ganzes.

Was ist ein Mondzeichen?

Der Mensch ist nie nur sein Sonnenzeichen. Man kann sich jeden Menschen wie eine Art Fingerabdruck verschiedener Planetenkonstellationen vorstellen. Es kommt also nicht nur auf den Stand der Sonne zum Zeitpunkt unserer Geburt an, sondern auch auf die des Mondes (und die von Mars und Venus und Neptun und so weiter). Die dominanten Planeten beeinflussen uns dabei generationell und spirituell. Möchten wir die Beweggründe eines Menschen verstehen, sollten wir uns sein Mondzeichen anschauen.

Wenn das Sonnenzeichen unser Ego bestimmt, bestimmt das Mondzeichen unser Es. Das Es sind unsere Urinstinkte, es offenbart sich in den Entscheidungen, die wir aus dem Bauch heraus treffen, wenn wir müder sind als sonst, unser Bewusstsein auf irgendeine Weise verändert ist. Es ist unser innerster Kern, destilliert zu einem Tropfen unverfälschter Persönlichkeit.

Das Mondzeichen seines Partners zu kennen, kann also ziemlich hilfreich sein. Wenn zwei Menschen sich sehr nahestehen, sind es meist die Mondzeichen, die miteinander in Verbindung treten. Wenn die Masken des Alltags fallen, wenn man mit dem Partner im Bett liegt und einen Film schaut – ohne Schutzschild, ohne Hintergedanken oder Schauspielerei –, dann offenbaren sie sich.

Das Mondzeichen lässt sich genauso berechnen wie das Sonnenzeichen (Geburtsdatum, -zeit und -ort). Und die Grundregeln dafür, wer zu wem passt, sind im Allgemeinen dieselben wie bei den Sonnenzeichen. Ist dein Schwarm also Mondzeichen Zwillinge und du bist Mondzeichen Waage, werden eure beiden Monde in intimen Momenten auf einer Wellenlänge liegen. Harmonieren eure Sonnenzeichen, eure Mondzeichen aber nicht, wird es in der Beziehung zu Schwierigkeiten kommen, obwohl ihr auf den ersten Blick gut zusammenpasst. Bist du Stier mit

Mondzeichen Widder und dein Liebster ist Steinbock mit Mondzeichen Jungfrau, dann ist es ganz egal, wie verknallt diese beiden Erdzeichen sind – dein Liebster wird dich für furchtbar impulsiv und weltfremd halten und du deinen Liebsten für ... na ja, stinklangweilig.

Du kannst dir das Mondzeichen wie eine konzentrierte Version des jeweiligen Zeichens vorstellen – sämtliche Energie aufgefangen in einem Schnapsglas. Skorpione sind beispielsweise in jeder Hinsicht ziemlich heftig. Vergleicht man sie aber mit jemandem mit Mondzeichen Skorpion, wird Letzterer den Menschen mit Sonnenzeichen Skorpion an Heftigkeit noch übertreffen. Das Mondzeichen hat eine gewisse Vehemenz und kann wie ein plötzlicher Windstoß daherkommen – unerwartet, erfrischend oder zerstörerisch.

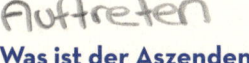

Was ist der Aszendent?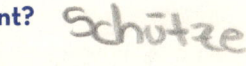

Nicht nur Sonnen- und Mondzeichen können uns einige grundlegende Dinge über die Menschen verraten, sondern auch der Aszendent. Er ist vergleichbar mit einer Maske, die wir in Gesellschaft aufsetzen. Die Person, die wir bei offiziellen Anlässen oder im beruflichen Kontext vorgeben zu sein. Er ist das, was andere meist zuallererst sehen und worüber sie sich schnell eine Meinung bilden. Viele Astrologen, so auch wir, geben nicht viel auf den Aszendenten. Klar gibt es ihn, und er beeinflusst, wie andere uns wahrnehmen, doch in vielerlei Hinsicht ist er bloße Fassade.

Dein Aszendent ist das Tierkreiszeichen, das zum Zeitpunkt deiner Geburt am östlichen Horizont deines Geburtsorts aufstieg. Er ist die äußere Hülle einer Persönlichkeit. Jemand mit Aszendent Steinbock mag lustig, kokett und philosophisch wirken, aber sofern bei dieser Person nicht auch Sonne oder Mond im Steinbock stehen, offenbart sich bei näherem Hinsehen möglicherweise eine andere Energie. Genau genommen kann der Aszendent uns sogar daran hindern, einen Menschen wirklich kennenzulernen. Jemand, der sich zu einem Steinbock-Aszendenten hingezogen fühlt, wird möglicherweise enttäuscht sein, wenn sich der wahre Kern dieser Person zeigt, die Sonnenzeichen Skorpion und Mondzeichen Fische und somit im Grunde völlig anders ist. Der Aszendent kann tatsächlich eine Quelle großer Unzufriedenheit sein, wenn wir uns nicht die Zeit nehmen, ihn zu verstehen und anzuerkennen, dass er den wahren Kern eines Menschen verschleiern kann.

Möchtest du dieses Phänomen in Aktion sehen, frage eine befreundete Kollegin nach ihrem Sonnenzeichen und ihrem Aszendenten. Höchstwahrscheinlich wirst du feststellen, wie stark ihr Aszendent in den Vordergrund tritt, sobald sie mit ihrer Chefin im Gespräch ist, und wie wiederum ihr Sonnenzeichen übernimmt, wenn ihr euch beim Mittagessen über die Arbeit auslasst. Sobald sich Menschen ein wenig unsicher fühlen, setzen sie ihre Aszendenten-Maske auf und hoffen das Beste. Der Aszendent mag ein wunderbarer Schutzschild für den Alltag sein, doch er vermittelt schlicht ein falsches Bild. Oft ist er das Mittel der Wahl, um sich durchzuschlagen.

Wenn wir unsere wöchentlichen Horoskope twittern, erreicht uns oft die Frage, ob man den Text für das Sonnenzeichen oder den für den Aszendenten lesen sollte. Um die Sache ein für alle Mal zu klären: Lies bitte immer den Text zu deinem Sonnenzeichen – auch wenn es gängig ist, dass Horoskope den Aszendenten miteinbeziehen, weil er nun mal mit der Maske zu tun hat, die wir alle tragen. Dreht sich ein Horoskop um weltliche Belange, ergibt es durchaus Sinn, beim Aszendenten nachzulesen. Unsere Horoskope nehmen deine Entwicklung auf dem karmischen Rad in den Blick, deshalb ist das Sonnenzeichen am besten geeignet, um das, was vor dir liegt, zu betrachten.

Was ist das karmische Rad?

Das karmische Rad kann man sich als die Lebensreise unserer Seele vorstellen. Es beginnt beim Widder und endet bei den Fischen. Astrologen betrachten es manchmal als «Altersstufen», so wäre beispielsweise der Widder der Säugling, der noch sehr viel lernen muss, und die Fische wären das älteste Zeichen, das spirituell betrachtet am Ende des Lebens steht und alle karmischen Lektionen des Zodiaks gelernt hat. Zwischen ihnen liegen die anderen zehn Zeichen in den entsprechenden Altersklassen. Eine Waage wird zum Beispiel oft für «älter» gehalten als ein Zwilling und ein Stier für «jünger» als ein Skorpion.

Zwischen den nebeneinanderliegenden Zeichen besteht eine karmische Verbindung und auch – obwohl sie nicht gut zusammenpassen – eine sexuelle Anziehungskraft. Ein Löwe und eine Jungfrau mögen auf den ersten Blick nichts gemein haben, doch den Gesetzen des Tierkreises zufolge sucht der Löwe bei der Jungfrau nach Dingen, die er in seinem Leben auf dieser Erde noch lernen muss. Für einige von uns kann eine Beziehung mit dem Zeichen, das auf sie folgt, ein Weg sein, um zu wachsen. Keiner Seele dieser Erde ist karmisches Wachstum auf systematische Art und Weise möglich, von einem Zeichen zum nächsten, um dann irgendwann im «Himmelreich» zu landen – oder wie man das Leben im Jenseits auch nennen mag. Dafür ist unsere Existenz viel zu verworren. Und die Astrologie ist keine Religion. Ganz im Gegenteil, die Astrologie gibt uns Möglichkeiten an die Hand, über das uns gegebene Leben nachzudenken. Was danach passiert, das können wir nicht wissen (davon mag die Poesie berichten). Wir sind der Meinung, dass die Astrologie praktische Magie für deine ganz eigenen Lebenszeiten bereithält. Das karmische Rad bewegt sich wie ein Kreisel entlang eines wirbelnden Universums voller Möglichkeiten.

Was sind gegenüberliegende Zeichen, und ziehen sich Gegensätze tatsächlich an?

Mit gegenüberliegenden Zeichen sind die Paare des Tierkreises gemeint, die sich diametral gegenüberstehen. Zu jedem Zeichen gibt es eine Opposition, und diese hat stets das Element, das am besten (nicht am wenigsten) zum Element des betreffenden Zeichens passt (also Feuer – Luft, Erde – Wasser) und die gleiche Qualität besitzt (kardinal, fix oder veränderlich). Die gegenüberliegenden Paare des Tierkreises sind:

WIDDER ↔ WAAGE

STEINBOCK ↔ KREBS

LÖWE ↔ WASSERMANN

STIER ↔ SKORPION

SCHÜTZE ↔ ZWILLINGE

JUNGFRAU ↔ FISCHE

Gegenüberliegende Zeichen können sich sowohl blendend verstehen als auch abgrundtief hassen. Da beide etwas besitzen, was dem jeweils anderen fehlt, kann zwischen ihnen gleichzeitig eine heftige Anziehungskraft und tiefe Abneigung bestehen. Das kann entweder in einen verführerischen Tanz münden oder in den finstersten Abgrund. Eine solche Paarung ist mit Vorsicht zu genießen.

Falls du dein gegenüberliegendes Zeichen näher kennenlernen möchtest, denke daran: Macht wird zwischen euch stets ein Thema sein. Manche Zeichen sind machthungriger als andere (zum Beispiel alle kardinalen Zeichen). Falls du mit einem gegenüberliegenden Zeichen in der Kiste landest, kann das gut passen, obwohl die Kommunikation heftig sein wird. Vergiss nicht, wie grundverschieden ihr trotz ähnlicher Beweggründe seid.

Was bedeutet es, wenn zwei Sonnenzeichen gut zusammenpassen?

Viele wenden sich der Astrologie zu, um herauszufinden, ob sie mit einem anderen Menschen harmonieren. Normalerweise verstehen wir uns gut mit den anderen beiden Zeichen unseres Elements, mit Zeichen, die zwei Stufen weiter auf dem Tierkreis liegen (Widder – Zwillinge), sowie mit Zeichen des entgegengesetzten Elements (Erde–Wasser, Feuer–Luft). Das ist aber noch lange nicht alles, denn die Zeichen unterscheiden sich in ihrem Temperament. Auf der nächsten Seite kannst du in der Tabelle nachlesen, wie gut sie auf einer Skala von 1 bis 10 zusammenpassen, wobei die 10 für «Zu dir oder zu mir?» steht und die 1 für «Sprich mich nie wieder an».

Was sind herrschende Planeten?

Jedes Sonnenzeichen wird von einem Planeten «beherrscht». Dieser «Herrscherplanet» ist eine Art Blickwinkel, unter dem wir jedes Zeichen besser verstehen können. Und dieser Blickwinkel wiederum besteht aus Charaktereigenschaften, die sich aus bestimmten planetaren Einflüssen ergeben. Zurückführen lässt sich das auf die altgriechische und altrömische Mythologie, in der die Planeten nach Göttern benannt und die Götter im Lauf der Zeit mit bestimmten Eigenschaften in Verbindung gebracht wurden. Der herrschende Planet (sowie der dazugehörige Gott) sagt etwas über die Kräfte aus, die im jeweiligen Sonnenzeichen wirken, wodurch wir ihm noch besser auf die Spur kommen. Auf Seite 24 findest du eine Tabelle mit den Sonnenzeichen, ihrem herrschenden Planeten und ihren Persönlichkeitsmerkmalen.

	Widder	Stier	Zwillinge	Krebs	Löwe	Jungfrau	Waage	Skorpion	Schütze	Steinbock	Wassermann	Fische
Widder	6	8	9	4	9	2	7	6	10	3	9	7
Stier	8	7	6	9	4	10	6	8	5	10	2	8
Zwillinge	9	6	7	6	8	3	10	6	8	2	9	1
Krebs	4	9	6	9	8	8	2	10	6	8	3	9
Löwe	9	4	8	8	8	6	7	4	9	7	7	4
Jungfrau	2	10	3	8	6	8	7	9	5	9	4	7
Waage	7	6	10	2	7	7	7	6	9	6	9	4
Skorpion	6	8	6	10	4	9	6	8	6	9	5	9
Schütze	10	5	8	6	9	5	9	6	9	7	8	6
Steinbock	3	10	2	8	7	9	6	9	7	9	4	8
Wassermann	9	2	9	3	7	4	9	5	8	4	7	5
Fische	7	8	1	9	4	7	4	9	6	8	5	8

Zeichen	Herrschender Planet	Wirkung des Planeten
Widder	Mars	lautes, forsches Auftreten
Stier	Venus	sinnliche Ästhetik
Zwillinge	Merkur	schnelle Auffassungsgabe
Krebs	Mond	nährende Spiritualität
Löwe	Sonne	strahlender Mut
Jungfrau	Merkur	Scharfsinnigkeit
Waage	Venus	wahre Schönheit
Skorpion	Pluto und ein bisschen Mars	extreme Heftigkeit
Schütze	Jupiter	Tatkraft und Glück
Steinbock	Saturn	gibt niemals auf
Wassermann	Uranus und ein bisschen Saturn	ausgeprägte Genialität
Fische	Neptun und ein bisschen Jupiter	mystische Kreativität

Was schert es mich, ob Merkur rückläufig ist?

Wenn Menschen wissen, dass du dich für Astrologie interessierst, ist dir sicher schon mal der folgende Satz zu Ohren gekommen: «Merkur ist rückläufig. Kein Wunder, dass alles danebengeht.» Der «rückläufige Merkur» ist zum Bösewicht geworden, mit dem sich inzwischen scheinbar alles erklären lässt: von bizarren Begegnungen über unglücklich formulierte E-Mails an den Chef bis hin zu gefühlsduseligen Gesprächen mit den Liebsten. Was für ein Glück, dass diese Wendung in unseren Sprachwortschatz eingegangen ist, denn sie erweist uns im Alltag tatsächlich einen großen Dienst. Lasst uns an dieser Stelle sagen: «Danke, lieber rückläufiger Merkur, dass wir stets alle Schuld auf dich laden dürfen!»

Vor langer Zeit glaubten die Menschen, Merkur kehre am Sternenhimmel ein paarmal im Jahr um und wandere rückwärts durch den Tierkreis, und diese Phase nannten sie «rückläufig». Inzwischen wissen wir, dass Merkur einfach eine kürzere Umlaufbahn hat als die Erde und es deshalb aus der Sicht der Erde so wirkt, als wandere er rückwärts. Scheint Merkur also rückläufig zu sein, geht es bei allem, was mit Kommunikation zu tun hat, drunter und drüber.

Und wir übertreiben hier nicht. Bedenke, dass Merkur für Kommunikation steht. Er ist der beherrschende Planet der Zwillinge, und wenn man eins von Zwillingen behaupten kann, dann dies: Sie reden wahnsinnig gerne (und reden und reden und reden). Das macht der Merkur-Einfluss. In der römischen Mythologie ist Merkur der trickreiche Gott der Redekunst, der Überzeugungskraft, der Reise und der Diebereien. Ist er nicht gerade rückläufig, erleichtert er die Kommunikation (oder wenn nötig auch das Manipulieren). Während der Rückläufigkeit hingegen funktioniert das alles nicht mehr ganz so geschmeidig, wenn die Kommunikation nicht sogar komplett blockiert ist.

Jede gute Astrologin wird dir raten, bei rückläufigem Merkur keine wichtigen Geschäfte zu tätigen oder Verträge abzuschließen. Unsere Empfehlung lautet: Kauere dich still und leise und ganz allein in einen Raum (ohne Fenster!) und warte, bis diese furchtbare Phase vorüber ist. Denke nicht einmal daran, dein Handy mitzunehmen, sonst wirst du dich womöglich dabei ertappen, wie du sämtlichen Exfreundinnen oder Exfreunden Nachrichten schreibst, und zwar peinliche.

Was hat es mit der Rückkehr von Saturn auf sich?

Wo wir gerade bei den etwas abgedrehten Themen sind, können wir uns auch der Rückkehr von Saturn widmen. Auch davon hast du wahrscheinlich schon von Freunden oder Liebhabern gehört. Und wahrscheinlich denkst du, es handele sich dabei um etwas, das man entweder in Ehren halten oder fürchten sollte (oder vermutlich einfach beides gleichzeitig).

Die Rückkehr von Saturn bedeutet, dass seit deiner Geburt beinahe dreißig Jahre vergangen sind und du jetzt dringend ein paar Dinge in Angriff nehmen solltest. Saturn ist der Herrscherplanet des Steinbocks, das heißt, er befeuert unseren Fleiß und unseren Ehrgeiz: Er bringt uns dazu, uns ins Zeug zu legen und die Grundfesten für unser Königreich zu errichten. Um den dreißigsten Geburtstag herum wird den Menschen allmählich klar, dass sie nicht ewig leben, und sie fangen an, darüber nachzudenken, was sie der Welt hinterlassen möchten, ob es ihnen wichtig ist, Karriere zu machen oder einfach nur irgendwie über die Runden zu kommen, was für eine Art Liebesbeziehung sie sich wünschen und was für ein Mensch sie gern während ihrer Zeit auf Erden sein wollen. Sie lassen ihre kindlichen und jugendlichen Illusionen hinter sich und treten ins mittlere Lebensalter ein (das weitere dreißig Jahre andauert, bis Saturn erneut zurückkehrt). Während der Rückkehr des Saturns sind alle von denselben Kräften beeinflusst, die im Steinbock wirken, wodurch wir in dieser Phase alles ein wenig steif und förmlich angehen. Das kann durchaus aufregend sein (oder auch nicht), je nachdem, was man unter Förmlichkeit versteht.

Wichtig ist, dass die Rückkehr des Saturns eine Transformation bedeutet, dass sie es dir ermöglicht, dein Leben zu ändern und es nach deinen Wünschen zu formen. Bei der ersten Rückkehr geht es ums Erwachsenwerden (im Alter von etwa 27 bis dreißig Jahren). Bei der zweiten (55 bis sechzig Jahre) geht es um die Erkenntnis, dass du einiges nicht erreichen wirst, egal, wie sehr du dich auch anstrengen magst, wodurch dir deine Ziele und Wünsche noch klarer vor Augen treten. Die dritte Rückkehr (85 bis neunzig Jahre) ist dann eine Phase der Reflexion und Dankbarkeit – in dieser Zeit bereitet sich deine Seele auf eine neue Daseinsform vor, während sie ihrer gegenwärtigen Respekt zollt.

Da die Rückkehr des Saturns traumatische Erlebnisse und Kindheitserinnerungen offenlegen kann, die sofortiger Bearbeitung bedürfen, fürchten sich viele davor. Aus diesem Grund und weil wir mit der eigenen Sterblichkeit konfrontiert werden, überkommt uns oft eine tiefe Traurigkeit, die sich nur schwer abschütteln lässt.

Wenn du dich in einer solchen Phase befindest, bedenke, dass sie vorübergehen wird, und lass dir von den Steinböcken gesagt sein: In jedem Alter stehen dir Türen offen. Zu altern bedeutet nicht, dass dir durch die Abkehr von der Jugend etwas verlorengeht, sondern dass du immer mehr du selbst wirst und dich deinem Seelenpotenzial zunehmend annäherst. Für die meisten von uns sind diese Phasen die spannendsten im Leben (wir beide haben schon die erste hinter uns), in der wahnsinnig wichtige Veränderungen – innere wie äußere – vor sich gehen.

Ein paar Worte zu den Stichtagen

Wie du sehen wirst, ist in diesem Buch wie allgemein üblich jedes Zeichen einer bestimmten Zeitspanne zugeordnet. Wir haben uns dazu entschlossen, weil es zu verwirrend gewesen wäre, auf genaue Daten zu verzichten. In Wahrheit aber variieren diese Stichtage, und zwar sogar von Jahr zu Jahr. Manche, die 1992 in Cleveland im Zeichen Fische zur Welt kamen, wären im Jahr 1963 womöglich in einem anderen Zeichen geboren worden. Diese Leute kamen an einem «Scheitelpunkt» zur Welt, in der Übergangsphase zwischen zwei Sternzeichen. Je nach Monat reicht diese ungefähr vom zwanzigsten bis zum dreiundzwanzigsten. Ist das bei dir der Fall, solltest du herauszufinden versuchen, wo die Planeten zum Zeitpunkt deiner Geburt standen, und beim entsprechenden Zeichen nachlesen.

Die von uns verwendeten Stichtage lehnen sich an die gängigen Daten an. Wenn du nicht gerade an einem Scheitelpunkt geboren wurdest, kannst du getrost in der Zeitspanne, in die dein Geburtstag fällt, nachlesen, wie deine Persönlichkeit von deinem Sonnenzeichen beeinflusst wird.

Und wenn man nun am Scheitelpunkt geboren wurde?

Am Scheitelpunkt geboren zu sein, bedeutet, dass sich die Sonne bei der Niederkunft im Übergang zwischen zwei Sternzeichen befand. Diese Menschen lassen sich kaum nur einem Zeichen zuordnen, sondern weisen häufig Eigenschaften beider Sternzeichen auf. Das kann sich zu einer komplizierten Angelegenheit auswachsen, wenn man herauszufinden versucht, welches Zeichen zu einem passt. In diesen Fällen ergibt es durchaus Sinn, zur besseren Orientierung auch den Einfluss der anderen Planeten zu berücksichtigen (zum Beispiel den des Mondes).

Viele fragen uns, ob wir an solche «doppelten Sternzeichen» glauben – und ja, das tun wir. Zwar haben wir beide leicht unterschiedliche Sichtweisen zu diesem Thema, aber wir glauben daran. Doppelte Sonnenzeichen existieren unserer Meinung nach tatsächlich, selbst wenn sie ziemlich verwirrend sein können. Hat deine Liebste oder dein Liebster ein doppeltes Sternzeichen, versuchst du am besten, dich mit einer gewissen Ambivalenz zu arrangieren. Bist du selbst am Scheitelpunkt geboren, mach dir nicht zu viele Sorgen darüber, wer du bist, sondern erkenne an, dass du beide Zeichen in dir trägst und das etwas Wunderbares ist. Wie einst der Dichter Walt Whitman (Zwillinge) sagte, enthältst du eben «Vielheiten».

So ist dieses Buch aufgeteilt

Wir haben dieses Buch gemeinsam geschrieben, haben die Kapitel aber untereinander aufgeteilt, sodass dir jeder von uns sechs Zeichen näherbringt. Wir haben jeweils die Zeichen ausgewählt, mit denen wir uns am besten auskennen (zum Beispiel unser eigenes Sonnenzeichen). Wir wussten, wir würden uns am wohlsten damit fühlen, über die Zeichen zu schreiben, mit denen wir uns am liebsten beschäftigen. Wir verfolgen damit das Ziel, uns stets glücklich und frei zu fühlen. Schließlich sind wir Widder und Schütze – beides Feuerzeichen.

Hier siehst du, wer was geschrieben hat:

WIDDER – Dorothea Lasky

STIER – Dorothea Lasky

ZWILLINGE – Dorothea Lasky

KREBS – Dorothea Lasky

LÖWE – Alex Dimitrov

JUNGFRAU – Alex Dimitrov

WAAGE – Alex Dimitrov
SKORPION – Dorothea Lasky
SCHÜTZE – Alex Dimitrov
STEINBOCK – Dorothea Lasky
WASSERMANN – Alex Dimitrov
FISCHE – Alex Dimitrov

Wie hat es unser Feuerzeichen-Kollege und Ehren-Astro-Poet Edmond Jabès so schön formuliert? «All the distance of stars is in writing by night. In the morning, the word becomes the link of a new chance.» So dreht sich auch das karmische Rad unbeirrt weiter, ob wir es nun wahrhaben wollen oder nicht. Vergiss nicht, die Astrologie ist deine Gefährtin, und dem Zodiak haftet der glamouröse Hauch der Magie an.

WIDDER

21. MÄRZ – 19. APRIL

*I look
at you and I would rather look at you than all the
portraits in the world.*

FRANK O'HARA, GEBOREN AM 27. MÄRZ 1926

Der Widder

Silvesterabend 2016: Die erbittert geführte Präsidentschafts-wahl steckte den US-Amerikanern noch in den Knochen, und die Stimmung war am Boden, apokalyptisch. Die Leute hofften bei den traditionellen Feierlichkeiten am Times Square auf Zerstreuung. Vielleicht würde ein Abend mit Tanz und Musik, an dem um Mitternacht eine riesige Diskokugel vom Himmel schwebte, beweisen, dass doch alles gut und richtig war.

Vorhang auf für *den* Widder: Mariah Carey. Geboren am

27. März, genau wie der Dichter Frank O'Hara, der Regisseur Quentin Tarantino, die Schauspielerin Halle Bailey (und ich, die Dichterin Dorothea Lasky – Hi!).

Mariah steht nicht zum ersten Mal auf dieser Bühne. Die Neujahrsfeier ist quasi *ihre* Silvester-Show. Und so schickt sie sich an, die Welt in ihrer ganz eigenen Widder-Manier zu retten. Als ihr erster Song erklingt, ist sie umgeben von einem Reigen heißer Tänzer, die voller Verehrung und seltsam verrenkt weiße Federn in die Luft halten, um damit ihren Körper zu rahmen, der in einem hautengen goldglitzernden Kleid steckt. Das alles hat etwas wahnsinnig … Beruhigendes.

Doch als die ersten Klänge von *Emotions* ertönen – ein idealtypischer Widder-Song –, bemerkt Mariah, dass sie die Musik nicht auf dem Ohr hat. Blitzartig packt sie die Wut – namentlich die Widderwut: eine Mischung aus einer gewaltigen roten Flamme, die alles, was ihr im Weg steht, dem Erdboden gleichmacht, und der eisblauen Flamme im Innern eines jeden Feuers. Sie ist richtig wütend. Aber statt zu erstarren, wie es ein Krebs tun würde, schiebt sie die Schuld für diese technische Störung auf einen unsichtbaren Dritten und stellt ihren Ärger offen zur Schau. Mariah ins Mikro: «Es gab keinen Soundcheck, singen wir also einfach drauflos. Der Song ist auf Platz 1 der Charts, aber was soll's.»

Oh ja. Kein Widder würde sich die Gelegenheit entgehen lassen, uns mitzuteilen, dass etwas, was er getan hat, ganz vorne mit dabei war. Selbst wenn er Platz eins verfehlt hätte, ein Widder würde wahrscheinlich dennoch darauf bestehen. Er hätte es schließlich so was von verdient.

Die Show geht weiter, und alles wirkt ein wenig gequält. Mariah lächelt, obwohl sie innerlich vor Wut bebt, aber Hauptsache, es läuft. «The Show must go on» ist eine Redensart, die für den Widder von essentieller Bedeutung ist. Wenn einen Widder die Wut packt, wird er es dich wissenlassen, sich aber dennoch durchbeißen.

Der Widder ist in erster Linie ein Charmeur. Weder das absolut tödliche Funkeln eines Zwillings noch die Verführungskünste des Skorpions reichen an einen Widder heran, wenn er in Fahrt ist. Und nicht einmal dem so raffinierten Steinbock gelingt es, einen Widder in Rage zu stoppen. Während sich die Performance dahinschleppt, versucht Mariah, das Ruder doch noch herumzureißen. «Jetzt seid ihr dran, okay?» Sie hält das Mikro in die Menge und teilt dem Publikum mit: «Wir hatten keinen Soundcheck, aber kein Problem, es ist Silvester, Leute», und untermalt das Ganze mit einem gequälten Lächeln.

Der furchtbare Auftritt zieht sich derart in die Länge, dass man sich fragt, ob nicht ein rachsüchtiger Fisch seine Finger an den Reglern hat. «Ich hätte auch gerne Urlaub», meint sie irgendwann halbherzig tanzend zum Publikum. «Könnte ich nicht auch mal frei haben?» Das Publikum weiß darauf keine Antwort. Aber das Universum. Das nämlich erwidert jedem Widder, der es sekündlich danach fragt: «Äh, nein. Du bist hier, um andere zu unterhalten, nicht um deine Zeit zu vertrödeln. Das ist Sache der Waage.»

Schlussendlich resümiert Mariah, in einer Mischung aus Verzweiflung, Erheiterung und kühler Klarheit: «Das wird hier nichts mehr», und verlässt ohne ein weiteres Wort die Bühne.

Sie war einfach ehrlich, und das ist typisch Widder. Bühne, Publikum, ein paar Songs und Glitzer – nein, besser wird's nicht für einen Widder. Pannen hin oder her. Dafür lebt er.

Was du über den Widder wissen solltest

Der Widder ist ein kardinales Feuerzeichen und das erste Zeichen im Tierkreis, leitet also die karmische Reise auf dem Zodiak ein. Aus diesem Grund bringt man den Widder gern mit Neuanfängen in Verbindung: dem Beginn des Frühlings in der nördlichen Hemisphäre und der dazugehörigen Symbolik – frische Blumen, süße Babyvögel, der Duft von frisch gemähtem Gras, die sanfte Umarmung zweier Liebender in elektrisierender, blumiger Atmosphäre, die Möglichkeit eines heraufziehenden Sommers. Ein Neubeginn. Der Widder trägt das Versprechen in sich, dass endlich alles gut wird.

Er ist das Zeichen der Geburt, und man könnte durchaus sagen, dass jedes Neugeborene als Widder ins Leben tritt. Aber während sich alle irgendwann in irgendwas verwandeln, bleibt der Widder einfach, wie er ist.

Wie ein Neugeborenes verfügt auch der Widder über enorme Energie und Leistungsfähigkeit, darüber hinaus über eine naive Unschuld und Versöhnlichkeit. Er giert nach Aufmerksamkeit und wird mit aller Macht versuchen, sie auf sich zu ziehen. Und wie ein Neugeborenes setzt der Widder darauf, dass du ihn liebst. Und ehrlicherweise muss man sagen, dass wir uns dem kaum entziehen können. Selbst im hohen Alter erscheint dem Widder die Welt stets ein wenig neu, und normalerweise geht er davon aus, dass das Gute siegen wird. Jeder, der nach einem Funken Optimismus in dieser verrückten Welt sucht, wird das absolut betörend finden. Das macht den berühmten Widder-Charme aus.

Vor allem aber braucht der Widder ganz viel Liebe. Hast du jemals ein Neugeborenes mitten in der Nacht schreien gehört? Es mag etwas Bestimmtes brauchen – Milch oder eine frische Windel –, aber meistens weint dieses Kind, um sicherzugehen, dass der Ausdruck seines Unbehagens eine tiefe menschliche Emotion in dir auslöst und du zu ihm gelaufen kommst, um dich zu kümmern. Widder schreien in die Nacht hinaus, um sich zu vergewissern, dass es jemanden schert. Wie bei einem Neugeborenen kann es ihnen niemals schnell genug gehen, aber wenn du dann zur Stelle bist, ist bald alles wieder gut. Bist du es nicht, wird sich dir die dunkle Seite des Widders offenbaren. Behalte das im Hinterkopf, wenn du einen Widder an deiner Seite hast.

Ein anderer Weg, einem Widder näherzukommen, führt über das Wort, das klassischerweise mit ihm assoziiert wird: Leidenschaft. Steht der Widder auf etwas, dann steht er so *richtig* darauf und wird absolut alles dafür tun. Seine Leidenschaft grenzt mitunter an Besessenheit, was die Sache für den Widder nur umso spannender macht. Dabei kann es sich um ein neues Vorhaben oder eine Idee handeln (der Widder glaubt für gewöhnlich, sämtliche Ideen seien auf seinem Mist gewachsen). Oder um stapelweise Wasserkisten in seiner Wohnung, weil ihm ein vierzeiliger Online-Artikel nahegelegt hat, dass alkalisches Wasser das Leben verlängert (wovon auch ich persönlich überzeugt bin).

Wenn ein Widder ein Auge auf dich geworfen hat, dann schnall dich an. Solltest du auch nur ansatzweise auf seine Avancen eingegangen sein, wird er drei Sekunden später vor deiner Haustür stehen. Keine Sorge, er wird nicht gleich bei dir einziehen. Obwohl er es womöglich versuchen wird.

Für manch einen ist der Schlüssel zum Verständnis eines Widders sein ansteckendes Lachen. Jedes Mal, wenn ich eine Aufnahme von meinem Lachen höre, krampft sich mein Magen vor lauter Scham zusammen, dass ich derart bescheuert klinge, und mir bleibt nichts anderes übrig, als all jenen Glauben zu schenken, die behaupten, mein Lachen sei einfach ansteckend. Natürlich ist es als Widder schön, sich für ein paar Augenblicke dem Humor hinzugeben und dem eigenen Ego so die Schwere zu nehmen. Aber ich glaube nicht, dass mein Lachen der Schlüssel zu meiner Persönlichkeit ist. Das ist nur Show; das ist Mariah an einem guten (oder schlechten) Tag. Der Schlüssel zum Widder liegt nicht in seinem Charme. Vielmehr offenbart er sich, wenn der Widder gerade mal nicht versucht, dich um den Finger zu wickeln.

Hattest du jemals länger als zwei Sekunden Kontakt mit einem Widder, hast du zweifelsohne Bekanntschaft mit einer weiteren seiner Charaktereigenschaften gemacht: Wut. Denk noch einmal an das Neugeborene zurück und wie es seine kleinen Fäuste vor Wut zusammenballt. Widder können sich über eine Menge Dinge aufregen (und sie behalten sich das Recht vor, sich über einfach ALLES aufzuregen. Na herzlichen Dank auch), doch was sie am meisten in Rage versetzt, ist Kontrolle.

Ihr Ziel ist es, ständig alles im Griff zu haben, und wenn sie aus irgendeinem Grund die Kontrolle über sich selbst oder die Situation verlieren, schlägt ihnen das mächtig auf die Stimmung. Sie wollen auf Biegen und Brechen frei sein.

Im Allgemeinen heißt das, der Widder plant seine Tage, wie es ihm in den Kram passt, während du ihn auf gar keinen Fall in seiner absoluten Freiheit beschneiden darfst, genau das zu tun, was er verdammt noch mal geplant hat. Also bloß keine Verpflichtungen, schon gar nicht Routinen oder Rituale, die ihm sinnlos erscheinen, die sich nicht um ihn drehen oder ihn nicht als ultimativen Sieger dastehen lassen.

Das erklärt auch die augenfällige Abwesenheit von Widdern bei Klassentreffen. Ich selbst war noch nie bei einem. Der Scheiß ist schließlich deprimierender als deprimierend. Stimmt's, oder hab ich recht, ihr lieben anderen Widder da draußen? Man versichert sich damit doch nur, dass die gute alte Zeit eine Art Höhepunkt gewesen ist, und kein Widder möchte den Zenit schon überschritten haben.

Die Tagesplanung eines Widders kennt keinen erkennbaren Fokus oder ein bestimmtes Ziel, wie es bei einer Jungfrau der Fall wäre. Auf der To-do-Liste eines Widders steht auch nicht «Wichtige Kontakte anschreiben» wie bei ebenjener Jungfrau. Das nicht, aber ihm schwirren ein paar Ideen im Kopf herum, mit denen er ganz oben mitmischen kann. Wie das genau aussieht, unterscheidet sich von Widder zu Widder. Für gewöhnlich aber geht es darum, etwas noch nie Dagewesenes auf die Beine zu stellen. Die glücklichsten Widder sind in der Position, jeden Tag etwas Neues anstoßen zu können, bei dem sie den Hut aufhaben und Aufgaben delegieren können. Wo es nur geht, möchten sie irgendetwas oder irgendjemanden überragen. Verantwortung zu übernehmen, heilt sie von ihrer omnipräsenten, unterschwelligen Traurigkeit. Langeweile ist dem Widder verhasst, und das Sagen zu haben, kann für den Widder wie ein natürliches Antidepressivum wirken.

Was keineswegs heißen soll, dass der Widder nicht auch gut mit anderen zusammenarbeiten kann. Wenn ihm eine Beziehung wirklich wichtig ist, wenn er etwas oder jemanden wirklich mag, kann er äußerst pflichtbewusst sein und mehr Überstunden schieben als jeder andere. Dinge zu Ende zu bringen ist allerdings nicht seine Stärke. Soll er nur deshalb etwas tun, weil man es ihm sagt, ist das die beste Methode, um a) sicherzustellen, dass der Widder die Aufgabe *nicht* erledigen wird, oder um b) den Widder in tiefste Verzweiflung zu stürzen. An meinem Kühlschrank hängt ein Magnet, auf dem steht: «Ich mag Gruppenarbeit. Solange ich das Sagen habe.» Nichts trifft mehr auf einen Widder zu.

Wie bereits erwähnt, erfasst den Widder von Zeit zu Zeit eine unbändige Wut (quasi stündlich). Das mag jetzt irgendwie verkorkst klingen, aber: Wenn du einen Widder kennst, der noch nie sauer auf dich war, macht er sich unter Umständen nicht viel aus dir. Wenn er früher sauer auf dich war, jetzt aber nicht mehr, ist er womöglich aus Gründen zu dem Schluss gekommen, dass du den Ärger nicht wert bist – eine Schlacht weniger zu schlagen. Liegt dir der Widder dennoch weiter am Herzen, kannst du nur hoffen, dass er tief in seinem Innern noch ein wenig Zärtlichkeit für dich übrig hat und er sich an das eine Mal erinnert, als du mitten in der Nacht angerannt kamst, um ihn zu trösten. Leider verhält es sich jedoch meist wie mit einem kaputten Wasserhahn: Da kommt nur noch kaltes Wasser. Wenn ein Widder nicht mehr wütend auf dich wird, lässt du ihn vermutlich auch in Zukunft kalt. Bleibt zu hoffen, dass sich diese Kälte überwinden und umkehren lässt. Möglich ist es. Ein Baby kriegt man schließlich auch recht leicht wieder zum Lächeln, selbst wenn es Sekunden vorher noch geschrien hat. Dafür liebt es das Leben einfach viel zu sehr.

Der Widder als Liebhaber

Wenn du dich für einen Widder interessierst, SEI BLOSS NICHT SCHÜCHTERN. Obwohl er durchaus in der Lage ist, den ersten Schritt zu tun, liebt er es, wenn du das übernimmst. Erotische Avancen lassen den Widder aufblühen, insbesondere wenn er selbst das Objekt der Begierde ist. Für ihn machen sie das Leben erst lebenswert. Ein sehnsüchtiger Blick reicht aus, um einen Widder für mindestens zwölf bis zweihundertfünfzig Jahre in Höhen der Glückseligkeit zu katapultieren oder wenigstens für zwölf Sekunden. Wer achtet schon so genau darauf?

In der Liebe passen die Sternzeichen Schütze und Löwe am besten zu ihm, und er harmoniert auch sehr gut mit Zwillingen und Wassermann. Zur Waage fühlt er sich unmittelbar hingezogen, allerdings wird es ganz schnell unangenehm, wenn sich nicht einer von beiden freiwillig unterordnet. Am Skorpion frisst der Widder leicht einen Narren, doch das beruht für gewöhnlich nicht auf Gegenseitigkeit. Falls doch, hält ihre Liebe beinahe alles aus und ist wahrhaftig – sofern sich beide Seiten Mühe geben, ihre Gefühle zu kommunizieren, damit die gegenseitige Anziehung bestehen bleibt. Darin ist allerdings keines dieser Sternzeichen besonders gut. Widder stehen auch auf Widder, schließlich mögen sie sich selbst, doch normalerweise besitzt in solchen Fällen keiner der beiden die nötige Aufmerksamkeitsspanne für eine dauerhafte Beziehung. Fische schwärmen für Widder, und Widder geben dem meist nach und verabreden sich ein Weilchen mit ihnen, aber lange halten wird es nicht. Widder und Stier verlieben sich anfangs heftig ineinander, doch das wird nachlassen, sobald sie einander wirklich kennenlernen. Die Kombination Widder–Steinbock ist zum Scheitern verurteilt, und Widder–Jungfrau ist genauso lachhaft. Widder und Krebs spüren eine tiefe Verbundenheit, schlagen jedoch eine Chance nach der anderen in den Wind, weshalb der Widder letztlich zornig von dannen zieht und der Krebs sich bis in alle Ewigkeit in seine harte Schale zurückzieht.

Hast du Gefallen an einem Widder gefunden, solltest du Blickkontakt, Flirten und sämtliche Spielarten öffentlicher Liebesbekundungen beherrschen. Widdern sagt man gerne nach, sie seien kalt und unnahbar, aber diejenigen, die das behaupten, haben sich höchstwahrscheinlich einfach nicht genug um die Aufmerksamkeit des Widders bemüht. Widder lieben es, ihre Beziehung in aller Öffentlichkeit zu leben. Wie gerne erinnere ich mich an den Tag zurück, an dem mein Waage-Freund und ich zum ersten Mal in der Highschool händchenhaltend herumspazierten. Die Zurschaustellung von Liebe bedeutet dem Widder mehr als die Liebe selbst. Ich kann mich noch sehr genau an meine Exfreunde und ihre Liebesbekundungen erinnern, sei es an den Krebs, der mich zuckersüß im Café umarmte oder an den Wassermann, der meine Tränen trocknete. Noch immer überläuft mich ein wohliger Schauder, wenn ich daran denke, wie ich auf einer lahmen und steifen Dinnerparty mit einem Zwilling herummachte und alle am Tisch dachten: Was geht denn hier ab? Ganz ehrlich, sogar einen Axtmörder würde ich anschmachten, wenn er mich in aller Öffentlichkeit küsste, würde ihm freudestrahlend meinen Geldbeutel und meinen Slip überreichen. Die Kehrseite der Medaille: Sobald diese Liebesbekundungen aufhören, hört auch mein Herz auf, höher zu schlagen.

Zuneigung ist für den Widder die kleine Schwester der Leidenschaft und Letzteres der wahre Schlüssel zu seinem Herzen. Gehst du mit einem Widder ins Bett und möchtest herausfinden, wie viel ihm an dir liegt, solltest du dich mit der Ins-Flugzeug-setzen-Methode vertraut machen. Wie scharf ein Widder auf dich ist, verhält sich direkt proportional dazu, wie bereitwillig er sich augenblicklich in ein Flugzeug setzt (und seine halbe Monatsmiete ausgibt), um mit dir zu schlafen. Denn nichts turnt einen Widder mehr an, als gesagt zu bekommen, dass man ihn sofort haben will. Wenn er dieses Gefühl hat (und das wird er, sobald du ihm sagst, wie sehr du dich nach ihm verzehrst), wird er in null Komma nichts vor deiner Haustür stehen, und zwar splitterfasernackt, selbst wenn du in Australien lebst und er auf dem Mars (was er … ja auch irgendwie tut).

Das Einzige, was den Widder noch mehr anturnt als der eklige öffentliche Austausch von Zärtlichkeiten und die Bereitwilligkeit, in einen Flieger zu springen, um seine Liebe in Form von viertägigem Sex in halb privater Atmosphäre und auf jeden Fall auch im öffentlichen Raum im Umkreis deiner Wohnung unter Beweis zu stellen: wenn du dich zuerst ins Flugzeug setzt. Ich weiß noch genau, wie mein Uni-Crush, ein wunderbarer Wassermann, durch den Regen zu mir gelaufen kam (gut, er musste nur einen halben Häuserblock zurücklegen, aber das sind die Details), nur damit wir einander eng umschlungen im schummrigen Licht tief in die Augen starren konnten. Als ich die Tür öffnete und ihn da in seinem durchnässten, verwaschen grünen Kapuzenpulli vor mir stehen sah, war jede Zelle meines Feuerzeichen-Herzens sofort entflammt, und bis heute habe ich Phantasien von Männern in Kapuzenpullis, die in strömendem Regen vor meiner Tür stehen und wieder und wieder «Ich liebe dich, ich liebe dich» sagen. Wenn du möchtest, dass dein Widder bei dir bleibt, solltest du dich darauf einstellen, hin und wieder etwas in der Art zu tun. Oder besser jeden Dienstag (und

Donnerstag). Und auch jeden Mittwoch. Und, ach ja, vergiss den Freitag nicht (und den Samstag und den Sonntag).

Soll dein Widder in Fahrt kommen, berühre zärtlich sein Gesicht. Selbst ein leichtes Tätscheln, das furchtbar herablassend wirken kann, ich weiß, verleitet einen Widder oftmals dazu, einen zweiten Blick zu riskieren. Wenn das geklappt hat und ihr alleine seid, machst du ihn am schnellsten scharf, indem du so oft wie möglich seinen Kopf berührst. Ja, ich meine das Ding in der Nähe des Gesichts. Nichts bringt einen Widder mehr auf Touren als eine ausgiebige Kopfmassage und eine anschließende Nackenmassage, die seine angestaute Anspannung und Wut darüber lindert, dass er von Geburt an als Widder auf der Erde wandeln muss. Merke: Egal, wie kurz oder lang seine Ankunft auf der Erde zurückliegt – es wird reichlich angestaute Wut vorhanden sein. Vermutlich mehr, als du dachtest.

Ich bin natürlich nicht ganz unparteiisch, aber meiner Meinung nach ist der Sex mit einem Widder ziemlich cool. Sofern er auf sein Gegenüber steht, probiert er eigentlich alles gerne mal aus, und es gefällt ihm ausgesprochen gut, wenn der andere insgeheim auf irgendwelche Abartigkeiten abfährt (weshalb er die Wassermänner so sehr liebt). Auch auf Gruppensex lässt er sich ein, allerdings nur solange es sich um Leute handelt, die er nicht gut kennt. Möchtest du, dass dein Widder solchen Erfahrungen gegenüber offen ist, musst du unbedingt seine Eifersucht einkalkulieren. Während eines flotten Dreiers zu merken, dass der langjährige Partner mehr auf die dritte Person steht als auf ihn selbst, ist neben einem Atomkrieg, einem einsamen Tod und in Vergessenheit zu geraten die so ziemlich größte Angst des Widders. Mit seiner Eifersucht musst du auf jeden Fall klarkommen, egal was du mit ihm vorhast. Der Widder muss zu jeder Zeit das Gefühl haben, deine Nummer eins zu sein. Auch wenn du ihn erst vor fünf Minuten kennengelernt hast. *Gerade* dann.

In der Anfangsphase einer Beziehung kann der Widder ein

wenig zwanghaft sein und sich daran erfreuen, tagelang mehrmals täglich Sex mit seinem neuen Partner zu haben. Diese Liebesbekundungen lindern seine Unsicherheit, denn so wird die Leidenschaft für ihn wenigstens messbar. Die Kehrseite der Medaille ist, dass der Widder regelrecht zum Eisblock wird, wenn die Lust mal flöten geht oder du ihn verärgert hast. Wenn das passiert sein sollte, lässt sich das Eis aber durchaus wieder zum Schmelzen bringen. Falls bei mir persönlich die Eiszeit ausgebrochen ist, muss mein Partner lediglich den Spieß umdrehen und mich mit Liebe überschütten. Liegt dir der Widder am Herzen, dann gehe zu ihm. Fahre wenn nötig quer durchs ganze Land. So gut wie nichts wärmt den Widder verlässlicher als das Wissen darum, dass die Gefühle für ihn deinen Verstand übersteigen.

Der Widder liebt das Flirten, insbesondere wenn alles in trockenen Tüchern ist und er weiß, dass du ihm gehörst. Er braucht deine ständige Aufmerksamkeit. Besser gesagt, den Großteil des Tages ist er darauf angewiesen, dass du ihm sexy Fotos schickst, ihn fragst, wie es ihm geht und ganz allgemein dein unbeschreibliches Verlangen nach ihm zum Ausdruck bringst. Nur das mit der Menge der Liebesbekundungen ist ein wenig verwirrend. Du musst nämlich gewillt sein, Obenstehendes zu tun und gleichzeitig unabhängig zu wirken und dein eigenes Ding zu machen. Das heißt, wenn der Widder arbeitet, oder besser gesagt gerade ein Bild mit dreihundert im Dunkeln leuchtenden Plastikkatzen in seiner Badewanne kreiert, darfst du dich entspannen – bis er bereit für weitere Zuwendungen ist.

Anders gesagt: Widder mögen keine Menschen, die klammern, finden sich aber oft in deren Nähe wieder. Sie mögen das Gefühl, gewollt zu sein, nicht aber das Gefühl, eine Million Nachrichten über die Gefühle des anderen beantworten zu müssen. Was keineswegs heißen soll, dass der Widder nicht emotional voll bei der Sache wäre. Nur ist er eben derart charismatisch, dass er eine Menge Klammeraffen anzieht. Und dann lässt er sich leicht zu dem Glauben verleiten, bei diesem klammernden Verhalten handele es sich um überwältigende Begierde, obwohl es beispielsweise beim Steinbock in Wahrheit darum geht, dass dieser sich durch den Widder ausnahmsweise mal lebendig fühlt. Diese Art Dynamik mag bei einem fürsorglicheren Sternzeichen wie dem Krebs funktionieren, bei einem Widder aber ist das der Freifahrtschein ins Verderben. Ein Widder braucht jemanden, der ihn mitten am Tag mit überschäumender Lebensenergie hochzieht. Mein Rat: Sei du diese Person.

Der Widder als Freund

Da der Widder nicht so berechnend ist wie die Erd- und Wasserzeichen, von Fischen mal abgesehen, zählt Netzwerken nicht zu seinen Stärken. Er merkt zwar, wenn jemand in beruflicher Hinsicht wichtig für ihn sein könnte, und versucht dann, diese Person für sich zu gewinnen, wird den Kontakt aber auch nicht sonderlich pflegen, sofern keine echte zwischenmenschliche Verbindung besteht. Hingezogen fühlt er sich zu Menschen, die loyal sind, die mit seinen Ausrastern klarkommen und sein Bedürfnis nach Unabhängigkeit akzeptieren. Er liebt Komplimente und Freunde, die ihm sagen, wie toll er ist und wie viel er ihnen bedeutet. Ein idealer Widder-Freund ist ein idealer Widder-Liebhaber minus Sex. Wobei – wenn du eng genug mit ihm befreundet bist, hat er wahrscheinlich schon mehr als einmal darüber nachgedacht, mit dir in die Kiste zu springen. Das ist so sicher wie das Amen in der Kirche.

Für einen echten Freund tut der Widder alles, deshalb sind es der Jähzorn und die mühsamen Egostreicheleinheiten absolut wert. Wenn du ihn wirklich brauchst, wird er da sein, garantiert. Liebt er dich, und macht dir irgendjemand Ärger, wird er fuchsteufelswild werden und die betreffende Person möglicherweise umbringen. Gleichzeitig gilt: Wenn du mit einem Widder befreundet bist, solltest du dir nichts daraus machen, wenn er in letzter Sekunde alles absagt, Pläne über den Haufen wirft, zu spät kommt oder sich erst spät zurückmeldet. Der Widder wird da sein, wenn du ihn brauchst, aber keine Sekunde früher. Für ihn ist Freundschaft unkomplizierter Spaß, schließlich gibt schon genug im Leben, über das man sich den Kopf zerbrechen kann (was er unablässig tut). Wer das nicht so sieht, kann ihm gestohlen bleiben. In Sachen Liebe fällt ihm das sehr viel schwerer; von einem Freund hingegen, der ihm ein schlechtes Gefühl gibt, trennt er sich, ohne zu zögern. Ein Widder hat schlicht zu viel zu tun, als sich darum zu scheren, dass du dich wegen seiner sechsminütigen Verspätung vor den Kopf gestoßen fühlst. Sei besser froh, dass er überhaupt aufgetaucht ist und seinen Zauber in dein Leben trägt. Wenn du mit dieser Art von Freund nicht klarkommst, such dir lieber eine Jungfrau, mit der du etwas trinken gehen kannst: Sie wenigstens wird pünktlich erscheinen. Einen Widder hast du vermutlich sowieso nicht verdient.

Widder-Style

Widder sind nicht bekannt für ihre Schüchternheit, das zeigt sich auch an ihrem Outfit. Widder mögen Farben, und zwar knallige, wollte man ihren Stil mit einem Wort zusammenfassen, wäre das «farbenfroh». Wenn es im Umkreis von zweihundert Kilometern irgendwo ein Shirt mit Neonfarben gibt, kannst du sicher sein, dass er es sofort findet, wie ein Geier, der einen Tierkadaver erspäht. Auch zu Feuerfarben fühlt sich der Widder hingezogen, etwa zu sämtlichen Spielarten von Orange. Am besten charakterisiert ihn jedoch die Farbe Rot. Man mag hin und wieder auf einen gedeckt gekleideten Widder treffen, doch auch der wird jede Menge rote Kleidungsstücke im Schrank haben.

Entdeckst du in einer Menschenmenge einen leuchtend roten Pulli, gehört er vermutlich einem Widder. Wenn sich die Gelegenheit ergibt, ihn kennenzulernen, sage ihm, wie gut dir der Pulli gefällt.

Da sich der Widder so gerne präsentiert, gerät für ihn auch der Alltag zur Bühne. Egal, was er behauptet, und manche Widder mögen es durchaus leugnen – er möchte um jeden Preis auffallen. Kleidung ist für ihn ein probates Mittel, um Menschen zu verzaubern; auf dem gesellschaftlichen Parkett geht es dem Widder darum, alle anderen zu übertrumpfen. Jede neue Bekanntschaft soll ihn nicht nur mögen, sondern für die beeindruckendste Person auf diesem Planeten halten. Und das gilt auch für seine Kleidung. Die Freundschaft eines Widders ist dir sicher, wenn du ihm sagst, dass sein Geschmack unübertroffen ist.

Was Shopping betrifft, ist der Widder ein wenig zwanghaft. Selbst wenn er nur über ein begrenztes Budget verfügt, wird er haufenweise Klamotten besitzen. Da es dem Widder verhasst ist, sich auf irgendetwas festzulegen, legt er sich auch nicht für immer und ewig auf einen bestimmten Kleidungsstil fest. Er kauft gern billige Kleidung – billig, was den Preis betrifft und ehrlich gesagt auch billig, was den Geschmack betrifft. Mehr als jedes andere Sternzeichen versteht er es, sich sexy zu kleiden. Und tatsächlich wickelst du einen Widder ohne Probleme um den Finger, wenn du ihm sagst, wie heiß er aussieht. (Ich weiß es zwar durchaus zu schätzen, wenn man mir sagt, ich sei in jeglicher Hinsicht ein Genie, aber im Grunde will ich einfach nur hören, wie wahnsinnig sexy ich bin.) Dahinter verbirgt sich natürlich die tiefe Unsicherheit darüber, dass ihn womöglich niemand mitten in der Nacht in den Schlaf wiegen wird, wenn er bitterlich weint. Also, was du auch sagst, mach ihm auf jeden Fall ein Kompliment zu seinem sexy Shirt, das ist ein guter Anfang.

Texten mit dem Widder

Nachrichten zu schreiben zählt nicht unbedingt zu den Stärken des Widders, auch weil er Textnachrichten für suspekt hält und ihnen skeptisch gegenübersteht. Wir haben es alle schon erlebt: Man schreibt ewig hin und her, und plötzlich weiß keiner mehr, wie er aufhören soll. Was folgt, ist endloser Smalltalk, nur in Emoji-Form – für einen Widder gibt es kaum etwas Langweiligeres und Sinnloseres. Genau aus diesem Grund schalte ich mein Handy stets auf «Bitte nicht stören» (und lasse nur bestimmte Anrufer durch); warum sollte mir jede dahergelaufene Nachricht eine Million Gedanken und Gefühle in den Tag schießen, ohne dass ich darum gebeten habe?

Zugegeben, es mag paradox klingen, wenn ich dir rate: Schreibe deinem Widder oft und viel. Obwohl ich leicht genervt bin, wenn ich einen Haufen Nachrichten auf meinem Handy sehe, ist ein anderer Teil von mir durchaus happy damit. Textnachrichten bieten schließlich eine weitere Gelegenheit, Aufmerksamkeit abzugreifen, und ich selbst werde ganz schwermütig, wenn ich das Gefühl habe, keiner schreibt mir, denn dann fühle ich mich wie ein einsames und verlassenes Neugeborenes, das am langen Arm verhungert und von seinen wohlverdienten Heerscharen von Bewunderern abgeschnitten ist. Aufmunternde Nachrichten sind dem Widder am liebsten, da er sich den Tag meist viel zu voll packt und schnell erschöpft ist. Widder lieben es, wenn ihre Freunde an sie denken. Widder lieben Umarmungen – und wenn sich deine Textnachricht wie ein virtueller Drücker anfühlt, freuen sie sich riesig darüber. Dreht es sich darin dann auch noch um die Arbeit oder um irgendetwas furchtbar Wichtiges wie Geldverdienen (was der Widder theoretisch äußerst gerne tut, auf lange Sicht und in der Praxis aber nicht unbedingt meistert), wird dir der Widder sofort antworten. Hat er hingegen auch nur ansatzweise das Gefühl, das Ganze könnte sich zu einer Unterhaltung auswachsen, auf die er absolut keine Lust hat, wird er lange nicht zurückschreiben oder sich gar nicht mehr melden. Manchmal hüllt sich ein Widder in schriftliches Schweigen, weil er angefressen ist, sich aber um einen Streit drücken möchte, insbesondere vor einem in Schriftform. Wenn es ums Texten geht, fühlt sich der Widder verwundbar – wird dabei doch all das schwarz auf weiß festgehalten, was er ständig so raushaut, all die Dinge, die er nicht durchdacht und meist auch gar nicht so gemeint hat. Nichts ist für einen Widder schlimmer als ein Screenshot-Beweis seiner Arschloch-Tendenzen. Antwortet der Widder also nicht, bohr besser nicht nach, sonst explodiert er noch.

Der Widder schickt lieber Fotos, so kann er dir haargenau zeigen, was er den ganzen Tag über treibt. Das ist seine Art zu sagen «Wünschte, du wärst bei mir» oder «Ich vermisse dich» oder «Du bedeutest mir wahnsinnig viel», ohne es tatsächlich sagen zu müssen. Ja, vielleicht will er damit sogar andeuten: Steig sofort ins Flugzeug und komm her.

WIDDER 1: Happy Birthday!!!
WIDDER 2: Happy Birthday zurück!!!
WIDDER 1: Ich liebe dich!!!!!
WIDDER 2: Bis nächstes Jahr dann!!!!!

WIDDER: Was machst du gerade?
STIER: Schlafen.
WIDDER: Magst du vorbeikommen?
STIER: Passt es dir in zehn Stunden?

WIDDER: Du bist so süß.
ZWILLING: Hab gerade ein Buch über Vögel gelesen, die schneller als Lichtgeschwindigkeit fliegen! Ihre Flügel bestehen aus purem Licht – unfassbar –, und eigentlich sind es gar keine

richtigen Vögel, und nebenbei: Ich finde Aquarien wahnsinnig schick. Gefällt dir mein neues Outfit? [*Schickt Fotos*]

WIDDER: Ja, genial!!!!! Gefällt dir dieses Feld mit lila Blumen? [*Schickt Foto*]

ZWILLING: JA! Vielleicht können wir in den nächsten fünf Monaten mal was zusammen machen?

WIDDER: Willst du mich heiraten? [*25 Herz-Emojis*]

KREBS: Vermiss' dich. [*Kussgesicht*]

WIDDER: Soll ich vorbeikommen?

KREBS: Klar, ich koche gerade Grünkohlsuppe mit CBD für dich.

WIDDER: Ich hab noch nie jemanden getroffen, der so sexy ist wie du.

LÖWE: Bin in 10 Min. bei dir.

WIDDER: Geht das auch schneller?

LÖWE: 6 Min.

WIDDER: Kannst du mir mal helfen?

JUNGFRAU: Na klar!!!

WIDDER: [*Eine Woche lang keine Antwort*]

JUNGFRAU: Alles o. k.?

WIDDER: Du hast mich mit deinem Kommentar über mein T-Shirt echt verletzt.

WAAGE: Mach dich mal locker.

WIDDER: [*Zehn Minuten später*] Lust auf diesen französischen Film, der heute Abend im Kino läuft?

WAAGE: Und da fragst du noch?

WIDDER: Muss dich unbedingt sehen.

SKORPION: [*Keine Antwort*]

WIDDER: [*Einen Tag später*] Vermiss dich fürchterlich!

SKORPION: [*Vier Jahre später*] Schickst du mir bitte mal die private Mailadresse deiner Chefin?

WIDDER: OMG, du bist so toll!
SCHÜTZE: Nein, du!
WIDDER: Willst du bei mir einziehen?
SCHÜTZE: [*Schweigt bis in alle Ewigkeit*]

WIDDER: [*Zwanzig schockierte Emojis*]
STEINBOCK: Telefonieren?
WIDDER: Später.
STEINBOCK: Ich ruf' jetzt an. Geh besser dran, sonst passiert was.

WIDDER: [*Schickt ein eigens verfasstes Gedicht über Bienen*]
WASSERMANN: Ich lieb's. [*Schickt ein eigens gezeichnetes Bild von nacktem Widder*]
WIDDER: Du bist ein Künstler!
WASSERMANN: Was machst du gerade?

WIDDER: Bin total down.
FISCH: Bin gleich bei dir, bringe Kuscheldecke und Kirschen mit. Hab heut Abend nichts vor, also mach dir keinen Kopf, können die Nacht durchmachen und reden.
WIDDER: Hab eigentlich ein Date.
FISCH: Okay, kein Ding. Ich warte einfach in deiner Wohnung, bis du zurückkommst.

Die fabelhafte Welt des Widders

Wäre der Widder eine Stadt, er wäre Rom, diese Stadt mit der fieberhaften, beinahe militärischen Energie, der uralten Dekadenz und den Zeugnissen überbordender Machtgier. Wäre der

Widder eine Wetterlage, so wäre er der sonnigste Tag des Frühjahrs: überall Tulpen und Narzissen, ein Hauch von Hyazinthen, eine flirrende Energie in der Luft, es ist fast sommerlich, aber nur fast. Wäre der Widder ein Satzzeichen, so wäre er ein Ausrufezeichen – ach, was, drei Ausrufezeichen. Wäre der Widder ein Kleidungsstück, so wäre er etwas Verführerisches, das sich rasch ausziehen lässt, etwas mit Bändern und Klettverschlüssen. Wäre der Widder eine Tageszeit, so wäre er der Morgen, genauer gesagt das Morgengrauen, denn das Leben ist viel zu kurz, um nicht möglichst viel Leben in jeden einzelnen Tag zu quetschen. Wäre der Widder ein Kuscheltier, so wäre er nicht aus Stoff gefertigt, sondern eine über und über verzierte glitzernde und funkelnde Figur, dein meistgeliebter Schnickschnack. Wäre der Widder ein Albtraum, so wäre er einer der blutigen Sorte, einer, der dich noch tagelang gruselt, aber immerhin ein gutes Ende nimmt. Wäre der Widder ein Tanz, so wäre er improvisiert, feste Vorgaben verderben schließlich alles. Wäre der Widder ein Besteck, so wäre er ein Buttermesser, denn er macht gern schneidende Bemerkungen, hasst es aber, jemanden wirklich zu verletzen. Der Widder wäre nicht die *eine* bestimmte Blume, er wäre sämtliche Blumen zusammengenommen.

Widder sind so etwas wie die Vorreiter des Tierkreises, und sie betrachten sich gern als Entdecker und Retter der Welt. Sie sagen von Natur aus die Wahrheit und können Flunkereien kilometerweit gegen den Wind riechen. Der Geist des Widders ist eine Landschaft endloser Begeisterung. Steht der Widder auf etwas, treibt er es damit bis zum Äußersten. Für gewöhnlich hegt und pflegt er eine Reihe von Obsessionen. Das kann ein bestimmtes Nahrungsmittel sein, ein Hobby oder ein eigentümliches Objekt, das er sammelt und hamstert und an das er pausenlos denkt. Liebt er beispielsweise Bananen, isst er vermutlich alles mit Bananenaroma und legt sich zwanghaft alles zu, was halbwegs wie eine Banane aussieht, bis er genug davon hat.

Ich zum Beispiel stand mal total auf Erdbeeren. Die sind aber auch sweet. Geschmeckt haben sie mir nicht so wirklich, aber tragen wollte ich sie, also besaß ich verschiedene Erdbeer-Outfits, die ich gar nicht mehr ausziehen wollte. Die Leute fanden meine Erdbeer-Phase definitiv schräg, aber das war mir egal, so rein war meine Liebe zu dem rotgrünen Abbild dieser Frucht. Ich weiß noch, wie ich mich eines Tages dabei ertappte, Erdbeerklamotten zu tragen, ein Erdbeereis zu löffeln und dabei mit einem Erdbeer-Handy zu telefonieren. Da wurde mir klar: Okay, jetzt wird es weird. Diskutieren kann man darüber mit dem Widder nicht, er versteht gar nicht, was mit «exzessiv» gemeint sein soll. Wenn er aber mit einer Sache durch ist, dann er ist richtig damit durch. Mich haben die Erdbeeren eines Tages derart angeödet, dass ich sämtliche Erdbeer-Klamotten (und -Stifte und -Handys und -Lampen und -Kissen) aussortiert und ihnen keine Träne nachgeweint habe. Heute lässt mich das Früchtchen komplett kalt.

Mit seinem Glauben an ein für ihn vorherbestimmtes Schicksal versetzt der Widder Berge. Er glaubt nicht wirklich, das Universum drehe sich um ihn, dafür ist er viel zu rational, auch wenn er bisweilen ganz schön narzisstisch sein kann. Unbedingt glauben will er aber, dass all die langweiligen und hässlichen Seiten des Lebens irgendeinen höheren Sinn haben. Dass irgendwo da draußen irgendjemand darauf wartet, ihn genau so zu lieben, wie er sich das vorstellt. Die Hoffnung auf diese vollkommene Glückseligkeit gibt er niemals auf, selbst wenn er in einer wenig romantischen und scheinbar festen Beziehung oder Arbeit festhängt. Irgendwo auf der Welt wird ein Widder diese Zeilen lesen, bereit, wieder die Schulbank zu drücken oder das Land zu verlassen, um das/den/die einzig Wahre zu finden. Wehe wenn das alles gewesen sein soll. Von Geburt an hegt er den heimlichen Verdacht, dass er nicht ohne Grund auf dieser Erde wandelt.

Und an diesem Verdacht ist natürlich viel Wahres dran. Wir sind nicht auf dieser Erde, um herumzusitzen. Wir alle sind auf der Suche nach unserer Bestimmung. Und wenn wir sie in diesem Leben nicht finden, dann vielleicht im nächsten.

Der berühmte Widder

Von Lady Gaga (Widder) gibt es einen Song namens *Applause*, der ziemlich gut zusammenfasst, wie man sich als Widder fühlt:

I live for the applause-plause, live for the applause-plause
Live for the way that you cheer and scream for me

Glaubt mir, sie meint das ernst. Tief in seinem Innern ist jeder Widder berühmt, auch wenn er durch den Alltag trottet, achtlos Wäsche wäscht, kocht (Scherz, kein Widder kocht, es sei denn, wir lassen Mikrowellenessen gelten oder haben es mit einem Spitzenkoch zu tun, der alle anderen in den Schatten stellt), der Löcher in die Luft starrt und insgeheim darauf wartet, dass du von seiner Großartigkeit überwältigt bist und das tust, worauf er so sehnlichst wartet: klatschen, klatschen und noch mal klatschen. Jeder berühmte Widder liebt dieses Geräusch.

Vincent von Gogh ist das Paradebeispiel eines Widders. Mit seinen optimistischen Wirbeln und den lebhaften Farben brachte er sein unbändiges Lebensgefühl zum Ausdruck. Es ging ihm nicht unbedingt darum, die Realität abzubilden, sondern darum, wie es ihm, dem König der Leinwand, mit der Realität erging. Und dann wäre da noch die berühmte Geschichte, dass er angeblich so sehr von einer Frau besessen war, dass er sich das Ohr abschnitt und es ihr schenkte. Einigen Leuten mag das ganz schön krank und eklig erscheinen, jeder Widder aber gäbe in Anbetracht dieser Geschichte ein wegwerfendes «ach» von sich. «Das ist ja wohl gar nix», würde er wahrscheinlich denken und sich ausmalen, welchen Körperteil *er* für seine große Liebe opfern würde. Bis auf seine Genitalien würde er mit Sicherheit alles hergeben.

Ein weiteres gutes Beispiel für einen berühmten Widder ist Chaka Khan. *Aint't Nobody* könnte der Titelsong einer jeden Widder-Liebesbeziehung sein. Besonders gerne höre ich sie mir an, wenn ich gerade mal wieder in jemanden verschossen bin. Schade, dass van Gogh den Song nicht hören konnte, als er seiner Angebeteten sein Ohr überbrachte. Sie ist die perfekte Verkörperung dessen, was ein Widder fünf Minuten nach dem Kennenlernen einer attraktiven Person empfindet, also quasi jeder Person. Chaka ist ein typisches Beispiel für die Widder-Mission, bis ans Ende der Tage in friedlicher und glückseliger Faszination zu leben.

Mit seiner Kraft und Energie möchte der Widder nicht nur einen Zustand der Ekstase erreichen, sondern auch Verständnis für alle Menschen aufbringen, insbesondere sich selbst. Der Widder-Poet Octavio Paz hat in seinem berühmten Gedicht *Piedra del Sol* über diesen außerweltlichen Zustand geschrieben und ihm «una presencia como un canto súbito» bescheinigt.

Im Bewusstsein seiner Präsenz auf Erden und der Präsenz der anderen ist er außerdem auf der Suche nach transzendentalen Erfahrungen durch Kunst, Politik, Dramen oder Liebe. All das und noch viel mehr. Meistens mehr.

Weitere berühmte Widder

1. EDDIE MURPHY
2. BETTE DAVIS
3. ALEC BALDWIN
4. TIM CURRY

Widder-Playlist

AKON – «Locked Up»

ARETHA FRANKLIN – «Respect»

TRACY CHAPMAN – «Fast Car»

LORETTA LYNN – «Somebody Somewhere (Don't Know What He's Missing Tonight)»

FERGIE – «Glamorous»

DIANA ROSS – «Aint't No Mountain High Enough»

JILL SCOTT – «The Fact Is (I Need You)»

BILLIE HOLIDAY – «You Go To My Head»

CÉLINE DION – «My Heart Will Go On»

SELENA – «Dreaming of You»

Der Widder (Ein Gedicht)

Ein von Feuer umstandener Wald bist du. Was gibt es sonst noch zu sagen, außer dass das rote Rascheln der Blätter nicht das ist, wofür alle es hielten. Wie wütend du wirst. So wütend. So zornig. Mit Pauken und Trompeten und auf einem Flammenstrahl kommst du daher. Verbrennst alles und jeden, als ob es nichts wäre. Ein Abtrünniger aus purem Stahl. Wer hält dich davon ab, das dunkle Höllenbuch zu lesen? Antworte mir! Denn als es hieß, der Schöpfer habe nichts für die Schwachen übrig, warst nicht du damit gemeint. Du bist keineswegs müde, aber hin und wieder gibst du nach. Kühlst dein Temperament herunter. Wenn es angebracht ist. Um dann wieder in Flammen aufzugehen. Es gleicht einem Fluch. Mit Blau und Grün säumst du deine Lippen, und zurück auf Anfang zu gehen, das liegt dir. Doch dieser Weg führt dich nirgendwohin. Ungestüme gelbe Lichter, in deren Schein du alles sehen und so tun kannst, als suchtest du nach nichts Speziellem. Das pralle Leben und der nie endende Klang von Posaunen im Wald. Die Liebe jedoch ist wahrhaftig. Die Liebe ist wahrhaftig, sagtest du. Obwohl dich keiner danach gefragt hat.

You are a forest edged in fire. What else can we say about it. Except the red rushing of leaves is not what anyone else had expected. Do you get mad. Yes, you do. You do get angry. You are the ramming thing, coming in full with horns on a jet made of flames. You scorch anything and everything, as if it is nothing. A giant renegade of pure steel. With palm trees and periwinkle bells, you stop reading the sullen hellish book. But who stopped you? Answer me! Because when they said that The Creator does not like the weak, they did not mean you. You are not anything tired, but at times, you acquiesce. You simmer down. When appropriate, of course. And then you light back up again. It's a curse really. You edge your lips in blue and green, and find it very simple to go backwards. Meanwhile, you aren't going anywhere at all. Wild yellow lights where you see it all and can agree that you aren't looking for anything in particular. Sheer life, and an endless trumpeting in the woods. But love is real. Love is real, you said. But no one was asking.

WIDDER

STIER

*To be old is
to be ode.*

TAN LIN, GEBOREN AM 24. APRIL 1957

Der Stier

Wenn du einmal traurig bist, so traurig, dass dir alles sinnlos erscheint, triff dich mit einem Stier und hör dir an, wie er über seine Träume und Hoffnungen redet, und schon geht es dir besser. Seine Worte werden dich daran erinnern, dass wir das Leben als langsamen, bedächtigen Prozess begreifen müssen, und das wird dir dein Ziel wieder klar vor Augen führen. Und besagtes Ziel sollte (die meiste Zeit über) darin bestehen, so glücklich und friedvoll zu leben wie möglich. Es heißt, die glücklichsten sind jene, die im Augenblick leben. Und das bekommt der Stier unglaublich gut hin – indem er Sorgfalt walten lässt und kaum je vom Weg abkommt. Der Stier lehrt uns: Wenn wir ein erfülltes Leben führen wollen, sollten wir uns stets und stetig auf etwas zubewegen, wonach wir uns von ganzem Herzen sehnen.

Solltest du keinen Stier kennen, schicke dem Universum umgehend einen Notruf. Wenn du lange leben möchtest, brauchst du nämlich mindestens einen Stier in deinem Leben. Ich selbst hätte beinahe einmal einen geheiratet. Das wäre in vielerlei Hinsicht ein Fehler gewesen, dennoch vermisse ich seine solide Stier-Energie. Das heißt, na ja – bis mir die Stier-Wut wieder einfällt, denn mit der ist nicht zu scherzen. Du kannst drei Kreuze schlagen, wenn du noch nie einen wutentbrannten Stier erlebt hast, ehrlich. Während der Widder im Bruchteil einer Sekunde sowohl die Beherrschung als auch den Verstand verlieren kann, baut sich der Zorn des Stiers im Ablauf von mindestens zwei Jahrhunderten auf und ist deshalb umso furchterregender. Wenn er dann ausbricht, hilft nur eins: abhauen! So schnell du kannst!

Möchtest du einen Stier über sich selbst (sein Lieblingsthema) und seine Erfolge reden hören, hast aber kein heißes Exemplar bei dir zu Hause rumliegen (und rumliegen tut er nach 19:00 Uhr auf jeden Fall), schau dir einfach im Netz ein Video von einem Stier an – zum Beispiel von Jack Nicholson, dem Paradebeispiel für dieses Tierkreiszeichen, der in seiner Karriere schon so einige Interviews gegeben hat, wenn auch weniger, als man annehmen könnte. Wie seine Langzeitliebschaft, Anjelica Huston (Krebs, was für ein Traumpaar), einmal bemerkte, ist Jack Nicholson nicht unbedingt ein Fan davon, im Fernsehen aufzutreten, und hat in seinem Leben schon so einiges auf sich genommen, um dem zu entgehen. Ironischerweise meinte sie einmal: «Jack will nicht der nette Kerl in deinem Wohnzimmer sein.» Dabei gibt es wohl keinen anderen Ort, an dem ein Stier mehr er selbst sein kann als in einem Wohnzimmer – solange es nur das eigene ist.

Obwohl er nicht gerne Interviews gibt, wird sich dennoch irgendwo im Netz eines auftreiben lassen, etwa eines aus dem Jahr 1982 mit einem stattlichen britischen Gesprächspartner, das wunderbar verdeutlicht, weshalb die meisten Stiere so großartig sind. Am Anfang der Aufnahme wird Nicholson gefragt: «Gab es diesen einen Moment in Ihrer Kindheit, in dem Sie beschlossen haben, Schauspieler zu werden?», worauf er antwortet:

Das geschah allmählich, wie wahrscheinlich bei den meisten Leuten. ... Wissen Sie, wenn man da draußen in New Jersey hockt, trifft es einen nicht mitten im Football-Training wie der Schlag, und man denkt: ‹Ich möchte Schauspieler werden.› So läuft das nicht. Ich habe wahrscheinlich erst darüber nachgedacht, als ich längst spielte. Und ganz vage auch, als ich in der Trickfilmabteilung von MGM arbeitete. Den Job habe ich hauptsächlich deshalb gemacht, weil ich so versessen auf Stars war. Und es immer noch bin.

Hier veranschaulicht Jack Nicholson eine typische Stier-Tugend – den Glauben an den eigenen Platz auf Erden. Im Gegensatz zum Löwen, der sich meist für einen geborenen Star hält, oder zum Widder, der nur darauf wartet, dass alle sein Genie erkennen, stolpert der Stier geradezu über sein Schicksal. Obwohl er einer der berühmtesten Schauspieler seiner Zeit ist, begründet er seinen Werdegang damit, dass er «versessen auf Stars» war und immer noch ist. Im weiteren Verlauf des Interviews erklärt er, warum er zu schätzen weiß, dass es einige Zeit gedauert hat, bis er seine Berufung fand:

Für mich war es ein Glück, dass der Erfolg erst so spät kam, denn sonst würde ich mich heute um ein Comeback bemühen müssen. Den meisten Schauspielern ist es so ergangen. In meinem allerersten Stück zum Beispiel spielte Michael Landon die Hauptrolle, und noch während wir es aufführten, bot man ihm ein Engagement bei *Bonanza* an. Die ganzen Jahre über, während Michael eine Folge nach der anderen drehte, lief meine Karriere weiter, bis er irgendwann mit *Bonanza* aufhörte. Damals war das eine schöne Sache für ihn, wissen Sie, und wie alle anderen hab auch ich ihn darum beneidet. Heute würde ich aber natürlich nicht mehr mit ihm tauschen wollen.

Auch hier offenbart Nicholson ein typisches Stier-Talent. Einerseits gibt er sich mit seinem langsamen Aufstieg bescheiden, schafft es gleichzeitig aber noch, gegen Michael Landon zu sticheln, seinen einstigen Skorpion-Rivalen, der damals scheinbar die Oberhand hatte. Schließlich hatte dieser eine Hauptrolle und ein festes Engagement in einer Fernsehserie ergattert. Aber im Nachhinein betrachtet, war er danach auch festgelegt auf die Rolle des netten Kerls von nebenan, die er sein Lebtag nicht mehr loswurde. Nicholson war damals vermutlich grün vor Neid, weil er die Rolle auch gerne gehabt hätte. Inzwischen war ihm jedoch klargeworden, dass sich seine glanzvolle Karriere deshalb so entwickelt hatte, weil er sie *nicht* bekam.

Das Interview endet mit der Frage, warum Nicholson den großen sexy Widder Marlon Brando den «Big man on the hill» nennt. In langsamer, bedächtiger Stier-Manier antwortet Nicholson darauf nur: «Na ja, von mir aus gesehen wohnt er den Hügel rauf.»

Es ist eine wahrlich geistreiche Antwort: Spontan, bodenständig und dazu noch eine Machtdemonstration. Mit einer simplen Bemerkung lässt er alle wissen, dass er in einer feinen Gegend wohnt, in einem schicken Haus, das eine Menge gekostet haben muss, und in der Nähe eines Filmstars, schließlich ist er selbst auch einer. Eine irgendwie hemdsärmelige und dennoch

wohlkalkulierte Demonstration von Größe, Status und Freundlichkeit. Eine echte Stier-Pointe. Vor aller Augen.

Was du über den Stier wissen solltest

Der Stier ist ein fixes Erdzeichen und das zweite Zeichen auf
dem Tierkreis. Er folgt auf den Widder, und wie bei benachbar-
ten Zeichen üblich, teilen sie eine besondere Verbindung. Der
Stier hat eine Lektion gelernt, die der Widder noch vor sich hat.
Wie ein Baby hascht der Widder nach allem, das irgendwie Spaß
machen könnte, während der Stier auf soliden Grund baut. Ist
der Widder ganz «Ich bin», ist der Stier dagegen ganz «Ich habe»
und trägt noch dazu die Widder-Energie des Neuanfangs in sich
(genau genommen trägt er sämtliche Erinnerungen seines Lebens in sich, für immer und ewig, aber dazu später mehr). Der
Stier ist das etwas ältere Baby und erfreut sich an allem Takti-
len: an der Luft auf seiner Haut, am süßen Geschmack der Mut-
termilch, an den Lichtern, die an- und wieder ausgehen, wenn
sich der Tag zur Nacht wandelt und wieder zum Morgen. Die
Baby-Metapher trifft also auch auf den Stier zu. Er kann eine
Menge ertragen – mehr als menschenmöglich –, aber wenn er
nicht bekommt, was er will, oder ihm sein Spielzeug wegge-
nommen wird (oder sein Essen, Gott bewahre), hagelt es Schreie
und Schläge.

Ein noch passenderer Vergleich ist natürlich das männliche
Rind. Wer Bullen schon mal live erlebt hat, weiß, dass sie gern
ihr eigenes Ding machen. Sie hängen am liebsten einfach nur
rum und fressen – solange du dich nicht zu sehr mit ihnen anlegst oder Anstalten machst, ihnen etwas wegzunehmen, sei es
das Essen, die Liebhaberin, den Platz zum Chillen oder sonst
irgendetwas, das ihnen gehört. Damit wedelst du nämlich mit
dem größtmöglichen roten Tuch vor ihrer Nase herum, das es

auf dieser Welt gibt. Und ja, verlass dich drauf, sie werden angreifen. Besser, du machst dich sofort vom Acker.

Jedes Zeichen hat seinen eigenen schlechten Ruf, doch dem Stier wird etwas nachgesagt, das nicht wirklich auf ihn zutrifft. Ich sage es jetzt einfach: Es heißt, er sei langweilig. Dabei ist er das ganz und gar nicht, und wenn du einer von denen bist, die ihn total aufregend finden, entschuldige ich mich für diesen Einwurf. Bist du selbst ein Stier und fühlst dich vor den Kopf gestoßen, vergiss einfach, was ich gesagt habe und kaue schön weiter.

Warum glauben die Leute, der Stier sei ein Langweiler? Nun, zum einen tendiert er dazu, wieder und wieder das Gleiche zu tun, besonders wenn er damit schon einmal Erfolg hatte, aber leider auch, wenn das nicht der Fall war. Für Stiere soll immer alles beim Alten bleiben, und sie lieben die Routine. Es geht ihnen dabei allerdings nicht darum, stets das Gleiche zu tun, sondern um die Tiefe, die sie durch die Routine erreichen.

Ein Beispiel. Nehmen wir an, du hast beschlossen, jeden Montag zwei Stunden durch den Wald zu spazieren. Ziehst du das die nächsten fünfundvierzig Jahre durch, ist das Entscheidende dabei nicht die Routine an sich, sondern die Tiefe der Erfahrung, die sich nach und nach einstellt und jeden Spaziergang zu einem neuen Abenteuer werden lässt. Nach dem zehnten Jahr kennst du die Strecke so gut, dass du auf den Tag genau sagen kannst, wann die gelben Blumen an der Wegbiegung aus der Erde geschossen kommen. Nach dem fünfzehnten Jahr besteht das Vogelgezwitscher nicht mehr aus willkürlichen Tönen, sondern ergibt eine Melodie, die bis in die Tiefen deiner Seele vordringt. So tief, dass du sie im Traum hervorholen könntest, und das tust du auch.

Die wahre Liebe des Stiers ist das echte Leben. Das wiederkehrende Moment der Alltagserfahrungen macht für ihn das Leben aus – das tiefe, profunde Leben. Sein ganzes Dasein ist auf die Suche nach ebenjenem Lebensgefühl ausgerichtet.

Das soll nicht heißen, dass der Stier so verlässlich wie die Jungfrau ist. Der Stier ist durchaus verlässlich. Aber nur, wenn das zu seinen großen Lebenszielen passt. Jede Art von Verpflichtung, die mit seiner beruflichen Laufbahn zu tun hat, zum Beispiel eine Aufgabe im Rahmen eines erfüllenden Jobs, führt er gerne aus. Falls du dich bei einem neuen Mitarbeiter zwischen einem Stier und einem Steinbock entscheiden musst und jemanden suchst, der stets zur Stelle ist und seine Aufgaben erledigt, wähle den Stier. Der Steinbock kann zwar unermüdlich arbeiten, aber nur, wenn er auch der Chef ist, denn dann kann er den lieben langen Tag Leute herumkommandieren und andere die Arbeit machen lassen.

Der Stier wird sich niemals so anstellen und jeden Tag pflichtbewusst bei der Arbeit erscheinen, höchstens ein wenig müde oder launisch oder mächtig geladen, weil du mal den Geburtstag seines Bruders vergessen oder nicht an diesen besonderen französischen Senf für sein Schinkenbrötchen gedacht hast (wollen wir mal hoffen, dass es sich dabei um veganen Schinken handelt, obwohl – das ist wahrscheinlich nicht der Fall, machen wir uns nichts vor). Trotzdem, wenn du willst, dass etwas erledigt wird, kannst du dich voll und ganz auf den Stier verlassen. Darin ist er absolute Spitzenklasse. Dass er die Dinge durchzieht, ist eine bemerkenswerte Eigenschaft, die ihm Respekt einbringt – im Falle von beruflichen Konkurrenten sogar Ehrfurcht. Wetteifere mit ihm bloß nicht darum, wer von euch beiden länger durchhält. Worum es sich auch dreht, ich garantiere dir, du wirst den Kürzeren ziehen.

Das soll keineswegs heißen, dass der Stier nicht in der Lage wäre, sich zu entspannen. Nein, wenn es um seinen wohlverdienten Urlaub geht, legt er die gleiche Unerschütterlichkeit an den Tag wie bei der Arbeit. Manche glauben, er sei faul, weil sie ihn nur im «Urlaubsmodus» kennen. Dann will der Stier nämlich einfach nur ausruhen, schlafen und ansonsten jede sinnliche

Erfahrung genießen, die man sich ausmalen kann. Wie bereits erwähnt, hätte ich beinahe einmal einen Stier geheiratet. Jedes Mal, wenn ich in Widder-Manier versucht hatte, zwei Stunden mit einer Million Tätigkeiten vollzustopfen und dann am Rande des Wahnsinns stand, empfahl er mir, ich solle langsam machen und mich ein Weilchen ausruhen – eine Woche oder so. Er sagte Dinge wie: «Leg dich erst mal ein paar Stündchen hin. Und nächste Woche fahren wir dann in den Urlaub. Ein bisschen Entspannung wird dir guttun.» Ein super Ratschlag. Sich während eines durchgeknallten Vierundzwanzig-Stunden-Arbeitstages an einem koffeingetriebenen, spätkapitalistischen Arbeitsplatz daran zu erinnern, auch mal eine Pause einzulegen, kann einem schon mal minimal schwerfallen. Aber mein Stier hatte natürlich recht. Sich auszuruhen tut gut.

Der Stier weiß um die Wichtigkeit des Ausruhens, weil er ein unerschütterliches Gespür für das Fortschreiten der Zeit hat. Ich ziehe meine Stier-Freunde gerne damit auf, dass sie im Rhythmus von Erdzeitaltern leben. Das finden die wenigsten von ihnen lustig, weil es suggeriert, sie seien langsam. Dabei ist es eigentlich ein Kompliment. Viele Zeichen, besonders die Feuer- und Luftzeichen, bewegen sich ohne ein Gefühl für das Fortschreiten der Zeit durchs Leben, vermögen es, mit ihrer assoziativen Denkweise im Moment aufzugehen oder die Zeit nach Belieben auszudehnen. Obwohl Geschichte und Zeit in Wahrheit linear verlaufen. Die Dinge geschehen nacheinander (jedenfalls haben wir uns alle darauf geeinigt, das zu glauben).

Dieses lineare Fortschreiten versteht der Stier sehr gut. Er weiß, dass man nicht bei Punkt B ankommen kann, ohne vorher Punkt A erledigt zu haben. Der Stier handelt zielgerichteter und absichtsvoller als die meisten Zeichen, mit einer fokussierten Beharrlichkeit, denn er weiß, dass man durch all das durchmuss, um voranzukommen. Diese Herangehensweise ist wahnsinnig erfrischend, für ungestüme Feuer- und Luftzeichen jedoch ziemlich frustrierend. Dabei vermittelt sie ein Gefühl von Verlässlichkeit, dass, wenn man sich bewegt und weiterentwickelt, die Welt das Gleiche tut. Gibt es einen tröstlicheren Gedanken?

Dieses besondere Verständnis für Zeit hängt mit seinem Sinn für Geschichte zusammen. In fast jedem Stier steckt auch ein bisschen von einem Historiker, und er hat zu irgendeinem geschichtlichen Spezialgebiet enormes Wissen angehäuft. Da es sich bei seinem herrschenden Planeten um die Venus handelt, liebt er die Künste, insbesondere die Musik. Der Stier erinnert sich an weltgeschichtliche Fakten, die der Großteil von uns längst nicht mehr auf dem Schirm hat. Besonders gut kann er sich Details einprägen.

Damit korrespondiert auch sein lückenloses Gedächtnis in puncto eigener Lebensgeschichte. Er merkt sich alles, was ihm jemals zugestoßen ist, mit einer geradezu schockierenden emotionalen Tiefe. Oberflächlich betrachtet scheint der Stier ruhig und gefasst – im Flow – zu sein. In Wahrheit aber nimmt er die kleinste Kleinigkeit in sich auf und kann sich, wie der Skorpion, an jede zugefügte Kränkung und jedes Kompliment erinnern. Fast alles geht ihm zu Herzen, und so wird er auch ewig in guter Erinnerung behalten, wie du ihm damals selbstgebackene Plätzchen zur Arbeit mitgebracht hast. Diese scheinbare Gefühlsduselei ist jedoch mit Vorsicht zu genießen. Leg dich bloß nicht mit einem Stier an, wenn du die Fakten nicht auf deiner Seite hast. Er erinnert sich nämlich an wirklich ALLES und kann jederzeit mit mindestens einem Puzzleteil zurückschießen, das sich kein Mensch gemerkt hat. Seine Genauigkeit und Hartnäckigkeit, was Fakten betrifft, ist fast schon unheimlich.

Eine Eigenschaft sollte ich hier noch erwähnen, ganz nebenbei. Es geht um die Frau Mama. Obwohl der Stier nicht ganz so fixiert auf seine Mutter ist wie der Krebs, dessen Herrscherplanet Mond die Mutter in den Himmel hebt, ist sie dem Stier doch ebenfalls sehr wichtig. Der Gedanke an Häuslichkeit und

Stabilität heitert ihn auf und steht in enger Verbindung mit dem Mutterbild. Selbst wenn seine eigene Mutter diesem Bild nicht immer entsprach, wird er stets zu ihren Gunsten entscheiden. Und wenn dir ein Stier am Herzen liegt, tust du es ihm besser gleich. Wage es außerdem bloß nicht, irgendein anderes Familienmitglied des Stiers zu beleidigen, sonst geht es dir an den Kragen. Und zwar nicht auf erotische Art.

Der Stier als Liebhaber

Wenn du einen Partner suchst, der eure Beziehung richtig ernst nimmt, der sich jeden deiner Blicke, jeden deiner Küsse merkt, der sogar Gedichte über diese Küsse verfasst, der Rosenblätter in dein Bad streut und dich liebevoll bekocht, der dich metaphorisch gesprochen nie, NIEMALS am Altar stehen lassen und sich auf gar keinen Fall verdrücken würde, sobald der Mietvertrag für die neue gemeinsame Wohnung unterzeichnet ist, der dich die ganze Nacht im Arm hält und noch so viel mehr, dann hast du mit dem Stier einen Volltreffer gelandet. Er wird dir ein traumhafter Gefährte im heimeligen Nest sein und mit Freuden Himmel und Erde für dich in Bewegung setzen. Er hat nur auf jemanden gewartet, der seine Vorzüge wirklich zu schätzen weiß. Falls du derjenige bist, kannst du dich wahnsinnig glücklich schätzen. Wenn es um die Liebe geht, hat der Stier einiges zu bieten. Es kann lediglich ein Weilchen dauern, bis er das offenbart. Vergiss nicht, dass dieses fixe Erdzeichen mit Abstand das fixeste (und hier ist ganz bestimmt nicht «schnellste» gemeint) von allen ist.

Steinbock, Jungfrau, Fische und Krebs passen am besten zum Stier, wovon Krebs und Stier angeblich die beste Verbindung des Tierkreises ist. Beide sind gleich motiviert, sich ein behütetes Zuhause zu schaffen und einen Sinn für Familie zu kultivieren. Der Skorpion wird den Stier anziehen wie das Licht die Motten, und wenn der Skorpion nicht vom rechten Weg abkommt, wird diese Liebe ein Leben lang halten. (Ach, was sag ich, wahrscheinlich wird sie auch bei einem Fehltritt halten, obwohl der Stier ihm das nie verzeihen wird.) Stier und Waage haben die Liebe zu schönen Dingen gemeinsam, doch hier hört es auch schon auf, weil sie unüberwindbare Verständigungsprobleme haben. Stier und Wassermann gefällt die beidseitige Dickköpfigkeit, und von da an geht es abwärts. Zwar fühlt sich der Stier zur Leichtigkeit und dem endlosen Geplapper des Zwillings hingezogen, aber sobald er mehr Nähe und Ernsthaftigkeit einfordert, blockt der Zwilling ab. Stier und Löwe ist eine häufige Kombination, aber keiner wird sich so recht daran erfreuen, am wenigsten die beiden selbst. Einem Schützen kann der Stier sehr leicht verfallen, und eine Zeitlang (maximal acht Monate) findet der Schütze die wilde Entschlossenheit des Stiers ganz schön prickelnd. Danach verliert der Schütze dessen Nummer, und der Stier weint ihm noch jahrelang hinterher. Stier und Widder sind ein herzallerliebstes Paar, doch Gott bewahre, sollten sie in Streit geraten. Ein Stier kann auch mit einem anderen Stier zusammen sein, aber nur, weil es beiden zu anstrengend ist, aufzustehen und das Ganze zu beenden.

Bevor wir noch weiter in die Tiefe gehen (was bei den endlosen, amethystblauen Tiefen des Stiers kein Problem wäre), hier noch ein Dating-Tipp: Stehst du auf einen Stier und hast keine Zeit für langes Liebeswerben (was beim Durchschnitts-Stier ab dem ersten Händchenhalten schon mal locker sechs Jahre dauern kann), gibt es eine Abkürzung, und die heißt Essen. Soll der Stier den ganzen Tag über von deinem heißen Body träumen, tippe bei irgendeinem Lieferdienst die Schlagworte «frittiert» und «Schokolade» ein. Ich garantiere dir, wenn du dem Stier in deinem Namen irgendeine kulinarische Dekadenz schickst, wird sein Arbeitstag nicht schnell genug vorbei sein können. Pro-Tipp für eine noch größere Wirkung: Sieh zu, dass du irgendwo die

Worte «Sahneschnitte» und «Süßer» in deiner Antwort auf seine Dankesnachricht unterbringst. Dann wird er ohne jeden Zweifel eine Minute nach Feierabend bei dir auf der Matte stehen, und zwar ohne Unterhose.

Der Stier ist verdammt sexy, und das weiß er auch. Das Sexyste an ihm ist seine Art, dich in den Arm zu nehmen. Ich kann mich noch gut an eine besonders liebevolle Umarmung meines verflossenen Stiers erinnern (nein, das ist nicht irgendwie schräg). Stiere haben es einfach drauf, dich in Warmherzigkeit und Güte zu hüllen. Wenn du noch nie in die Arme eines Stiers geflohen bist, hast du nicht wirklich gelebt. Ihre Umarmung ist Akzeptanz, ist Begehren, bietet Schutz und gibt zugleich die Empfindsamkeit des Stiers preis. Eine solche Umarmung ist ihre ganz eigene Art des Vorspiels. Gehst du darauf ein, wächst sein Vertrauen, dass du zu ihm gehörst. Und nichts erregt den Stier mehr als etwas ganz Eigenes.

Die ultimative Sexyness des Stiers macht sich im Schlafzimmer nicht unbedingt in Form von Einfallsreichtum bemerkbar. Für ihn ist Sex ein Ausdruck von Liebe und darüber hinaus eine positive körperliche Erfahrung. Was der Körper bewerkstelligen kann, das kann nicht schlecht für ihn sein – so der Gedankengang. Der Stier ist ein echter Freund der Natur. Was ihn nicht davon abhält, total auf Sexspielzeug abzufahren. Wenn Sex Spaß macht, lässt sich dieser Spaß doch sicher noch steigern. Ich will hier keine Namen nennen, aber ich kannte mal einen Stier (oder zwei), der ein paar Tausender für einen riesigen, mit Kristallen und teuren Edelsteinen bedeckten Quarzdildo ausgegeben hat (ganz ungefährlich in der Handhabung, keine Sorge).

Willst du einen Stier so richtig anmachen, denke daran, dass sich das Zentrum seiner Lust an Hals und Nacken befindet. Das erklärt auch, warum unter den Stieren viele erfolgreiche Sänger oder Redner sind. Sie stehen total auf langes, romantisches Geknutsche und stundenlange leidenschaftliche Berührungen.

(Ach, was rede ich, alles, was der Stier so treibt, nimmt mehrere Stunden in Anspruch.) Auch Massagen liebt er, von sanft bis zupackend – insbesondere im Nackenbereich. Versuche mal, ihn dort anzuknabbern, so knutschfleckmäßig. Dann dreht er durch.

Geht es nicht um Sex, verkündet dein Stier vielleicht hin und wieder, dass er Zeit für sich allein braucht, aber ganz ehrlich: Das stimmt nicht. Wahrscheinlich hast du einfach seine Gefühle verletzt, ohne es zu merken, und sollst nun in Ruhe darüber nachdenken. Denn wenn er dich liebt und nicht gerade sauer auf dich ist, will er dich stets an seiner Seite haben. Auch abends nach dem letzten gemeinsamen Abenteuer sollst du mit ihm unter die Decke schlüpfen. Er ist loyal und liebevoll und sehr bedürftig. Wie ein gutmütiger Hund, der bereitwillig am Fußende schläft und alles tut, um dir nahe zu sein. Und die Nähe zu dir, die braucht er. Er will dich ja nicht nerven, er ist eben … hartnäckig. Sperrst du ihn aus, wird er so lange vor der Tür warten, bis du ihn wieder reinlässt. Wenn er eins kann, dann geduldig sein.

Stier und Skorpion liegen einander im Tierkreis gegenüber, astrologisch betrachtet sind sie also diametral verschieden und sich in mancher Hinsicht doch auch zutiefst ähnlich, insbesondere in der Liebe. Zu vergleichen, wie die beiden Sternzeichen lieben, ist höchst aufschlussreich. Der Skorpion möchte die Seele seiner Geliebten ganz und gar erobern, möchte dass ihr Ego ihm gehört, durch Raum und Zeit, bis in die Unendlichkeit. Das Verlangen des Stiers dagegen ist weniger spiritueller als physischer Natur. Er will die völlige Vereinigung im Diesseits. Das kann einem ganz schön Angst einjagen, aber wenn man darauf steht, ist es der Hammer. Du kannst jeden x-beliebigen Krebs fragen, wie der Sex mit einem Stier ist, und schon verschleiert sich sein Blick. Für den richtigen Menschen ist die Liebe eines Stiers ein wahr gewordener Traum. In dieser verrückt gewordenen Welt kann sich die Umarmung eines Stiers wie die ultimative Antwort anfühlen.

Es entspricht seiner Vorstellung von Bindung, dass du ganz

ihm gehören sollst, sein Leben lang. Das soll keineswegs heißen, dass er nicht auch nichtmonogamen Sex ausprobiert hätte. Er ist ein körperlicher Mensch und mag Sex, ganz egal mit wem. Wenn es ihm in den Kram passt und er ungebunden ist, wird er fröhlich durch die Gegend vögeln. Sobald er in einer Beziehung steckt, ist er offener, als man annehmen könnte, insbesondere für Dinge, die sich «gut anfühlen». Sein Motto: Wenn wir schon in unserem Körper gefangen sind, können wir genauso gut Spaß damit haben, und Spaß zu haben ist seine Religion.

Hat er sich allerdings auf eine monogame Beziehung mit dir eingelassen, und du gehst fremd oder, noch viel schlimmer, verliebst dich in jemand anderen, mach dich bereit, die Scheidungspapiere zu unterzeichnen. Ein Stier mag ewig und drei Tage brauchen, bis er sich für jemanden entscheidet, aber sobald die Wohnungstür hinter dir ins Schloss fällt, hast du drinnen bei ihm gefälligst glücklich zu sein. Denn solltest du sie jemals öffnen, um dir im Club die Nächte um die Ohren zu schlagen, kannst du deine Habseligkeiten gleich dorthin mitnehmen, ja, auch das Geschirr deiner Großmutter, denn du wirst so was von gehen müssen. Einen solchen Fehltritt wird dir ein Stier niemals verzeihen und vergessen schon mal gar nicht. Schließlich vergisst er nie etwas – du erinnerst dich?

Aber mal im Ernst, wenn du eine der schönsten Blumen gepflückt und dir mit ihr zusammen ein wunderschönes Heim geschaffen hast (garantiert wunderschön), in dem vielleicht sogar mindestens ein braver Hund vor dem offenen Kamin hockt, wer braucht da noch die Idioten aus der Kneipe ums Eck? Ach, mach doch nicht so einen Wirbel und hör gefälligst auf, sehnsüchtig aus dem Fenster zu schauen. Setz dich in den Sessel – zu deiner großen Liebe. Dort erwarten dich haufenweise gemütliche Decken (ja, auch mitten im Juli in subtropischen Gefilden), ein großer Teller Pasta mit italienischem Trüffelöl und frischem Bio-Basilikum, dazu jede Menge gutes Zeug auf Netflix. Weinst du? Doch wohl vor lauter Glück? Was es auch sei, keine Sorge, dein Stier wird dich beschützen. In seiner zärtlichen Umarmung verflüchtigt sich jedes Übel. Schließ die Augen, so. Ein bisschen Schlaf wird dir guttun. Und im Hintergrund läuft leise *Sleeping is the only love* von den Silver Jews.

Der Stier als Freund

Der Stier steht nicht nur für die wahre Liebe ein, sondern auch für seine Freundschaften. Er hat einen ausgeprägten Familiensinn und betrachtet enge Freunde meist als erweiterte Familie, die genauso gehegt und gepflegt werden müssen wie nahestehende Verwandte. Wenn du je mit einem Stier befreundet warst, insbesondere wenn du ihn zum Lachen gebracht hast, wird er dich nie im Leben vergessen. Selbst wenn ihr lange Zeit keinen Kontakt hattet, wird er dich als engen Freund oder enge Freundin betrachten, dich zu Abschlussfeiern und Babypartys einladen und dir an deinem Geburtstag und zu den Feiertagen eine Karte schicken. Er möchte für dich da sein, wenn du weinst oder es dir sonst irgendwie schlecht geht.

Der Stier hat das Bedürfnis, seine Lieben zu beschützen. Hast du einen Stier zum Freund, wird er dir wie kein anderer zur Seite stehen. Hat er einmal Vertrauen zu dir gefasst, kannst du dich zu hundert Prozent auf ihn verlassen. Er wird dich vor der großen, bösen Welt da draußen beschützen; der Schutz vor ihm selbst und seinem Zorn, nun, das steht auf einem anderen Blatt. Ich sagte es ja schon, der Stier mag ruhig und maßvoll wirken – bis du ihn verärgerst.

Er hasst es, herumkommandiert zu werden oder irgendetwas tun zu müssen, nur weil du es ihm aufträgst. Bist du nur mit ihm befreundet, wirst du seine zornige Seite eher selten zu spüren bekommen. Bringst du sie aber doch zum Vorschein, vielleicht weil du ihn kontrollierst, ihm etwas wegnimmst oder ihn geringschätzig behandelst, vielleicht sogar in aller Öffentlichkeit, geht er auf dich los – kein schöner Anblick. Denn vor deinen Augen verwandelt sich der ach so ruhige Stier in eine tobende Urgewalt, selbst so wutrot wie das Tuch eines Stierkämpfers. (Das rote Tuch bist in diesem Fall leider du.)

Die Sache mit dem Zorn ist die – und in der Tat verhält es sich mit allen Launen des Stiers ähnlich –, was seine Gefühle angeht, macht er keine halben Sachen. Wenn ihm danach ist, kann er sich wortwörtlich die ganze Nacht lang streiten (und die Nacht darauf und die darauf und ...). Streite dich also lieber nicht mit ihm. Lass es einfach. Herausgefordert wird er allerdings ganz gern, und er genießt intellektuelle Gespräche – vorausgesetzt, du teilst im Großen und Ganzen seine Ansichten und/oder schließt dich seiner Meinung zu hundert Prozent an. Zum großen Glück vieler Wasserzeichen sind dem Stier die Freunde am liebsten, die eine Menge Zuwendung brauchen, sich Gefühlsausbrüchen hingeben und sich nicht davor scheuen, ihn zu unchristlichen Zeiten heulend anzurufen. Das mit dem Heulen ist seine Sache nicht, denn es macht ihn völlig fertig, wenn es dir schlecht geht. Aber es gefällt ihm, dass du dich an *ihn* gewendet hast. Und außerdem – was das Heulen betrifft, habe ich gelogen –, gefällt es ihm insgeheim doch, denn es zeigt ihm, dass du kein Eisblock bist. Der Stier liebt Menschen, die ein reiches Gefühlsleben haben und sich der Irrationalität hingeben können, wie es ihm wohl niemals vergönnt sein wird.

Und dann gibt es da noch diese andere Sache: Der Stier ist und bleibt ein Erdzeichen. Wie gesagt, er ist kein Karrieretyp, neigt aber dazu, seine Verbindungen rücksichtslos zu seinem Vorteil zu nutzen, wenn es darum geht, Wohlstand und Sicherheit zu erlangen. Wenn er dich für «wichtig» hält, versteht er es vermutlich noch besser, sich an dich ranzuschmeißen, als es ein Steinbock in seinen kühnsten Träumen vermag. In solchen

Konstellationen neigt er zum Lügen. Etwa, weil du etwas kannst oder besitzt, das er begehrt. Oder weil der Kontakt zu dir irgendwie gut fürs Geschäft ist. Trotzdem wird sich seine verlässliche Stier-Liebe irgendwann durchsetzen, und noch bevor er selbst davon Wind bekommt, ist die Verbindung plötzlich echt. So gerissen er beruflich auch sein mag, kein Stier wird dich jemals völlig links liegen lassen. Genau genommen wird der Stier kaum irgendjemanden jemals links liegenlassen. Nur kriegst du eben nicht unbedingt immer das, was du willst oder was du einst bekommen hast, wenn er das Gefühl hat, dass ihm der Kontakt zu dir nicht mehr viel nützt. Andererseits kommt es alle Jubeljahre vor, dass der Stier befindet, du hast ihm etwas angetan, das er dir niemals verzeihen kann, oder der Lack deines Charmes ist ab, oder du hast eine Eigenschaft verloren, die ihm selbst fehlt. In diesem Fall wird er den Kontakt abbrechen, sowenig es ihm auch behagt, er wird es durchziehen. Und hat dich der Stier einmal im Regen stehengelassen, kommst du nie wieder ins Trockene. Auch hier macht sich seine fixe Natur bemerkbar. Und fix ist er, und zwar mit dem Wörtchen «Ade», wenn es denn sein muss. Sollte dieser Fall bei dir und deinem Stier-Freund eingetreten sein, werde ich sofort für dich beten. Denn du wirst ihn vermissen, oh, wie du ihn vermissen wirst!

Stier-Style

Venus ist ein Herrscherplanet mit Klasse, und so versteht es der Stier, sich fabelhaft zu kleiden. Von Cher mal abgesehen, wird sich kein Stier in eine grelle, auffällige Klamotte werfen, wenn nicht gerade Karneval ist (was Cher übrigens nach eigener Aussage am liebsten jeden einzelnen Tag feiern würde, schließlich spielt sie schon ihr Leben lang die Diva). Vergiss nicht, dass Audrey Hepburn eine Stier-Geborene war.

Wie seine Erdzeichen-Verwandten Jungfrau und Steinbock trägt der Stier gerne Kleidung, die nicht sofort ins Auge sticht und ihm das Gefühl gibt dazuzugehören. Im Gegensatz zu den anderen Erdzeichen macht der Stier dabei eine gute Figur, er trägt nämlich Kleidung, die hervorragend sitzt. Er gönnt sich ohne weiteres auch mal maßgeschneiderte Kleidung, damit er so sexy und attraktiv wie möglich aussieht. Für ein Unikat (oder zwei) im Kleiderschrank, greift er tief in die Tasche und wird dann dafür sorgen, dass er es lange tragen kann.

Kleidung ist für den Stier ein Statusobjekt. Im Gegensatz zum mitunter versnobten Krebs beweist er beim Tragen einer goldenen Uhr Fingerspitzengefühl. Stiere genießen die Aufmerksamkeit der Leute, wenn sie edel aussehen, mögen es aber nicht, wenn sich andere beim Anblick ihres offensichtlichen Wohlstandes unwohl fühlen. Besitzt er eine Chanel-Tasche, wird er immer nur die eine tragen, und zwar in einem klassischen Farbton (zum Beispiel in einem sehr dunklen Braun). Marken sind nur dann sein Ding, wenn kaum einer weiß, dass es sich dabei um eine Nobelmarke handelt. Es ist ihm lieber, wenn sie nur Insidern bekannt ist, die sich ein solches Stück ebenfalls leisten können. Umgekehrt posaunt er es auch nicht laut heraus, wenn er ein Schnäppchen gemacht hat.

Ausgefallenes Zeug findet er schwachsinnig, es sei denn, es hält ein Leben lang. Er bevorzugt gute Qualität, die ihm ein Gefühl von Macht gibt – das braucht der Stier, um sich lebendig zu fühlen. Das erklärt auch, warum es so viele Converse-Träger unter den Stieren gibt, so viele, dass dieser Turnschuh für mich der Stier-Schuh schlechthin ist. Stiere schätzen wohl den Look und die Langlebigkeit solcher klassischen Sneaker, dafür bewundere ich sie, aber für mich sind sie nichts. Ich habe versucht, sie zu mögen, aber als Widder langweilen sie mich sogar in Neonpink.

Wie man es von einem Erdzeichen erwarten würde, sind die Lieblingsfarben des Stiers sattes Ockergelb, Brauntöne, Dunkelgrün und Mitternachtsblau. Seine Allzweckwaffe ist ein schwarzes Outfit, und irgendwie schafft er es, dass es stets elegant statt gruftimäßig aussieht. Der Stier mag alles, was einen leicht schmutzigen Ton hat. Dadurch fühlt er sich nämlich ... geerdet. Ab und an greift er auch zu einem dunklen Burgunderrot. Vor gereiften Rotweinen hat er genauso viel Hochachtung wie vor Geld, seiner Mutter und Gott (oder dem, was er sich darunter vorstellt). Weißtöne, Cremetöne und blasse Farben gefallen ihm sehr gut, sofern sie natürlich wirken und der Stoff ein bisschen wie Leinen aussieht. Auch Muster trägt der Stier, nur eben nicht besonders aufdringliche, es sei denn, er ist Schauspieler und seine Rolle macht es erforderlich. Gepunktet heißt bei ihm winzige weiße Punkte auf einer schwarzen Seidenbluse. Gestreift bedeutet Marineblau und Weiß, und das war's. Er liebt Karos, aber nicht in lauten Farben. Er liebt Schmuck (hier kommt wieder die Venus zum Tragen), aber nur edlen und raffinierten, etwa einen unauffälligen Smaragd oder ein schmales Goldkettchen. In extravaganten Ohrringen sieht man ihn normalerweise nicht, egal zu welchem Anlass. Und falls doch, dann weil man ihn dafür bezahlt hat. Darauf kannst du deine Sterne verwetten.

Texten mit dem Stier

Der Stier schreibt nicht so gerne Nachrichten, schon gar nicht, wenn es sich dabei um lange Gespräche handelt, die man viel besser persönlich bei einem gut gefüllten Glas Wein führen könnte, während man seinem Gesprächspartner in die Augen schaut. Dem Stier ist Texten zu abstrakt, zu technisch und zu schräg, und er hat den Bogen nicht so recht raus. Über jeder seiner Nachrichten liegt ein Hauch von Ironie, weil er einfach nicht glauben kann, dass er tatsächlich in dieses «Ding» tippt, statt von Angesicht zu Angesicht zu kommunizieren. Obwohl er theoretisch offen für Innovationen ist, würde er die Welt trotzdem am liebsten in die gute alte Zeit zurückdrehen, als es noch keine Textnachrichten, keine Handys, keine Computer, keine Fernseher, keine Straßenschilder, kein gar nichts gab. Er träumt ständig von der Flucht in eine Realität, die eine Holzhütte, einen Hund, Käse, Schokolade und Sex (in dieser Reihenfolge) beinhaltet.

Was nicht heißen soll, dass er dir keine Textnachrichten schreiben wird. Geht es dabei um die Arbeit, wird er dir unverzüglich und ausufernd antworten. Mit einem Stier-Arbeitskollegen gerätst du dabei leicht in einen Nachrichten-Strudel, in dem der Stier eine MENGE aufgestauter Ansichten und Emotionen in puncto unfähiger Kolleginnen und Kollegen ablassen wird, die aus dem Nichts zu kommen scheinen. Wenn du über Fachkenntnisse verfügst, die ihm abgehen, oder wenn er hinter deine Einstellung zu einem bestimmten Thema kommen will, wird er dir nicht nur einmal schreiben und dann eine kurz dahingetippte Antwort akzeptieren. Er wird dir Löcher in den Bauch fragen, die ganz spezifische Antworten verlangen, und wird erst dann damit aufhören, wenn er dich völlig erschöpft und jedes Fitzelchen Information aus dir herausgequetscht hat.

Als Freund wird dir der Stier ab und an und aus heiterem Himmel emotional aufgeladene Nachrichten schicken. Hier zeigt sich einmal mehr, dass die Uhren für den Stier anders ticken. Für ihn fühlt es sich an, als wäre es erst gestern gewesen, dass ihr beide etwas gemeinsam erlebt habt (das in Wahrheit vor sieben Jahren stattfand) und an das er sich unbedingt in Form einer Nachricht erinnern will. Wie ich schon an anderer Stelle erklärt habe, ist das Wort «gefühlsduselig» speziell für den Stier erfunden worden. An Feiertagen textet er dir irgendetwas Schnulziges darüber, wie viel du ihm bedeutest, und hängt Fotos von vor siebenundzwanzig Jahren an, auf denen du lächelst. Wenn sein Herz jemals für dich geschlagen hat, ist das Schreiben von Textnachrichten für ihn die perfekte Methode, dir zu zeigen, wie sehr er an dir hängt. Selbst wenn du eine Weile nichts von ihm gehört hast, kannst du darauf vertrauen, dass er dich noch immer liebt und sich irgendwann wieder bei dir melden wird, meist früher, als du denkst.

Handelt es sich bei deiner Liebsten oder deinem Liebsten um einen Stier, darfst du dich glücklich schätzen, denn er wird sich mit dem Texten mehr Mühe geben als bei allen anderen. Er will seiner Herzdame oder seinem Herzbuben möglichst nah sein und verlässt sich dabei auch auf Textnachrichten. Ach ja, und falls du nicht von zu Hause arbeitest, wird er mehrmals täglich abklopfen, ob du ihn noch liebst und ihn auch nicht vergessen hast. Er wird sich jeden Tag zwei Minuten nach halb drei bei dir per Textnachricht erkundigen, was du gerne zum Abendessen hättest, damit er entsprechend planen kann (bitte lass es Spaghetti sein!). Noch lieber kontaktiert er dich per Videoanruf. Wenn ihr zu lange voneinander getrennt seid, bringen es Textnachrichten für ihn einfach nicht. Er sehnt sich danach, dein Gesicht zu berühren, und zählt die Stunden, bis ihr euch endlich wiederseht. Alles, was es braucht, sind ein paar «Ich liebe dich, süßer Schatzi Hase Mausebär»-Nachrichten, und euer Wiedersehen pünktlich um 17:01 Uhr wird umso schöner ausfallen.

STIER: Hab gerade deine Steuern fertig gemacht, Schnuffelchen.
WIDDER: Danke!!!!!
STIER: Gehst du heut Abend mit mir ins Kino?
WIDDER: Auf jeden Fall!

STIER 1: Hab gearbeitet.
STIER 2: Hab an was gearbeitet.
STIER 1: Hab an was Wichtigem gearbeitet.
STIER 2: Hab an was Wichtigem für dich gearbeitet.

STIER: Alles verschneit draußen. Wünschte, du würdest mit mir hier vorm Kamin sitzen.

ZWILLING: *[eine Woche später]* Kennst du William Blake?

STIER: Selbstverständlich.

ZWILLING: Magst du vorbeischauen und mir zum Einschlafen etwas von ihm vorlesen?

STIER: Hab dir einen Verlobungsring gekauft.

KREBS: Hab gerade für 10 Leute Spaghetti gekocht.

STIER: *[klingelt an der Tür]* Darf ich um deine Hand anhalten?

KREBS: Erst musst du meine Mutter kennenlernen.

STIER: Ich habe den Bericht gelesen. Die Aussagen haben weder Hand noch Fuß.

LÖWE: Ich habe ihn ebenfalls gelesen und stimme dir nicht zu.

STIER: Du stimmst nicht mal dem Leben selbst zu!

LÖWE: Wenn das heißt, dass ich dich nie mehr wiedersehen muss, okay. Apropos Leben, ich stimme dir nicht zu!

STIER: Lass uns doch heute zum Strand gehen.

JUNGFRAU: Ja!

STIER: Wenn ich's mir recht überlege … ich hasse den Strand.

JUNGFRAU: Ich auch!

STIER: Bin ins Museum gegangen und hab an dich gedacht.

WAAGE: Ich liebe es, Skulpturen zu betrachten, ihnen wohnt so viel Geschichte inne.

STIER: Bei mir im Garten wächst ein ganz seltsamer Salat.

WAAGE: Pack ihn auf ein paar Zitronen und füttere mich damit.

STIER: Ich werde dich niemals verlassen.

SKORPION: Ich wünschte, ich könnte dir das Gleiche sagen.

STIER: Wir sind seelenverwandt.

SKORPION: Wir sind irgendwas.

STIER: Ich hab dir ein Taxi bestellt, das dich zu unserem Date fährt.
SCHÜTZE: Oh, war das heute?
STIER: Ich kann auch vorbeikommen, wenn dir das entgegenkommt.
SCHÜTZE: Tut es nicht.

STIER: Erdbeer- oder Vanille-Milchshake?
WASSERMANN: Mit Essiggurkengeschmack. Und bitte vegan.
STIER: Weiß ich doch, aber nebenbei: Veganismus ist ja wohl lächerlich.
WASSERMANN: Melde dich nie wieder bei mir.

STIER: Ich kann alles für dich sein, was du möchtest.
FISCHE: Eine winzige Ballerina auf dem Armaturenbrett meines Wagens?
STIER: Sogar das.
FISCHE: Friede sei mit dir.

Die fabelhafte Welt des Stiers

Wäre der Stier eine Stadt, so wäre er London – geschichtsträchtig, mit einem Sinn für Ordnung und Anstand und einem Schuss Prominenz und Pomp. Wäre der Stier eine Wetterlage, so wäre er ein launenhafter Sommerregen um 15:03 Uhr, der bis 19:45 Uhr anhält und in einem tiefroten Sonnenuntergang aufklart. Wäre der Stier ein Satzzeichen, so wäre er ein Doppelpunkt, mit dem sich sauber und ordentlich Listen erstellen oder Ideen näher erläutern lassen. Wäre der Stier ein Schmuckstück, so wäre er eine feine Goldkette, die sich gut kombinieren lässt. Wäre der Stier ein Wochentag, so wäre er ein Donnerstag, an dem alle noch fleißig bei der Arbeit sind, aber schon aufs Wochenende schielen, ein kleines bisschen Sonntag steckt auch in ihm, besonders der Teil mit dem Sonntagsbrunch. Wäre der Stier ein Tier, so wäre er ein Bär, ob als Plüsch oder in Wild, ein großer und kuscheliger, flauschiger und warmer Bär. Die wilde Version würde dich zerfetzen und sich deine Weichteile einverleiben, die plüschige würde dich trösten. Wäre der Stier ein Traum, so wäre er einer, an den man sich kaum erinnern kann, bei dem es irgendwie um rosaroten Nebel über einem massiven Berg ging, und beim Aufwachen würdest du dich auf sehr sanfte und angenehme Weise erfrischt fühlen. Wäre der Stier eine Sportart, so wäre er Pilates, anmutiges Pilates irgendwo in einem überteuerten Studio in der Stadt, das gleichzeitig schlicht und schön ist. Wäre der Stier ein Küchengerät, so wäre er eine Backform, in der man köstliche Kuchen backen kann, süße oder herzhafte oder beides auf einmal. Wäre der Stier eine Pflanze, so wäre er Gras, das auf einer endlos weiten Wiese wächst und dich einlädt, dich darauf auszustrecken. Und warum auch nicht, das Leben ist kurz, und wir sollten glücklich sein, wenigstens für den Moment.

In der fabelhaften Welt des Stiers dreht sich alles ums Bauen, sei es um das Aufbauen einer Karriere oder einer lebenslangen Liebesbeziehung. Die Vorstellung, mit etwas Stabilem und Zuverlässigem belohnt zu werden, wenn man sich über eine lange Zeit richtig anstrengt, bereitet ihm riesige Freude. Diese Haltung färbt auch auf die Erwartungen ab, die er an sein Umfeld stellt. Er möchte starke Persönlichkeiten an seiner Seite haben, auf die man sich einerseits verlassen kann, die andererseits aber auch sein Interesse wecken, die Feuer und Leidenschaft in sich tragen. Auch im Innern des Stiers brennt ein nie verlöschendes Feuer. Kein solches Feuer, das alles verbrennt, sondern eines, das Wärme spendet, das zusammenschweißt und Dinge notfalls auch mal lötet, das provoziert, schmeichelt und neckt, aber auch ein Feuer, an dem man endlos lange Gespräche führen und Pläne schmieden kann, ein offener Kamin mit hervorragendem Rauchabzug. In der fabelhaften Welt des Stiers werden die Dinge angepackt, sie geschehen nicht einfach.

Für ihn ist das Himmelreich ein Ort, an dem sich das Glück Schicht auf Schicht auftürmt. Wo niemand alberne Vorstellungen von richtig oder falsch hat und dennoch ein klares Verständnis dafür herrscht, was richtig oder falsch ist. Die Himmelspforte bestünde nicht aus weiß schimmernden Perlen, sondern aus dunklem Holz und wäre gesäumt von riesigen Tannen und Kiefern. Aus Trompeten würde eine Mischung aus Klage- und Liebeslied erklingen. Alle sähen klug und herzlich aus (und tough!) und trügen eine Brille. Und die Hand eines jeden Liebenden zierte ein Tattoo. «Das gute Leben», wäre darauf zu lesen.

Der berühmte Stier

Das Paradebeispiel eines berühmten Stiers ist Cher. Die selbsternannte «Göttin des Pop», die den Äther bereits seit einem gefühlten Jahrhundert mit Herzschmerz-Balladen bespielt. Etwa mit *I found someone (to take away the heartache since you've been gone)*, oder *If I could turn back time* (der sehnlichste Wunsch eines jeden nostalgischen Stiers: endlich bis in alle Ewigkeit in einer verklärten Version der Vergangenheit leben), oder *I hope you find it* (leichter Seitenhieb), oder *When you find out where you're going, let me know* (lass es doch bitte uns alle wissen). Mit diesem unverwüstlichen Sinn für Romantik, der sich durch die von Venus durchtränkten Musikverse zieht, will Cher uns allen zeigen, was wahre Liebe ist. Denn wenn der Stier jemanden liebt, dann für immer. Und wenn dieses ewigliche Band durchtrennt wird, wird auch der Schmerz für immer bleiben. Cher ist das Vöglein, das uns davon singt, wie tief dieser Schmerz gehen kann.

Der Stier liebt es, berühmt zu sein. Der Skorpion tut wenigstens noch so – mit einem gezierten Grinsen auf den Lippen –, als hasse er es, um dann allen in den Rücken zu fallen. Während der Stier ganz offen zeigt, wie sehr es ihm gefällt, berühmt zu sein, so kann er nämlich die vielen Vorzüge, die der Ruhm mit sich bringt, genießen: luxuriöse Kleider, Partys mit noch berühmteren Leuten, bühnenreife Zusammenkünfte und Vergnügungen. Ist er auf den Geschmack gekommen, wird er alles dafür tun, um seinen Rang zu behaupten, wird sich mehr Live-Auftritte, Interviews, Kooperationen und Projekte aufhalsen, als er bewältigen kann. Er berauscht sich an der rasenden Geschwindigkeit des Geldverdienens, er liebt es, in Beschlag genommen zu werden und sein Gefolge um sich zu haben. Kaum etwas macht ihn mehr an als das Spiel mit der Macht und dabei das Heft in der Hand zu halten.

Ein weiteres Paradebeispiel für einen berühmten Stier ist James Brown. Während seiner gesamten Karriere arbeitete er unermüdlich daran, uns mit seinen großartigen Songs zu beglücken. Man nannte ihn nicht ohne Grund den «Hardest working man in show business». In seinen über fünfunddreißig Jahren als Musiker gelang es ihm, 110 Songs in den Charts zu platzieren. Lieder wie *Night Train* und *I Got the Feelin*, in denen er unfassbare Staccato-Rhythmen mit kehlig vorgetragener (da ist er wieder, der typische Stier-Körperteil) Romantik kombinierte, haben mindestens zwei Generationen von Musikliebhabern beeinflusst. James Brown sang schlicht und ergreifend über die Liebe und das Leben und alle wichtigen Dinge dazwischen. Mit seinem *Get Up (I Feel Like Being a) Sex Machine*, seinen stilvollen, grellen Glitzerumhängen und seinem sexy Sidestep rüttelte er Heerscharen von Zuhörern wach. Wer jemals einen Auftritt des Godfather of Soul gesehen hat oder ihn sogar live erleben durfte, der versteht, wie viele Stunden es gekostet haben muss, diese Glanzleistung zu vollbringen. All die harte Arbeit, der Schweiß und die Kraft des Stiers sind in diese Musik eingeflossen, die uns bis heute inspiriert.

Es mag vorkommen, dass ein berühmter Stier seine Position nutzt, um die Welt ein Stückchen besser zu machen, doch im Allgemeinen ist seine Arbeit persönlicher Natur. Andere Erdzeichen sind idealistischer veranlagt, wie etwa die Jungfrau Bernie Sanders. Der Stier ist viel eher Künstler oder Musiker und singt uns von seinen Wahrheiten. Seine Lieder handeln von seinen Werten. Es trifft durchaus zu, dass der Stier seine Stimme nutzt, um Rache zu üben, insbesondere in Liebesdingen. Man denke nur an *Send my Love (to Your New Lover)* von Adele, ein ironisches Liebeslied, mit dem sie ordentlich austeilt, insbesondere gegen das Arschloch, das so dämlich war, sich von ihr zu trennen. Das Gedicht *You Jerk You Didn't Call Me Up* von Bernadette Mayer ist eine ähnliche Fick-dich-doch-Botschaft:

> *I haven't seen you in so long*
> *You probably have a fucking tan*
> *& besides that instead of making love tonight*
> *You're drinking your parents to the airport*

Fast schon könnte man Mitleid haben mit diesem Trottel (wahrscheinlich ein Fisch oder ein Zwilling), der sich zu gut dafür war, das lyrische Ich zurückzurufen, und über den hier so deftig hergezogen wird. Da das Gedicht von einem Stier verfasst wurde, ist es natürlich durchaus möglich, dass sich die betreffenden Ereignisse 25 Jahre vor der Niederschrift zugetragen haben. Wie wir es von dem New Yorker Bürgermeister Bill de Blasio gewohnt sind, verfügt beinahe jeder Stier über die Fähigkeit, irgendeinen historischen Fakt aus dem Hut zu zaubern, um seine Beweisführung zu stützen – eine Kunst, auf die Stiere jederzeit zurückgreifen können.

Weitere berühmte Stiere

1. STEVIE WONDER
2. JANET JACKSON
3. GEORGE CLOONEY
4. BARBARA STREISAND
5. THE ROCK
6. GEORGE OPPEN
7. TINA FEY
8. GEORGE WASHINGTON
9. ENYA
10. ELLA FITZGERALD

Stier-Playlist

ADELE – «Send My Love (to Your New Lover)»
ELLA FITZGERALD – «They Can't Take That Away from Me»
JAMES BROWN – «Papa's Got a Brand New Bag»
CHER – «If I Could Turn Back Time»
STEVIE WONDER – «Boogie On Reggae Woman»
BILLY JOEL – «Scenes From an Italian Restaurant»
DUKE ELLINGTON – «It Don't Mean a Thing (If It Ain't Got That Swing)»
ENYA – «Only Time»
BARBRA STREISAND – «Memory»
JONATHAN RICHMAN – «True Love Is Not Nice»

Der Stier (Ein Gedicht)

Was ist schon Zeit, sagtest du, als du dich vom Meer abwandtest. Du entdeckest die göttliche Kulisse einer mit

Leinen überworfenen Tafel, die für ein köstliches Abend-
mahl eingedeckt worden war. Hallo, dachtest du, sagtest es
aber nicht. Trugst vielmehr eine schwere Bürde vor dir her,
sehr zum Missfallen der anderen. Ginge es hier einzig um
Loyalität, die Geschichte würde den gewohnten Ausgang
nehmen. Doch nein, deine große Liebe stieg die Treppe
hinab. Wieder dachtest du dir deinen Teil, doch sagtest
nichts. Und spürtest, wie deine Zähne knirschten. Wie das
Gefühl durch den Mund hinabwanderte. Und dann gefror
das rosafarbene Eis und schickte sich an, seinen Ring um
den Mond zu schließen. Die ganze, feuchte Geschichte der
Liebe, die bei den einen verfliegt und bei anderen zerbrach.
Oh shit, sagte jemand neben dir. Du konntest dein Glück
kaum fassen. Welch' denkbar schlechter Augenblick zu-
sammenzubrechen. *Das hat nichts mit Glück zu tun*, sagte
jemand, *du hast es so gewollt.*

What is time, you said when you left the ocean. You
spotted the very divine settings of a linen barricade set
up for a very nice supper. Hi, you thought, but you did
not say it. Instead you carried a rather heavy load into
the entryway, much to everyone's displeasure. If it were
only about loyalty, the story might go on as it should. No,
instead your highest romance descended the staircase.
Well hello, you thought, and did not say it. And then you
felt a gnashing at your teeth. Which left your mouth and
went into your stomach. And then the pink ice began to
complete its entire ring around the moon. The entire wet
story of love, which, for some, flies away or is broken. *Oh
shit*, said someone standing at your side. You could not
even believe your luck. What a time it is to be broken. *It's
not luck*, someone said, *you asked for it.*

ZWILLINGE

22. MAI – 20. JUNI

♊

Mi poesía es un juego. Mi vida es un juego. Pero yo no soy un juego.

FEDERICO GARCÍA LORCA, GEBOREN AM 5. JUNI 1898

· Der Zwilling

Bob Dylan gab 1965 in San Francisco eine seiner seltenen Pressekonferenzen. Nach den üblichen Fragen, die Dylan widerwillig beantwortete, wollte ein Journalist (vermutlich eine Jungfrau) Folgendes von ihm wissen: «Gibt es neben Ihren Songs noch irgendetwas anderes, das Sie den Menschen mitteilen möchten?»

Der gute alte Bob (der beinahe am Scheitelpunkt geboren wurde und noch dazu Mondzeichen Stier ist, aber eben trotzdem Zwilling) erwiderte darauf schlicht: «Viel Glück.»

Ja, mehr hatte er seinen Fans, die zum ersten Mal mit Poesie in Berührung kamen und das Glück hatten, dem Sirenengesang eines Maikindes zu lauschen, nicht zu sagen. Viel Glück. Mehr Zwilling geht nicht. Es ist der perfekte Satz, der mit mehr als einer Prise Sarkasmus eine halb aufrichtige, halb bissige Absicht zum Ausdruck bringt.

Im Geiste dieses einen Zeichens, das meistens einfach nur redet und redet und redet und redet (und redet und redet …), sind dies die knappen Worte, die ich dir, liebe Leserin und lieber Leser, an die Hand geben möchte, bevor du in dieses Kapitel abtauchst. Viel Glück. Du wirst es vermutlich brauchen.

Das ist keineswegs böse gemeint. Mit Zwillingen komme ich nämlich besonders gut klar. Alle Karten auf den Tisch: Ich hatte einen dreifachen Zwilling als Vater, hatte mehr als genug Zwillinge-Liebhaber, war über zehn Jahre mit einem Zwilling verheiratet, mein Kind ist Sonnenzeichen Zwilling, und ich habe mehr Zwillinge im Freundes- und Bekanntenkreis, als ich zählen kann (und ich jedenfalls habe gerade keine Lust, sie zu zählen, aber hey, ich bin eben Widder). Wäre das Leben eine Universität, so wären meine beiden Hauptfächer Lyrik und Astrologie mit Schwerpunkt Zwilling. Es kommt mir vor, als schriebe ich bis in alle Ewigkeit an meiner Diplomarbeit über dieses Sonnenzeichen. Möge die Göttin sie segnen. Und mir beistehen.

Wenn du das erste Mal auf einen Zwilling triffst, dürfte es dir nicht allzu schwerfallen, ihn als solchen zu erkennen. Hat dich sein Charme in etwa so umgehauen wie die unermessliche Weite des Grand Canyons? Haben seine Augen mehr gefunkelt als eine XXL-Palette Glitzerschminke? Hat er synchron seine E-Mails gecheckt, fünfzig Nachrichten mit Marienkäferfotos verschickt, eine Revolution angezettelt, *Homo Sacer – Die souveräne Macht und das nackte Leben* von Giorgio Agamben gelesen, ist mit deiner Schwester UND deiner Mutter UND dem Geist deines Großvaters UND deinen zwei Hunden UND mehreren Gegenständen zugange gewesen, während er eine Karte des «Neuen

Weltalls» erstellt, dir dabei die ganze Zeit über irgendwie gruselig in die Augen geschaut und dir zugeflüstert hat, wie heiß dein
Hintern sei? Jep. Genau den meine ich. Grüß ihn von mir.

Was du über den Zwilling wissen solltest

Wenn der Widder das Baby des Zodiaks ist und der Stier ein etwas älteres Baby, dann ist der Zwilling ein Dreijähriger, der seine
Grenzen austestet und sich immer und überall in Schwierigkeiten bringt (wobei die Schwierigkeiten nicht so wild sind, dass
man ihm lange böse sein könnte). Wie alle Dreijährigen fängt
er gerade erst an, seine Liebe zur Sprache und zur Phantasie zu
entwickeln. Während sich der Widder noch die Augen aus dem
Kopf heult und der Stier herumschreit, weiß der Zwilling schon,
wie er um etwas bittet. Man kann ihm kaum etwas abschlagen,
was er kurz zu schätzen weiß und dann schnell wieder vergisst.
Sein Bedürfnis nach Aufmerksamkeit ist genauso groß wie das
seiner beiden jüngeren Sonnenzeichen-Nachbarn, nur dass er es
besser versteht, sich seine Wünsche erfüllen zu lassen. Der Zwilling ist ein veränderliches Luftzeichen, dem ein großes Kom-
munikationstalent in die Wiege gelegt wurde. Er brütet ganze
Welten in seinem Kopf aus und erzählt gern in blumigen Worten davon. Jeder, der gewillt ist, ihm zuzuhören, ist sein bester
Freund. Jedenfalls so lange, bis er (genau wie ein Dreijähriger)
einen neuen besten Freund gefunden hat.

Wie alle Zeichen, bekommt auch der Zwilling sein Fett weg.
Manche halten ihn für ein formbares, wankelmütiges, launisches, rastloses, unbedachtes, betrügerisches, träges, heimtü-
ckisches und unverbindliches Wesen. Und damit haben sie natürlich recht. Trotzdem ist es nicht die ganze Wahrheit.

Als Zwilling bist du es vermutlich gewohnt, dass die Leute es
erst mal mit der Angst zu tun bekommen, wenn sie dein Tier-

kreiszeichen erfahren, und langsam und vorsichtig auf Abstand gehen, à la: «Oh … ein Zwilling.» Und diese Angst ist nicht ganz unberechtigt. Doch der Zwilling hat viel zu bieten.

Der berühmte Zwilling Walt Whitman hat vielleicht am besten zusammengefasst, wie man sich als Zwilling vorstellen kann, ohne das Kind beim Namen zu nennen und sich doch zu offenbaren: «Do I contradict myself? / Very well then I contradict myself, / (I am large, I contain multitudes.)» Wenn man eines mit absoluter Sicherheit über den Zwilling sagen kann, dann dass er sich widersprechen und widersprüchlich sein wird – und sich selbst andauernd recht und unrecht geben wird. Und auch dir unrecht geben wird. Einfach, weil es Spaß macht. Merke: Das Leben ist ein Spiel.

Wenn du einen Zwilling in einer Menschenmenge ausmachen willst, erkennst du ihn am besten an seinem Charme. Denn das hat er wirklich – diesen Glitzerstaub, den er auf alles herabrieseln lässt. Wenn du weißt, dass du es mit einem Zwilling zu tun hast, und du ihm noch nicht verfallen bist, dann warte noch zwanzig Sekunden ab. Es wird definitiv passieren.

Bei den meisten Zwillingen wirst du ziemlich schnell das erkennen, was ich liebevoll «dieses gewisse Etwas» nenne. Wirklich jeder Zwilling hat es. Dieses verschmitzte, lustige und vergnügte Funkeln in den Augen, das dir zeigt, dass er für beinahe jeden Spaß zu haben ist, insbesondere für jede Party. Der Zwilling ist ein Gauner, im besten und ältesten Sinne des Wortes.

Das liegt an ihrem Herrscherplaneten Merkur. Wenn du irgendetwas über diesen Kerl aus den Lehrbüchern zur römischen Antike behalten hast, dann wahrscheinlich, dass er a) Flügel an den Schuhen trug und b) der Schutzgott der Poesie, des Glücks und der Diebe war. Und genau diese drei Dinge sind es, die den Zwilling ausmachen. Wie er dich mit seinen funkelnden Augen anschaut – was könnte es Schöneres geben? Ja, ich weiß, es ist ätzend: nichts.

Der Zwilling ist ein äußerst geselliges Wesen. Selbst wenn dir mal ein seltenes Exemplar unterkommt, das dir weismachen will, er sei introvertiert, wird er dir mit einem Augenzwinkern zu verstehen geben, dass er dich und deine Aufmerksamkeit liebt, dass er seine Ideen mit dir teilen und einfach eine schöne Zeit mit dir haben möchte. Wenn du einen Zwilling kennst, dann weißt du, wie sehr er von diesem äußerlichen Funkeln durchdrungen ist. Über allem, was er anpackt, schwebt ein Hauch von Magie, von unbegrenzten Möglichkeiten. Solltest du also bemerken, dass dieses Funkeln verschwindet, bringst du ihn am besten sofort in die Notaufnahme. Ohne diese Lebensfreude ist er einfach nicht er selbst – auch wenn diese Flamme niemals ganz erlöschen wird. Und verlischt sie doch einmal, solltest du dir große Sorgen machen, denn dann ist seine Aura wirklich im Arsch. Hoffen wir, dass sie sich wieder reparieren lässt. Beim Zwilling ist das normalerweise so.

Der Gang des Zwillings ist meist federnd und ein wenig zappelig (das hat etwas von Popcorn, worauf er im Übrigen total steht), es sieht absolut entzückend aus, besonders wenn man ihn aus der Ferne betrachtet, was eher selten vorkommt – mit seinem unwiderstehlichen Charme kommt man ihm meist schnell nah. Neulich trug ein Zwilling, mit dem ich befreundet bin, seine Gedichte auf der Bühne vor, und er wippte tatsächlich auf und ab, während er seine rhythmischen Verse aufsagte. Es war wunderschön anzusehen. Mein Sohn ist ein kleiner Zwilling, und wenn man mit ihm redet, vollführt er stets so etwas wie ein Tänzchen. Er kann noch nicht sprechen, aber der Klang von Worten freut ihn so sehr, dass er sich hin und her wiegt, herumhopst und dabei urkomisch lacht. Er ist ohne Zweifel ein kleiner Poet. Meine Waage-Mutter erzählt gern, wie mein dreifacher Zwillinge-Vater auf einer Party in seinem olivefarbenen Siebziger-Jahre-Anzug mit Karomuster lächelnd und winkend wie ein großer Flummi angesprungen kam. «Ich bin Zwilling, und was hast du so für Macken?», fragte er immer noch hüpfend, während tonnenweise Glitter auf meine Mutter herabrieselte. Ich habe meinen Mann einmal dabei beobachtet, wie er von irgendeinem seiner Abenteuer zurückkehrte und dabei aussah wie ein wippender Löwenzahn, der seinen gelben Kopf selig dem Wind entgegenreckt. Die Bewegungen des Zwillings sind die Bewegungen seiner Seele, und die ist liebenswert und fröhlich und flößt allen um sie herum zitronengelbe und himmelblaue Energie ein.

Der Zwilling möchte gerne überall dabei sein, besonders, wenn es sich für ihn um etwas Neues handelt. Monotonie, Pflicht und Verpflichtungen sind ihm verhasst, weil sie einfach furzlangweilig sind. Weil er jedoch so gerne gefallen möchte, zählt er zu den pflichtbewusstesten und engagiertesten Menschen, die du kennenlernen wirst. Besonders wenn du ihm sagst, wie sehr du ihn für all das schätzt, was er tut. Sag deinem Zwilling, so oft du kannst: «Danke, dass du für mich da bist. Du bist der Beste.» *Der Beste, sagt sie!*, wird er sich selbst sagen. *Na, das ist mal jemand mit gutem Geschmack. Ich sollte wohl besser dafür sorgen, dass sie bei mir bleibt.* Und so wird ein ganz wunderbarer Kreislauf in Gang gesetzt.

Trotzdem wühlt den Zwilling noch jede längerfristige Beziehung auf. Denn statt den Abwasch aufgehalst zu bekommen, wäre er viel lieber im Park, zu Hause, im Supermarkt, im Bett mit deiner besten Freundin, auf der Arbeit, unterwegs – besonders an Orten, die er noch nicht kennt, um dir später von diesen neuen Erlebnissen berichten zu können, als wäre er der Erste in der Menschheitsgeschichte, der die große Freiheit entdeckt hat. Und so wie er davon erzählt, kauft man es ihm tatsächlich ab.

Wie sein Wandergefährte, der Schütze, sein gegensätzliches Zeichen, geht ihm seine Freiheit über beinahe alles, auch die Freiheit, andauernd Neues auszuprobieren. Im Gegensatz zum Schützen aber, der schon mal vergisst, wo er daheim ist, wird sich der Zwilling nie zu weit von seinem Zuhause entfernen. Zwar ist er ein rastloser Wanderer, dabei aber gerne ausgeruht. (Während sich der Schütze immer gegen Schlaf oder Ruhe entscheiden wird, wenn er nur die Gelegenheit hat, in einen Zug zu springen, dann in eine winzig kleine Propellermaschine umzusteigen, um rechtzeitig auf dieser einen großartigen Party drei Länder weiter zu erscheinen.) Der Zwilling braucht das Gefühl, jederzeit gehen zu können, wohin es ihn auch zieht, und sei es nur ein Mikroabenteuer, aber genauso muss er wissen, dass er von jetzt auf gleich zurück in sein gemütliches Bettchen krabbeln kann. Auf diese Tatsache lassen sich viele über den Haufen geworfene Pläne mit einem Zwilling zurückführen – dem Ruf seines Betts kann er nur schwerlich widerstehen. Sei also nicht sauer, wenn dich ein Zwilling mal versetzt. Schaffst du es, dass sein Interesse für dich nicht abebbt, insbesondere sein geistiges, so wirst du ihm zu einem ruhigen Hafen, und er wird stets zu dir zurückkehren, wahrscheinlich sogar FOREVER. Forever ever, fragst du mich, André 3000 – du typischster unter den Zwillingen? Ja. Ja, ich bin ganz sicher. Forever ever.

Der Zwilling ist seiner Familie treu ergeben, und zwar ganz besonders seiner Mutter, allerdings nicht im gleichen Maße wie der Krebs. Für den Zwilling ist die Mutter nicht unbedingt Gott. Doch er ist derart empfänglich für Menschen, die anderen zeigen, wo es langgeht, ja, er sehnt sich sogar regelrecht nach solch einem Menschen in seinem Leben, dass er der Frau, die ihm gezeigt hat, wie man sich anzieht und andere alltägliche Aufgaben bewältigt, sein ganzes Leben lang treu zur Seite stehen wird.

Der Zwilling ist anfällig für düstere Stimmung. Diese wahrhaftige Seite seiner Persönlichkeit offenbart er nur seinen engsten Freunden, und falls du mehr als fünf Minuten lang mit einem Zwilling geredet hast, zählst du dazu. Nimm es bitte nicht persönlich, wenn er furchtbar grantig wird. Du hast getan, was du konntest, hast versucht, ihn zum Lachen zu bringen und noch viel mehr. Nur kann der Zwilling eben auch mal furchtbar nihilistisch unterwegs sein, und hat er einen miesen Tag, solltest du ihm besser aus dem Weg gehen. Zumindest wenn du es nicht ertragen kannst, deinen überlicherweise mit Zuckerguss überzogenen Süßen zu sehen, wenn der Glitzer- und Feenstaub verschwunden ist und er stattdessen in die tiefe Wahrheit des Nichts eingetaucht ist. Ich jedenfalls kann das nicht. Einen traurigeren Anblick kann ich mir nicht vorstellen. Und meistens ziehe ich dann irgendeine Show ab, nur damit er für einen kurzen Augenblick vergisst, wie sinnlos alles ist. Wenn es sein muss, lerne ich sogar, mit Obst zu jonglieren – und zwar auf der Stelle.

Es ist paradox, aber gerade durch diese düstere Seite wirkt sein spritziger Charme nur umso anziehender. Jeder seiner Witze ist durchtränkt davon, wie unglaublich leer und grotesk ihm das Leben mitunter erscheint. Das wird ihm schon mal als oberflächliches Gerede ausgelegt, entspricht in Wahrheit aber der tiefen Empfindung, dass unser Dasein in mancher Hinsicht doch relativ bedeutungslos ist. Darum wird er zu jeder Party eingeladen. Obwohl er meist sternhagelvoll ist, bis in die Morgenstunden singt und Gedichte aufsagt und mit allem, was nicht bei drei auf dem Baum ist, tanzt, und sei es auch eine Papiertüte, ist diese Ausgelassenheit nicht zu verwechseln mit Albernheit. Sie erwächst aus einer inneren Leere. Dreh *Let's Go Crazy* von Prince auf, und du wirst vielleicht verstehen, was ich meine. Aber egal, lass uns nicht länger darauf herumreiten. Das hier ist schließlich das Zwillinge-Kapitel.

Der Zwilling als Liebhaber

Meine längsten Beziehungen waren immer die mit einem Zwilling. Lass es mich so sagen: Der Zwilling ist ein freundlicher, freigebiger und irgendwie auch unverbindlicher Liebhaber. Wenn du gerne von deinem Partner hören willst, dass der sanfteste Druck deiner Fingerspitzen ihn tief in seiner Seele berührt, dann vergiss es – dann ist der Zwilling nichts für dich. Sehnst du dich nach einer innigen Vereinigung, dann suche dir einen Skorpion, denn du kannst von Glück reden, wenn dich der Zwilling dabei überhaupt anschaut. (Wahrscheinlich ist er innerlich noch zu sehr mit dem Buch beschäftigt, dass er gerade gelesen hat, bevor es plötzlich heiß herging.)

Trotzdem findet er ausreichend Gelegenheit, um dir zu sagen, wie gutaussehend, witzig und überhaupt wahnsinnig attraktiv du bist. Wieder und wieder, ob im Bett oder auf offener Straße. Manch einer würde es bevorzugen, wenn er den Mund hielte und weniger in die Vollen ginge, aber ich bin Widder, ich liebe das. Ich liebe die Komplimente eines Zwillings – sie fühlen sich so echt an, selbst wenn es sich dabei um eine enorme Übertreibung oder schlicht um eine Lüge handelt. Sowieso würden die meisten Zwillinge nicht schlicht und ergreifend «Du bist echt heiß» sagen, sofern die Situation nicht schon am Siedepunkt angelangt ist. Dennoch kann er sehr direkt sein, sodass du immer ganz genau weißt, was er von dir hält. Bist du ein Weilchen mit einem Zwilling zusammen, fängst du irgendwann an zu glauben, du seist der heißeste Mensch auf diesem Planeten. Wenn die Chemie zwischen euch beiden stimmt, gelingt es dem Zwilling, dass du dich pudelwohl in deiner Haut fühlst. (Und leider gelingt ihm auch das genaue Gegenteil, wenn ihm danach ist.)

Die Waage passt am besten zum Zwilling, und diese Verbindung wird mehrere Leben lang halten. Seelenverwandt ist er auch mit dem Wassermann, weil die beiden ihre schrägen Launen und ihren kreativen Satzbau zu schätzen wissen. Widder-Zwilling ist ebenfalls eine glückliche Kombi, wie zwei beste Freunde, die zusätzlich noch zusammen schlafen. Sie werden irgendwann überrascht feststellen, dass sie einander nicht mehr missen möchten. Löwe und Zwilling brezeln sich gern auf und gehen schick essen, und wenn sie das beibehalten, wird es mit ihnen funktionieren. Schütze und Zwilling verstehen sich grundsätzlich immer, und selbst ihre Streitereien haben im Nachhinein etwas Niedliches. Was den Stier betrifft, weiß der Zwilling zu schätzen, dass dieser seine Liebe zum guten Leben teilt, fragt sich aber meist schon nach einer Woche, wie er darauf kommen konnte. Der Steinbock stellt dem Zwilling nach, bis der Zwilling schließlich «Ey» sagt; der Sex ist toll, aber letzten Endes öden sie sich gegenseitig an (nur eben aus verschiedenen Gründen). Fische und Zwillinge reden gern über Bücher, doch hier hört die Anziehungskraft auch schon auf. Am Krebs gefällt dem Zwilling, dass dieser alles für ihn tut, aber irgendwann wird er ihn dafür verachten. Der Zwilling mag andere Zwillinge sehr, aber wer von ihnen soll bitte schön die Führung übernehmen? Jungfrau und Zwilling sollten besser nicht miteinander reden. Und dann passt das schon. Flirten kann man schließlich auch mit den Augen.

Obwohl der Zwilling in vielen Lebensbereichen ziemlich egoistisch sein kann, ist er sehr um die Befriedigung deiner sexuellen Bedürfnisse bemüht – in der Praxis und auf spiritueller Ebene. Er will unbedingt gut sein, du sollst ihn für den besten Lover halten, den du jemals hattest. Das wird nicht der Fall sein, aber sag ihm das bitte nicht – ein Zwilling, der auf diesem Gebiet kritisiert wird, ist kein schöner Anblick. (Sprich mir nach: Einen Zwilling darf man nicht kritisieren. Einen Zwilling darf man nicht kritisieren. SCHON GAR NICHT seine Qualitäten als Liebhaber. Einen Zwilling darf man nicht kritisieren. Einen Zwilling darf man nicht kritisieren. Das wiederholte Aufsagen könnte sich eines Tages als nützlich erweisen. Denk dran: Ich habe dich gewarnt: Einen Zwilling darf man nicht kritisieren.)

Willst du einen Zwilling so schnell wie möglich heißmachen, widme dich seinen Armen. Ja, genau, diese Körperteile, die von den Schultern herabhängen. Wenn es also wirklich schnell gehen soll, dann streichle, liebkose und küsse die sexy Arme und Hände deines Zwillings. Er wird dahinschmelzen und nur dir gehören (jedenfalls die nächsten zwanzig Minuten). Aber was sage ich, mal abgesehen von diesem Vorspiel bringst du den Zwilling am schnellsten auf Hochtouren, indem du dich wie ein absoluter Nerd verhältst. Fällt es dir schwer, dich im Alltag wie ein Fachidiot zu benehmen, dann lerne, wie du das während des Vorspiels hinbekommst. Laber ihm das Ohr ab über irgendein abstruses Thema, über das du mindestens zehn Bücher gelesen hast. Nichts macht einen Zwilling mehr an, als wenn du dich total in irgendwas hineinsteigerst. Während er dir beim Reden zuschaut, arbeitet es bei ihm nicht nur im Gehirn, und er wird sich wünschen, dass du für immer bei ihm bleibst. Oder eben mindestens für die nächsten siebzehneinhalb Minuten. (Aber wer zählt da schon mit.)

Erwähnenswert ist außerdem, dass er manchmal (aber nur manchmal) vor, nach und während des Sex auf sehr ... spezielle Art und Weise schmusen möchte. Wenn es ihm gutgeht und er dich wirklich gernhat, will er dich nämlich ungefähr so an sich drücken wie ein Grizzlybär einen Beutel mit den letzten Wald- beeren des Sommers, und das unmenschlich lange. Umgekehrt kann es vorkommen, dass er zwar immer noch total verknallt in dich ist, aber trotzdem überhaupt keinen Bock auf Kuscheln hat, was sich anfühlen kann, als küsstest du einen Eisblock. Wie in allen anderen Zwillinge-Dingen gilt auch hier: Nimm es nicht persönlich. Glaub mir, es schert ihn eh nicht. Also sieh besser zu, dass es dir auch egal ist. Ein bisschen verhält es sich mit dem Zwilling so wie mit einem zickenden Laptop, fahr ihn einfach herunter und starte ihn vierzig Sekunden später neu. Im Nor- malfall erwartet dich eine völlig neue User-Experience, und der Ärger ist wie weggeblasen.

Vor allem aber ist der Zwilling ein freundlicher Liebhaber. Beim Sex mit ihm spürst du die Art Freude, die du bei einem

Ausflug mit deinem Sandkastenfreund erlebst, wenn ihr irgendwo in der Pampa anhaltet und euch ein Eis kauft. Das Eis schmeckt absolut köstlich, andererseits: Warum hat einem nie jemand gesagt, dass uns im Reich der Ekstase ausgerechnet ein Eis serviert wird. Vielleicht ist es tatsächlich so. Alles eine Frage der Phantasie.

Der Zwilling als Freund

Entgegen seinem Ruf als flatterhafter Zeitgenosse ist der Zwilling ein zuverlässiger Freund, insbesondere wenn diese Freundschaft Abenteuer, Partys, schicke Dinner, Glamour und auch sonst eine Menge Spaß beinhaltet.

Die Idee von Spaß und Spaß zu haben ist dem Zwilling enorm wichtig. Solange er sich amüsiert und du den Spaß anleitest (dabei nicht unbedingt die Oberhand hast, aber eben alles organisiert hast), will er dich dabeihaben. Dem Zwilling geht es am besten, wenn er das Leben genießen kann, ohne dass ihm irgendwelche Pflichten auferlegt werden. Deshalb hängt er sich an die Menschen, bei denen das möglich ist. Und mit hängen meine ich richtig dranhängen, wie man sich an jemandem festhält, der einen so sehr zum Lachen gebracht hat, dass man sich beinahe in die Hosen pinkelt. Lachen ist der Rettungsanker des Zwillings.

Er hat es nicht so mit Verbindlichkeiten, kann den Wunsch danach aber verstehen. Erwarte nicht von einem Zwilling, dass er dir beim Schleppen schwerer Gegenstände hilft. Bitte ihn also bloß nicht um seine Hilfe bei einem Umzug. Aber: Wenn du wirklich in der Klemme steckst, wird er für dich da sein. Wenn du ihm dann noch erklärst, warum dir seine Unterstützung so wichtig ist, wird er umso schneller zur Stelle sein. Aber erklären musst du es ihm auf jeden Fall, denn die übersinnliche emotionale Intelligenz des Krebses oder des Fisches geht ihm ab, er wird nicht von alleine darauf kommen. Egal um was es geht, er ist er darauf angewiesen, dass du ihm mitteilst, was du von ihm willst. Obwohl er selbst am allerbesten weiß, wie irreführend Worte sein können.

Ähnlich verhält es sich mit Routineaufgaben. Der Zwilling wird sich furchtbar anstellen und dir immer wieder mitteilen, wie sehr er sie hasst – trotzdem blüht er dabei irgendwie auf. Er ist ein echter Workaholic. Es gefällt ihm, wenn ihm etwas aufgetragen wird, weil er sich dadurch wichtig fühlt und weil er dann etwas hat, worüber er sich beschweren kann. Das wird er nämlich definitiv tun! Obwohl es ihn ja wie gesagt glücklich macht, wenn ihm etwas aufgetragen wird. Ein unglücklicher Zwilling ist einer, der nicht von einem Haufen Freunde umgeben ist oder der keine Verpflichtungen hat, über die er sich beschweren kann. Solche Exemplare sind äußerst selten anzutreffen, und ihr Anblick bricht einem das Herz. So gut wie jedes andere Zeichen kann das Alleinsein wegstecken. Nicht aber der Zwilling. Er wird alles Menschenmögliche tun, um diesen Zustand zu beenden, und wenn er sich dafür mit einer Wollmaus unter seinem Bett anfreunden muss. Bist du alles, was er hat, kann er wahrscheinlich sogar dann nicht genug von dir bekommen, wenn es gerade mal nicht so lustig mit dir ist, nur um der furchtbaren Einsamkeit zu entkommen.

Zwillinge sind Socializer, sie entfalten sich am besten, wenn sie eine Menge Leute kennen und diese zusammenbringen können. Dabei geht es ihnen nicht unbedingt um tiefschürfende Verbindungen. Jedoch hat der Zwilling ein Auge fürs Detail, für das Besondere einer Person. Er erzählt dir nur zu gern von den Hobbys deiner Nachbarin und wie blendend ihr beide euch verstehen würdet und dass er dir ohne weiteres ihre Nummer geben kann, etc. pp. Du weißt schon, jeder mag ihn und würde ihm seine Nummer anvertrauen, und warum sollte das bei deinem Nachbarn anders sein? Willst du etwa andeuten, dass das nicht stimmt? Woher willst du das wissen?

Was das betrifft, ist der Zwilling durchaus ein Plappermaul. Wobei er sein Wissen über die Leute nicht als soziales Kapital oder als Machtinstrument nutzt, wie es ein Steinbock tun würde. Vielmehr möchte er einfach nur Bescheid wissen, die Lage peilen, schauen, wie die Dinge zusammengehen. Nicht, dass das irgendeinen tieferen Sinn hätte – es ist einfach nur interessant. Und er glaubt, dass es dich vielleicht beeindruckt, wenn er so viel weiß. (Womit er recht haben könnte.)

Mit all dem will ich sagen: Solltest du feststellen, dass dein bester Freund ein Zwilling ist, und du dir Sorgen machst, dass er dir eines Tages den Rücken kehrt und nie wieder ein Wort mit dir redet, sei beruhigt. Das wird niemals passieren. Sobald der Zwilling beschlossen hat, dass er jemanden mag, ist er erstaunlich loyal, und du musst eine ganze Menge anstellen, bis auch bei ihm der Groschen fällt, dass die Freundschaft für dich beendet ist. Das mag daran liegen, dass der Zwilling zwar in der Lage ist, selbst eine Küchenschabe um den kleinen Finger zu wickeln, bei zwischenmenschlichen Andeutungen jedoch etwas schwer von Begriff ist. Außerdem ist es ihm quasi unmöglich, böse auf jemanden zu sein. Versuche mal, einen Zwilling wie Luft zu behandeln. Er wird denken, du hättest gerade einfach keine Zeit und wirst dich irgendwann später wieder melden. Wenn du nur irgendeine Art optimistischer Weltanschauung an den Tag legst, wird er nicht genug von dir kriegen können. Irgendwie ist er der niedlichste Welpe aller Zeiten. Er möchte mit dir Stöckchen holen spielen, und wenn du das Stöckchen einmal geworfen hast, hört er erst wieder damit auf, wenn sämtliche Äste und Stöcke und alte Waschlappen verschwunden sind und du nie im Leben wieder etwas für ihn werfen willst. Entgegen der Annahme, dass er kaum Gefühle hat, wird er darüber sehr traurig sein. Hast du jemals einen Welpen mit Hundeblick gesehen? Damit kriegt der Zwilling dich jedes Mal wieder rum. Jedes. Verdammte. Mal.

Ja, die meisten Zwillinge werden sich bei einem Treffen verspäten. Das hat jedoch weder etwas mit der Aufschieberitis und den Machtspielchen eines krankhaft unpünktlichen Steinbocks gemein noch mit all dem Blendwerk eines unpünktlichen Schützen. Der Zwilling kommt einfach nur deshalb zu spät, weil er sich so leicht ablenken lässt. Pünktlichkeit ist ihm schlicht weniger wichtig als das Leben im Augenblick. Alles, was glänzt, erregt seine Aufmerksamkeit (zum Beispiel ein Spiegel). Du kannst froh sein, wenn er nur eine Stunde zu spät kommt. Wie sagte doch der Zwilling-Geborene Kanye West? «You should be honored by my lateness / That I would even show up to this fake shit.» So sieht's aus.

Es gibt allerdings auch einen Subtypus des Zwillings, der außergewöhnlich pünktlich, ja sogar überpünktlich ist. Ich erinnere mich noch, als wäre es gestern gewesen, wie vor Jahren ein netter junger Dichter fünfundzwanzig Minuten vor der Zeit auf der Türschwelle stand, um mich zu interviewen. Als ich ihm öffnete und sein süßes Grinsen sah, konnte ich einfach nicht anders: «Zwilling?», fragte ich ihn. «Woher weißt du?», entgegnete er.

Ich antwortete nicht sofort, doch ich wusste, dass mich mein dreifacher Zwillingsvater, der immer mindestens eine Dreiviertelstunde zu früh dran war, bestens auf diesen Moment vorbereitet hatte. «Die Intuition einer Dichterin», erwiderte ich dem schnuckeligen Zwilling. Denn genau das war es.

Alles in allem gilt jedoch: Hast du dich mit einem Zwilling angefreundet und möchtest ihn gern wiedersehen, dann vergiss die Zeit. Schreib dir stattdessen in dicken Lettern S-P-A-S-S auf die Fahne, und lade ihn auf einen Drink ein, geht zusammen in die Bibliothek, belegt einen Kurs über irgendeine schräge Weltanschauung, besucht eine Kunstausstellung, schmeißt eine Party, kocht zusammen etwas Leckeres, lasst euch von einer Serie anfixen und glotzt sämtliche Staffeln, redet bis zum Morgengrauen über alles Mögliche, redet darüber, dass er sehr schlau ist und noch dazu ein guter Mensch, denkt euch Lieder aus, schummelt bei eurer Diät und beschummelt einander, schlaft zusammen unter einer Decke ein und haltet Händchen.

Zwilling-Style

Machen wir uns nichts vor: Der Zwilling sieht gern gut aus. Nicht unbedingt, weil er ein Auge für Mode hätte oder es ihm auf Eleganz ankäme, wie das bei der Waage der Fall ist, sondern weil ihm Stilbewusstsein etwas verschafft, wovon er nicht genug bekommen kann. Du weißt, worauf ich anspiele, oder? Ganz genau, Aufmerksamkeit.

Der Zwilling ist ein veränderliches Luftzeichen, er hat also ein wildes Herz (hey, Stevie), einen ungezähmten Geist, und mit seinen Emotionen geht es drunter und drüber. In Sachen Stil ist er nicht sonderlich freiheitsliebend. Alles andere an ihm mag ein bisschen überdreht sein, sein Stil aber ist von dezenter Perfektion.

Im seinem Innern mag von Zeit zu Zeit das Chaos regieren, deshalb wird der Zwilling Wert darauf legen, alles um sich herum so gut wie möglich unter Kontrolle zu halten. Das wirkt sich jedoch anders aus als bei der Jungfrau, die sogar ihre Socken in eine alphabetische Reihenfolge bringt (was der Zwilling an seiner Jungfrau-Partnerin gleichzeitig liebt und hasst). Nein, der Zwilling wird stattdessen versuchen, sein Leben so einfach wie möglich zu halten. Und was ist da besser geeignet, als bis in alle Ewigkeit bei dem einen Look zu bleiben, der ihm super steht. Hat seine Mutter ihm beim Aufwachsen Cremetöne und Karomuster angezogen, wird er auch als Erwachsener noch so herumlaufen. Ist aber auch egal. Er sieht einfach in allem gut aus, schließlich hat Stil viel mehr mit der Haltung einer Person zu tun als mit den Formen und Materialien ihrer Kleidung. Und sobald du in die funkelnden Augen eines Zwillings blickst, ist dir sein lebenslanger Vorrat an marineblauen Pullis eh völlig schnuppe.

Diese Tendenz, durch den Kleidungsstil das innere Chaos zu konterkarieren, gilt auch für alle anderen Bereiche seines Lebens. Er kann sich von jetzt auf gleich in eine bestimmte Farbe verlieben und wird für den Rest seines Lebens auf sie fixiert sein. Erdige Farben, Marineblau oder Eisblau haben es ihm besonders angetan. Aber es kann genauso gut eine andere Farbe sein. Welche es auch sein mag, der Zwilling wird sich alles, was er braucht, in dieser Farbe kaufen, wenigstens über einen sehr langen Zeitraum. Diese Farbe wird ihm fast schon zur Religion, sodass er sich gerne mit ihr eindeckt. Schau mal bei deinem Zwilling in den Kleiderschrank. Sein Bedürfnis nach Beständigkeit in allem, was ihn umgibt, wird spätestens jetzt offensichtlich sein.

Dass Zwillinge bei jedem Anlass ohne Frage diejenigen mit dem besten Kleidungsstil sind, liegt an ihrem unaufgeregten Hang zur Opulenz. Sie lieben schöne Dinge, aber nicht aus einem Statusbewusstsein heraus, wie es bei einem Krebs oder einem Löwen der Fall wäre. Einen auffälligen goldenen Ring mag der Zwilling schlicht, weil er schön aussieht. Wie bereits erwähnt, besitzt der Zwilling zwar nicht die natürliche Eleganz einer Waage, doch die Anmutung seiner Kleider ist recht ähnlich. Veranstalte mal eine Party und lade einen Zwilling ein (ich bin mir fast sicher, dass auf deiner Gästeliste sowieso einige Zwillinge stehen). Sobald er zur Tür hereinspaziert, wird das Stylebarometer deiner Party steil nach oben gehen.

Dabei ist es nicht unbedingt so, dass er einem sofort ins Auge fällt. Er ist schließlich kein Feuerzeichen. Und doch ist er eine echte Sahneschnitte und entgegen seinem Ruf wohl das sympathischste Zeichen des Tierkreises. Hörst du das? Redet da nicht gerade jemand wie ein Wasserfall? Jep, das muss er sein.

Texten mit dem Zwilling

Kommunikation ist für den Zwilling alles, und ihm ist jede Spielart recht. Ich kenne jede Menge Zwillinge, die nicht mit Textnachrichten aufgewachsen sind und nur wenig damit anfangen konnten. Als sie dann aber alle anderen in ihr Handy lachen sahen, eigneten sie sich die Kunst der Emojis sehr schnell an. Und wie die meisten anderen Dinge, läuft bei dem Zwilling auch das Texten in Schnellfeuer-Geschwindigkeit ab. Er ist durchaus imstande, ganze Romane ins Handy zu tippen. Falls es viele Zwillinge in deinem Leben gibt, kann ich nur hoffen, dass dein Handyvertrag eine Nachrichten-Flat enthält.

Möchtest du mit einem Zwilling texten und er soll am Ball bleiben, dann beschränke dich auf Geplauder oder anregende Diskussionen und Gedankenspiele. Stell ihn dir als niedlichen Welpen vor, der die ganze Zeit auf den Ball in deiner Hand starrt. Er wartet nur darauf, dass du ihn wirfst und er endlich versuchen kann, ihn zu fangen. Dabei ist der Ball ein immer neues Gesprächsthema, das sich etwa um diese Künstlerin dreht, von der er noch nie gehört hat, oder um das skurrile Video seines Lieblingssängers, um ein Tier- oder Kinderfoto oder irgendeine abgedrehte Theorie übers Weltall. Der Zwilling liebt es, wenn du ihn an deinem Wissen teilhaben lässt (und je breiter es ist, desto besser), und er wird bereitwillig von dir lernen.

Auch wenn eine ordentliche Portion Witz mit im Spiel ist, bleibt der Zwilling am Ball. An bissigem Humor und Schlagfertigkeit kann er sich regelrecht berauschen. Wortspiele sind für ihn genau das: ein Spiel, und das Verfassen von Textnachrichten begreift er als Chance, sich dem Spielen heimlich den ganzen Tag über hinzugeben. Er liebt das, weil er dadurch Langeweile und Traurigkeit von sich fernhalten kann. Extrapunkte bekommst du, wenn du Witze auf deine oder seine Kosten reißt (sei bei Letzterem aber bitte vorsichtig, besonders am Anfang).

Nichts findet er sexyer als eine augenzwinkernde Stichelei, aber bitte sachte, sein Ego ist sehr verletzlich. Ein wohlgesetzte Stichelei ist für ihn die höchste Kunst des Textens. Und darüber kriegst du ihn ganz schnell zum Sexting.

Willst du die Unterhaltung mit einem Zwilling beenden, musst du einfach nur emotional werden. So etwas mag er nicht, schon gar nicht am Telefon. Selbst wenn er viel für dich empfindet, will er bestimmt nicht in Form von Emojis darüber kommunizieren. Er will einfach nur herumalbern und so tun, als gäbe es Gefühle gar nicht. Hüte dich davor, ihm «Ich liebe dich» zu schreiben, denn wenn er es erwidert, dann nur, weil er sich dazu gezwungen sieht. Schreibe ihm nicht, wie es dir gerade so geht, es sei denn, du willst dich über eine gemeinsame Bekannte oder einen gemeinsamen Bekannten auslassen. In diesem Fall wird er dich so leidenschaftlich anfeuern und so finstere Rachepläne schmieden wie sonst nur ein Wasserzeichen (nur, dass er sie im Gegensatz zu einem Wasserzeichen nicht in die Tat umsetzen wird.) Hebe dir ein «Ich bin traurig» lieber für eine Jungfrau auf. Den Zwilling interessiert das einfach nicht.

Was nicht heißen soll, dass er seine Empfindungen (und Befindlichkeiten) nicht kommuniziert. Wenn du viel mit einem Zwilling textest, wird er dir täglich etwa zwanzig Millionen Mal schreiben, wie traurig er ist, allerdings nie in dieser Klarheit. Wenn er dich mag, erzählt er dir die kleinste Kleinigkeit – wie neidisch er auf den Typen mit dem fetten Auto ist, wie düster und trostlos es auf Erden ist und vieles mehr. Er wird dich wissen lassen, wie sehr er Paris mag, wie köstlich er mit Schokolade überzogene Rosinen findet, wie wunderschön im Winter die Bäume vor dem Zugfenster jeden Morgen um acht Uhr drei aussehen, wie grün die Äpfel im Hofladen und so weiter. Alles Wunderbare und Furchtbare in seinem Leben wird er nur allzu gerne mit dir teilen. Wie in so vielen anderen Bereichen seines Lebens ist der Zwilling erfreulich zuverlässig, wenn es darum geht, Nachrichten zu schreiben, und dazu noch überraschend.

ZWILLING: Bin gerade mit meinem achten Roman fertig geworden. Darf ich ihn dir vorlesen? Dauert höchstens 5 Stunden, wenn wir das in einem Rutsch durchziehen.
WIDDER: *[keine Antwort]*
ZWILLING: Sind gerade noch 100 Seiten dazugekommen. Ich ruf dich gleich an und leg einfach mal los.
WIDDER: Okay, Baby. Ich hab aber nur 120 Sekunden Zeit, weil mein Privatjet in 10 Minuten abhebt. Hab ein zweites Date mit einem Schützen.

ZWILLING: Hab gerade einen total leckeren Kuchen gebacken!
STIER: Ich liebe Kuchen. Kann ich vorbeikommen und ein Stück probieren?
ZWILLING: Oh, der ist für meine Geburtstagsfeier.
STIER: *[weint]* Ich bin nicht eingeladen?

ZWILLING 1: Wo gibt's die besten B-Rätsel?
ZWILLING 2: Ah, Bayerin.
ZWILLING 1: LOL
ZWILLING 2: Bitte schön, Matrose ohne Stacheln.

ZWILLING: Hast du nächsten Dienstag Zeit? Ich bräuchte jemanden, der mich zum Flughafen fährt.
KREBS: Kannst auf mich zählen! Um wie viel Uhr müssen wir los?
ZWILLING: 6 Uhr morgens.
KREBS: Super, ich komm einfach gleich vorbei und zieh für die Woche bei dir ein, dann bin ich auf jeden Fall pünktlich.

ZWILLING: Hab uns zwei Karten für die Oper gekauft.

LÖWE: Genial!

ZWILLING: In fünf Minuten geht's los.

LÖWE: Ich bin so was von bereit.

ZWILLING: Findest du, dass ich klug bin?

JUNGFRAU: Die klügste Person, die mir je untergekommen ist.

ZWILLING: Du hast einen unglaublich guten Geschmack.

JUNGFRAU: Lass mich deine Socken stopfen!

ZWILLING: Ich hab dir ein Lied geschrieben.

WAAGE: Ich bin ganz Ohr.

ZWILLING: Jetzt sofort?

WAAGE: *[eine Minute später]* Hab noch kurz mein Date rausge-schmissen.

ZWILLING: Hilfst du mir?

SKORPION: Bei was?

ZWILLING: Ein besserer Mensch zu sein.

SKORPION: Und da fragst du ausgerechnet mich?

ZWILLING: Du bist so freundlich und nervig zugleich.

SCHÜTZE: Flirtest du gerade mit mir?

ZWILLING: Logo.

SCHÜTZE: Vielleicht später.

ZWILLING: Kennst du dich mit Steuern aus?

STEINBOCK: Ich bin gerade nackt.

ZWILLING: Kannst du mir bei der Steuererklärung helfen?

STEINBOCK: Im Austausch für einen kleinen Gefallen, gerne.

ZWILLING: Ich bin ein Genie.

WASSERMANN: Du bist ein Genie.

ZWILLING: Ich finde dich extrem klug!
WASSERMANN: Ich bin ein Genie.

ZWILLING: Ich weine gerade.
FISCH: ENDLICH!!!
ZWILLING: War nur'n Witz!
FISCH: Arschloch.

Die fabelhafte Welt des Zwillings

Wäre der Zwilling eine Stadt, er wäre Hongkong, mit dieser spektakulären Skyline: moderne Architektur und eisblaue Wolken. Wäre der Zwilling eine Wetterlage, so wäre er ein Wirbelsturm. Was das Satzzeichen anbelangt, so wäre er ein Bindestrich, der unablässig Wörter verknüpft, die zusammengehören oder auch nicht (aber wer wollte darüber richten). Wäre der Zwilling ein Gemüse, so wäre er Spargel, der mit einem Spritzer Zitrone noch besser schmeckt, denn das kitzelt seine Süße erst richtig hervor. Wäre der Zwilling ein Kleidungsstück, so wäre er ein gut sitzendes Jackett, das jedem abgetragenem Outfit Eleganz verleiht. Wäre der Zwilling eine Tageszeit, so wäre er die Abenddämmerung mit ihren rosaroten Abstufungen, die alles in eine besondere Farbstimmung taucht und von besonderer Schönheit ist. Wäre der Zwilling ein Raum in deinem Haus, so wäre er das Wohnzimmer, denn dort spielt sich das Leben ab, dort kommst du mit deinen Freunden zusammen, dort gönnt ihr euch ein Glas besten Weins oder zeigt einander alberne Fotos. Wäre der Zwilling eine Haftnotiz, so wäre er die XXL-Version, 20×15 Zentimeter, in Neonorange, -gelb oder -pink, die bereitliegt, um deine Ideen aufzunehmen und dein Denken zu revolutionieren. Dem Zwilling hilft sein Glaube an ein Leben nach dem Tod, wenn unsere Körper sich verflüchtigen und unsere Seelen im geisterhaften Reigen bedeutsam werden, wenn er sämtliche Lebewesen wiedersehen kann, die ihn sein Leben lang dazu gebracht haben, nonstop zu reden. Wäre der Zwilling eine Mahlzeit, so wäre er der Nachtisch. Aber kein stiertypischer Nachtisch. Der Zwilling wäre ein leichter, mit Himbeersoße beträufelter Biskuitkuchen von einem mit Michelin-Sternen überhäuften Koch. Auf dem Teller läge ein Zweig Minze, allerdings kein echter. Er wäre aus einem Hundert-Euro-Schein gefaltet und dennoch essbar. Wie sehr du auch versuchtest zu widerstehen, du würdest diese monetäre Garnitur bis zum letzten Schnipsel vernaschen, glaub mir. Darauf kannst du wetten.

Von den Luftzeichen ist der Zwilling in vielerlei Hinsicht das mit dem längsten Atem. Er haucht den Dingen Leben ein, reichert schlichte Gedankengänge mit komplexen Ideen an, bringt dich dazu, diesen Ideen stundenlang nachzugehen, wirft anschließend deine gefundene Haltung hoch hinauf zu den Wolken, nur damit sie dort von einem gewaltigen Sturm durchgeschüttelt wird und anschließend an einem sandigen Ufer wieder anlandet, wo sie sich ein ausgedehntes Sonnenbad gönnt.

Wenn wir einen Zwilling kennenlernen, kann es uns (und insbesondere den Feuerzeichen), so vorkommen, als öffneten wir an einem Herbsttag in einem stickigen, dunklen Zimmer das Fenster. Die Luft ist frisch, klar und einladend. Wir können wieder atmen! An seinen besten Tagen ist der Zwilling äußerst erfrischend, ein wahrer Stimmungsaufheller. Und selbst an seinen schlimmsten Tagen, für die wir uns ein ziemlich dickes Fell und eine gewisse Abgestumpftheit zulegen sollten, wird unser Leben durch ihn aufregender und wertvoller.

Um zu verstehen, wie sich der Zwilling in seiner Haut fühlt, gilt es zu erkennen, dass er, wie der Name schon sagt, zwei Personen in sich trägt (sogar eher zehn). Die Koexistenz dieser beiden gestaltet sich alles andere als einfach, und das Konfliktpotenzial dieser Dualität kann zu Unsicherheit, Rastlosigkeit und Zorn führen.

Versetze dich in ihn hinein: Wie nervig muss es sein, den lieben langen Tag eine zweite Stimme im Innern zu hören – eine, die möglicherweise alles, was du tust und denkst, in Frage stellt und andauernd alles anzweifelt. Bis zu einem gewissen Grad können wir das alle nachvollziehen, denn die Kräfte in unserem Innern tanzen miteinander, und dabei kann es ganz schön hoch hergehen. (Ein Beispiel: Dein Skorpion-Mond hat sich gerade zehn Dirty Martinis genehmigt und diskutiert mit deiner Jungfrau-Sonne, die morgen arbeiten muss.) Der Zwilling hingegen ist ohne Unterlass mit dieser zweiten Person konfrontiert. Nachvollziehen lässt sich das kaum, dazu muss man schon selbst ein Zwilling sein. Wichtig ist nur, dass du dir dessen bewusst bist.

Wie es bei zwei Menschen nun mal so ist, kann sich das Paar, aus dem sich der Zwilling zusammensetzt, charakterlich sowohl ähneln als auch von Grund auf unterscheiden. Manche Zwillinge werden also völlig zu Recht als Dr. Jekyll und Mr. Hyde abgestempelt. Andere wiederum tragen ein nahezu identisches Paar im Innern, und wenn man diese Zwillinge nicht so gut kennt, bemerkt man die subtilen Unterschiede anfangs womöglich gar nicht.

Wie sich das Zwillingspaar manifestiert, kommt ganz auf den jeweiligen Zwilling und seine Planetenkonstellation an. Ich fasse es mal so zusammen: Bei Zwillingen mit festen Moralvorstellungen kann es zu inneren Kämpfen kommen, wenn der eine wahllos auf der Club-Toilette herumvögeln will, der andere aber enthaltsam und gesittet wirken möchte. (Denke bitte nicht, dass ich eine der beiden Optionen für besser oder richtiger halte – ich bin da völlig wertfrei, tu, was dich glücklich macht. Ich bin schließlich Widder.)

Konfrontiert ihn das Leben andauernd mit solchen Szenarien,

kann der Zwilling, ohne es zu merken, einen «guten» und einen «bösen» Anteil ausbilden, und der böse wird in den unmöglichsten Zeiten zum Vorschein kommen, um den guten zu ärgern. Das kann richtig heftig werden: Wie wenn zwei Mitbewohnerinnen darüber streiten, wer zuerst ins Bad darf, wenn beide schon vor drei Minuten bei einem wichtigen Termin hätten erscheinen sollen. Keine schöne Vorstellung. Und jetzt stell dir noch vor, wie schwer es ist, die Person zu sein, die diese Streits quasi sekündlich schlichten muss! Dann hast du eine ungefähre Vorstellung davon, welche Last auf den Schultern eines Zwillings ruht.

Jeder Zwilling denkt über Fragen der Moral nach. Einige Vorstellungen dazu hat er von seiner Familie übernommen, denn der Zwilling hängt sehr an ihr – er liebt sie mit einer unglaublichen Hingabe und Geduld. Womöglich stammen seine ersten Moralvorstellungen aber auch aus Büchern. Jeder Zwilling ist nämlich auch ein Gelehrter, egal welchen Beruf er auch ausüben mag. Er brütet lange über seinen Ideen, klopft sie ab, um herauszufinden, ob sie einer Prüfung standhalten.

Die meisten Zwillinge beschäftigen sich ausgiebig damit, was richtig oder falsch ist und was ihr Gefühl dazu ist. Sie lassen sich während einer Auseinandersetzung tatsächlich am besten überzeugen (ja, theoretisch ist das möglich), wenn man ihnen mit Moral kommt. Du könntest so etwas sagen wie: «Ich verstehe, was du meinst, aber gut und richtig wäre xy.» Noch besser ist es, wenn du dann noch anfügst, warum dem so ist, und dich auf eine beispielhafte Situation berufst.

Die meisten Zwillinge möchten wirklich niemanden verletzen. Sie haben ein sehr sanftes Gemüt, genau wie flauschige Tierbabys. Wenn sie doch jemandem weh tun (was leider ständig passiert), sind sie überrascht, weil das gar nicht ihre Absicht war. Oder vielleicht doch, aber es war als ein unschuldiges Späßchen gedacht und gar nicht so gemeint, wie du es aufgefasst hast. In Wahrheit aber war die kleine Stichelei ein Hieb, der wie aus dem Nichts kam. Manchmal wissen Zwillinge einfach nicht, wie hart sie austeilen.

Der berühmte Zwilling

Berühmte Zwillinge sind wie alle anderen Zwillinge auch, nur glücklicher. Das liegt daran, dass ihr Ego ein mimosenhaftes Pflänzchen ist, wenn es ohne die umfassende Aufmerksamkeit, die mit dem Ruhm einhergeht, auskommen muss und stattdessen den langweiligen Firlefanz des Alltags zu ertragen hat – im Aufzug fahren und Socken waschen und na ja, du weißt schon, der Trauzeuge eines Freundes sein und sich unter all die Hochzeitsgäste mischen müssen, die nicht kapieren, dass er das größte Genie aller Zeiten ist. Ein Zwilling, der nicht berühmt ist, hat es wahrhaftig schwer, weil nur so wenige Menschen wissen, dass er eigentlich berühmt sein müsste. Von alledem kann beim berühmten Zwilling keine Rede sein. Bei all dem Applaus ist es schließlich kaum möglich, eine Kränkung überhaupt zu hören.

Die Zwillinge in deinem Bekanntenkreis werden dir weismachen, dass sie auf gar keinen Fall berühmt sein wollen und ihr stinknormales Leben total zu schätzen wissen. Zwillinge erzählen eine Menge Lügen.

Berühmte Zwillinge sind ziemlich cool. Sie setzen ihr geballtes Wissen und ihre soziale Kompetenz ein, um ihren Fachbereich entscheidend voranzubringen. Nehmen wir an, der Zwilling arbeitet im Vertrieb, so wird er womöglich eine ziemlich sinnvolle, aber noch nie angewandte Marketing-Strategie einführen. Und alles wird ganz wunderbar funktionieren. Aber noch einmal: Eine Sensation wird sie gerade deshalb sein, weil sie in ihrer Einfachheit so brillant ist. Ein Beispiel für diese Art von geschäftstüchtigem Zwilling ist Leonard Blavatnik, der das US-amerikanische Firmenkonglomerat Access Industries gegründet hat. Blavatnik machte Millionen damit, in Chemie, Medien und Immobilien zu investieren. Er verstand es, wie man Ressourcen bündelt und diese Synthese an sich zu verkaufen, anstatt ein bestimmtes Produkt auf den Markt zu werfen. Oder nehmen wir Marilyn Monroe. Sie wusste auf hinreißende Art und Weise die Figur einer eigentlich klassisch amerikanischen Sexgöttin zu verkörpern, blond und vollbusig, kichernd und mit spitzfindiger Kühnheit, und diese nicht nur Hollywood, sondern auch dem Rest der Welt zu verkaufen. Berühmte Zwillinge sind mitunter furchtbar weitschweifig (Kanye West), und dann wieder von schlichter Eleganz, wirklich absolute Weltklasse (Kanye West).

Berühmten Zwillingen ist daran gelegen, Menschen und Trends in einer Bewegung zusammenzubringen. Anführen möchten sie diese Bewegung allerdings nicht unbedingt (im Gegensatz zu den Widdern) und auch nicht ihr Guru sein (wie das wohl bei den Skorpionen der Fall wäre). Sie möchten involviert sein, aber keine Verantwortung tragen. Ihre Genialität gründet auf dem Wissen, wie aufregend eine Welt ohne Zentrum sein kann, weil in ihr die Stimmen aller Menschen in einer Stimme aufgehen. Der Zwilling nimmt diese pulsierende Stimme (die Skorpion-Frau Sylvia Plath bezeichnete sie in Bezug auf Poesie als «blood jet») und macht sie sich zu eigen. Auch wenn das nicht besonders originell ist. Diese Gabe ist bei berühmten Zwillingen, die im kommunikativen oder künstlerischen Bereich tätig sind, sehr ausgeprägt, aber ich möchte noch einmal wiederholen: *Sämtliche* Zwillinge ergreifen Berufe, die etwas mit Kommunikation zu tun haben. Ein Beispiel dafür ist Venus Williams, die nicht nur den Tenniscourt dominiert, sondern auch Interviews, was höchst amüsant sein kann.

Der klassische berühmte Zwilling befindet sich ständig in einem Zustand der Widersprüchlichkeit, während er an der Synthese arbeitet. In klassischer Zwillingsmanier lautet Walt

Whitmans Antwort auf die Frage: «Do I contain multitudes?» – «Whatever». Berühmte Zwillinge schrecken nicht vor Whitmans Konzept von Widersprüchlichkeit zurück, bei dem es im Wesentlichen um ein Leben außerhalb langweiliger, dualistischer Vorstellungen von richtig oder falsch, diesem oder jenem und so weiter (und so fort) geht.

Berühmte Zwillinge sind erfüllt von vielen verschiedenen Stimmen, und sie verstehen es, diese in sich zu vereinen. Berühmte Zwillinge spüren Trends auf, bevor sie entstehen, und sorgen dafür, dass sie harmonisch aufblühen. Deshalb ist Bob Dylan wohl das Paradebeispiel des berühmten Zwillings, trotz des starken Stier-Einflusses. Mit seinen Songs und seiner Art versteht er es, uns zu verzaubern, indem er einerseits etwas darauf gibt, wie wir auf seine widersprüchliche Natur reagieren, und sich andererseits keinen Deut darum schert. In *4th Time Around* erzählt er von einer Reihe von Liebschaften, die von einer Mischung aus Hass- und Zärtlichkeitsgefühlen geprägt sind. «Verliebt» könnte er theoretisch in sie alle sein, doch am Ende erkennen wir, dass seine Liebe dem letzten «Du» des Songs gilt, dem Menschen, der immer für ihn da ist (ich tippe auf eine Waage). Er singt davon, wie er die Wohnung seiner Geliebten verlässt und zum lyrischen Du nach Hause geht, nur um festzustellen, dass auch dieses «Du» ihn in die Pflicht nehmen will:

I never asked for your crutch
Now don't ask for mine

Wie in so vielen seiner Stücke verarbeitet er auch in diesem Song Werke von Woody Guthrie, Allen Ginsberg, Joan Baez und Little Richard zu einem ganz eigenen Folksong. Er führt ein widersprüchliches Dasein und lässt uns eloquent an seinen Konflikten mit einem Menschen teilhaben, der ihn aufgenommen hat, ihm aber womöglich zu viel abverlangt. (Und überhaupt,

wie kann man nur so blöd sein und einen Zwilling um Unterstützung bitten, liebe Waage?)

Kanye West hat einmal gesagt, alle Musiker seien Zwillinge.
Das ist nicht korrekt. Auch wenn dieser Zwilling ohne jeden
Zweifel ein bedeutender Künstler ist. In *Power* zeigt sich sowohl
die typische Haltung eines berühmten Zwillings als auch dessen
Fähigkeit, mit verschiedenen Strömungen zu spielen:

> *I'm living in that 21st century*
> *Doing something mean to it*
> *Do it better than anybody you ever seen do it*

West legt das Ego eines typischen berühmten Zwillings an den
Tag, doch der Song veranschaulicht auch das ambivalente Verhältnis des Tierkreiszeichens zum Ruhm. Zwillinge verzehren
sich danach, sie wollen bewundert werden, aber sobald sie
ihn haben, fühlen sie sich fast schon schlecht deswegen. Das
liegt auch daran, dass sie nicht wirklich verstehen, etwas damit anzufangen. Wie alle Zwillinge hat West mit dem Chaos zu
kämpfen, das durch Macht entsteht, was ihn nicht davon abhält, verschiedene Strömungen unserer Zeit aufzunehmen und
zu kombinieren.

Die Lyrikerin Nikki Giovanni ist eine weitere typische Zwil-
linge-Geborene. In *My First Memory (of Librarians)* schreibt
sie darüber, wie wichtig Bibliothekare für sie sind: «All those
books – another world – just waiting / At my fingertips.»

Gut möglich, dass sämtliche Zwillinge, nicht nur berühmte
Lyrikerinnen, solche Gefühle für Bibliotheken hegen, für diese
mächtigen Phantasielandschaften, für diese wilden Welten,
die nur darauf warten, befreit zu werden und sich dem Geist
zu öffnen, wie ein Ideenparfüm, das nie erschöpft ist. Selbst in
der heutigen Zeit, da das Bücherlesen womöglich als die altmo-
dischste Handlung überhaupt gelten kann, ruft uns Giovanni die

Schönheit dieser Kathedralen des Geistes, die Schönheit öffentlicher Büchereien, ins Gedächtnis, in die jeder eingelassen wird, nachdenken und einfach sein darf. Sich mittels Worten in diese fremde Welt aufzumachen – das ist es, was Zwillinge uns lehren.

Berühmte Zwillinge sehen all das, was wir nicht sehen können, weil wir uns in den Details verlieren. Sie erkennen das große Ganze. Trotz ihrer albernen Äußerungen und des Hangs, sich Feinde zu machen, sind sie freundliche Wesen. Auf dem schöpferisch karmischen Rad sind sie unentbehrlich.

Weitere berühmte Zwillinge

1. STEVIE NICKS
2. GWENDOLYN BROOKS
3. PRINCE
4. JACQUES COUSTEAU
5. MARY ANNING
6. HARRIET MARTINEAU
7. W. B. YEATS
8. LUCIE BROCK-BROIDO
9. ANGELINA JOLIE
10. MORGAN FREEMAN

Zwillinge-Playlist

KANYE WEST – «Heartless»
IGOR STRAWINSKY – «Funeral Song»
PRINCE – «Alphabet St.»
OSCAR THE GROUCH – «I Love Trash»
LANA DEL REY – «Summertime Sadness»
NOTORIOUS B. I. G. – «Hypnotize»

BLAKE SHELTON – «I'll Name the Dogs»
RICHARD STRAUSS – «Dance of the Seven Veils»
STEVIE NICKS – «Wild Heart»
BOB DYLAN – «Visions of Johanna»
LISA «LEFT EYE» LOPES – «Creep»

Der Zwilling (Ein Gedicht)

Du bist sofort eingetreten. Ganz du selbst. Hast gespürt, wie die Gedanken anderer in deinen Mund wechselten. Dort verhakten sie sich und schnürten dir die Luft ab, also spucktest du sie aus. Schnell. Ach, du! Die Menschen ändern sich. Die Menschen wachsen. Aber nicht du. Du richtest dich im Chaos ein, während es sich um dich schließt. Du bist dir der Sonne so gewiss wie nie zuvor. Die Zeit vergeht. Nichts, das heiliger wäre. Die Sonne verschwindet, und du bist frei. Seltsamer Flamingo. Bleibst stehen und schaust direkt in die Kamera. Siehst dein eigenes Gesicht in der Zukunft. Und wirst frei von Angst sein. Du wirst lächeln. Nein, nein, das wirst du nicht. Ernst wird deine Miene sein. Und dein Wissen wird dir Trost spenden. Denke nicht an den Vogel, der über die Kirchhöfe schweift. Wonach sucht er? Was ist der Sinn? Nichts, nichts. Ach nichts. Nichts ist schön. Schönheit hallt nach. Alles kann sie sehen. Kann sprechen.

You walked right in. Being entirely of yourself. You felt the words go from other minds and into your mouth. They got caught and began to choke you up. So you spit them out. Quickly. O you! People change. People grow. You do not do either. You get more settled into the chaos of it all as it envelops you. You get more sure of the sun than ever before. And time moves on. There is nothing more holy. Than the sun leaving and now you're free. Strange flamingo. If you stand still and look right into the camera. You will see your own face in the future. And you won't be scared. You will smile. No no you won't smile. Your expression will be very serious. It will be a comfort then, to know. No take that bird who wanders in the churchyards. What is it looking for? What is the point? Nothing, nothing. O nothing. Nothing is beautiful. Beauty resounds. It can see everything. It can speak.

KREBS

21. JUNI – 22. JULI

Creo en un cielo donde yo no entraré.
PABLO NERUDA, GEBOREN AM 12. JULI 1904

Der Krebs

A uf MTV, dem Sender, der inzwischen schon zum alten Fernseh-Eisen gehört, war 1995 ein Interview zu sehen, das ganz wunderbar veranschaulicht, was es heißt, ein Krebs zu sein. Und fast scheint es, als hätte die Astrologie selbst bei der Inszenierung die Finger im Spiel gehabt.

Kurt Loder, seines Zeichens Stier, interviewte Madonna (wie wir alle wissen, ein Löwe) im Anschluss an eines ihrer Konzerte. Anfangs deutet alles darauf hin, dass wir uns auf eines dieser banalen Gespräche einstellen müssten, die 99 Prozent aller Promi-Interviews ausmachen. Madonna, die zum damaligen Zeitpunkt schon eine Ikone war, lässt sich rasch und mit löwenhafter Freude auf ein launiges Geplänkel mit Loder ein. Immerhin steht sie im Fokus der Aufmerksamkeit, und welchem waschechten Löwen würde das nicht gefallen?

Was dann folgte, ging in die Geschichte ein. Madonna beantwortet eine Frage, als sie plötzlich mit Gegenständen beworfen wird. Die Kamera schwenkt um, und wir sehen Courtney Love (uh, ja … sie ist Krebs, und was für einer), wie sie ihre Puderdose und andere Dinge aus ihrer Handtasche in Richtung Bühne schmeißt. Nach wenigen Sekunden bittet Kurt Loder, der einen Sinn fürs Dramatische und wahrscheinlich auch eine Spur Mitleid mit ihr hat, Courtney nach oben.

Und wie auf wundersame Weise schwingt sich Courtney auf die Bühne, um dann vor aller Augen ein typisches Krebs-Tänzchen aufzuführen. Wie es sich für einen Krebs gehört, nähert sie sich seitwärts, bittet um Verzeihung für die «Störung» – als ob sie nicht genau das beabsichtigt hätte – und fragt Loder, ob sie nicht besser wieder gehen solle. Offenbar erwartet sie von Madonna und Loder, ihr mehrfach zu versichern, es sei alles in Ordnung, à la: «Nein, nein, Courtney, bleib doch.» Loder lässt sich wenig überzeugend dazu herab. Madonna aber schäumt vor Wut, und es gelingt ihr nur mühsam, diese hinter einem Fake-Lächeln zu verstecken, ihr petrolfarbenes Seidentop glimmt im Schein der heißen Kameralampen.

Nachdem sie Platz genommen hat, wendet sich Courtney an Tabitha Soren (keine Sorge, ich hab's auch nicht gewusst, aber wie es sich herausstellt, ist sie Löwe). Courtney verkündet, dass sie gerade zerstritten sind, weil Tabitha «gemein» zu ihr war. Von da an springt sie rasend schnell von einem Thema zum nächsten, erklärt, warum sie für Dennis Miller (ein Skorpion) schwärmt (weil er so «smart» ist – schon klar), sie erwähnt, dass sie gerne mal mit einem Astrophysiker ausgehen würde, und geht linkisch in die Hocke, als Madonna sie auf ihre Schuhe anspricht. Sie erzählt Madonna sogar von einem ihrer Dates mit Kurt Cobain, als sie ganz frisch zusammen waren und sich im Kino die Doku *In Bed with Madonna* angeschaut haben. Daraufhin verlässt Madonna kurzerhand die Bühne, weil es ihr gegen den Strich geht, ihre kostbare Zeit vor der Kamera auch nur eine Minute lang zu teilen. (Ach, Madonna, komm klar.)

Diese kleine Talk-Runde ist der ideale Crashkurs in Sachen Krebs. Courtney gelingt es sogar, davon zu erzählen, wie ihre Mutter die erste Birkenstock-Verkaufsstelle eröffnete (es wäre kein echter Krebs-Beitrag, wenn Mutti nicht auf irgendeine Weise Erwähnung finden würde) und dass sie einmal mit Ted Nugent (Schütze) im Bett war. Über ihr Gesicht huscht das typische Krebs-Grinsen, in dem eine Sekunde lang das Licht des Vollmonds aufleuchtet, bis man den winzigen Riss sieht, Jahre der Traurigkeit, Reue und Verletzlichkeit, von denen ihre Freude so tief durchdrungen ist, dass davon kaum etwas übrig bleibt. Courtneys Bedürfnis nach Aufmerksamkeit, danach, die Bühne zu beherrschen, das dem von Madonna trügerisch ähnelt, wird von ihrem Bedürfnis nach Anerkennung untergraben. Mit ihrem emotionalen Auftritt legt Courtney die jahrelange Zurückweisung seitens Madonna, seitens Tabitha Soren und vielleicht sogar seitens der gesamten Musikindustrie vor aller Augen in einem Akt purer Emotionalität offen. Es ist unglaublich, eine derart verstörte Frau zu sehen, im Rahmen einer Fernsehshow, wo wirklich niemand damit rechnen würde. Wir sollten uns alle ein Scheibchen davon abschneiden.

Das ist es, was der Krebs in uns auslöst. Er bringt uns dazu, zu fühlen. Er zeigt uns, dass Gefühle nichts sind, was man verstecken sollte, sondern Sinn und Zweck unseres Daseins. Als sich das Interview dem Ende zuneigt, umarmt Courtney Tabitha Soren (obwohl sie wahrscheinlich bis ans Ende ihrer Tage sauer auf sie sein wird, wenn nicht noch länger). Als Krebs geht es ihr nicht um die Wut oder die Umarmung selbst. Es geht ihr darum, dass wir Menschen ständig sowohl das eine spüren, als auch das andere tun. Nur, dass der Krebs ein wenig bereitwilliger als andere beides gleichzeitig tut oder in rasch aufeinanderfolgenden Zyklen.

Wenn du also das nächste Mal dieses typische, sexy Grinsen über das Gesicht eines Krebses huschen siehst, bevor du dir die Kleider vom Leib reißt, halte einen Moment inne und werde dir der Tiefe bewusst, die den Krebs in sämtlichen Lebensbereichen ausmacht. Krebse sind etwas Besonderes. Mit all ihren Gemütsregungen, die sie uns zum Geschenk machen.

Was du über den Krebs wissen solltest

Der Krebs ist das vierte Zeichen des Tierkreises und ein kardinales Wasserzeichen. Auf dem karmischen Rad hat der Krebs eine wichtige Lektion vom Zwilling gelernt, dessen Motto «Ich denke» lautet. Das Krebs-Motto lautet «Ich fühle», und seine Aufgabe besteht darin, vom Denken zum Fühlen überzugehen. Denn nur mit Hilfe der Details, mit Hilfe von Fakten und Einsichten sind wir in der Lage, die Emotionalität und Empathie der Menschen in uns aufzunehmen und zu verstehen. Wenn Widder, Stier und Zwilling auf dem Zodiak Säugling, Baby und Kleinkind verkörpern und damit das fortschreitende Alter der Seele entlang des karmischen Rads symbolisieren, dann fällt auch der Krebs in die Kategorie des Kindes, und zwar in die Kategorie eines etwa achtjährigen Kindes, das den Wunsch hat, sich artig in die größeren Familien- und Gesellschaftsstrukturen einzufügen. Es neigt zu Trotzanfällen, und zwar meist in den überraschendsten und unmöglichsten Augenblicken. Der Krebs hat etwas Schlaues an sich oder besser etwas Besserwisserisches, er kommandiert Kinder wie Erwachsene herum und erzählt ihnen, wie die Dinge laufen sollten, nur falls sie es noch nicht mitgeschnitten haben. Doch wie ein Kind ist er sich nur teilweise darüber im Klaren, was es mit Regeln auf sich hat und wie man sie befolgt. Er weiß die entscheidenden Herausforderungen des Lebens zu bewältigen, trägt in sich aber noch immer die Erinnerung an seine Kleinkindjahre und klammert sich hin und wieder an eine Vorstellung von Geborgenheit, die hoffentlich jedes Kind erfahren hat. Er verzehrt sich nach diesen ersten Erinnerungen seiner Seele und wird alles in seiner Macht Stehende tun, an sie heranzureichen oder sie für andere zu erschaffen.

Der Herrscherplanet des Krebses ist bekanntermaßen der Mond, und um den Krebs zu ergründen, gibt es keine bessere Methode, als den Mond zu betrachten. Die meisten Planeten sieht man nur durchs Teleskop, doch dem Mond und seiner Reise kann man mit bloßem Auge folgen. So wie das Meer abebbt und wieder aufläuft und der Mond abnimmt und wieder zunimmt, so bewegt sich auch der Krebs. Und so wie sich um den Mond Legenden ranken, ein Ort, der unsere Phantasie durch seine zwar unnahbare, doch fortwährende Präsenz beflügelt, so kann sich jeder lebhaft an einen Krebs erinnern, wenn er denn einen kennengelernt hat. Sie bringen Licht ins Dunkel, spiegeln unsere eigenen Gefühle, auf sie stützen wir uns, wenn wir erschöpft sind von all dem Trubel. Im Mond meinen wir, ein Gesicht zu erkennen; im Krebs erkennen wir uns für einen kurzen Moment selbst, denn der Krebs birgt die Urkraft des Lebens, diese gemütliche Höhle, in die wir uns zurückziehen, wenn wir essen, ausruhen oder ganz wir selbst sein wollen. Wunderschön und offen, aber nicht frei, sondern an den Himmel gebunden – das ist der Krebs. Er ist so überwältigend. Ein Hauch von Licht, das in seinem Schein sämtliche Kräfte der offenen Gewässer dieser Erde bannt.

Möchtest du herausfinden, wer im Büro oder auf einer Party im Sonnenzeichen Krebs geboren ist, brauchst du lediglich zur Tür zu schauen. Nein, die Person, die gerade versucht, sich zu verdrücken, ist kein Krebs (eher ein Schütze oder ein Löwe auf dem Weg zu einer besseren Party). Von der Tür aus wende den Blick in die Mitte des Raums und dann ein Stückchen zur Seite. Siehst du ihn? Er schaut wahrscheinlich zu Boden. Aber nur, bis er den Blick hebt und dich durchdringend ansieht. Fühlst du dich ertappt? Ja, das ist ein Krebs.

Der Krebs wird sich nie genau im Zentrum des Geschehens aufhalten, will aber überall mitmischen und das Sagen haben. Dennoch wohnt jedem Krebs auch die Angst und Unsicherheit inne, ob auch wirklich alle ihn anerkennen und dabeihaben wollen, daher steht er meist ein bisschen unsicher in der Gegend herum und tritt unbehaglich von einem Fuß auf den anderen. Denn obwohl er sich nicht sicher ist, ob jeder möchte, dass er das Sagen hat, ist er davon überzeugt, *dass* er das Sagen haben sollte. Es ist also immer ein Eiertanz mit dem Krebs. Er braucht die Gewissheit, dass er gebraucht wird.

Gebraucht zu werden. Das ist ein ganz wesentlicher Aspekt, um den das Leben und die Gedanken des Krebses kreisen. In dem Gedicht *Listen!* von Wladimir Wladimirowitsch Majakowski, selbst ein Krebs, heißt es: «Listen, / if stars are lit / it means – there is someone who needs it.» Diese Zeilen bringen das Lebensgefühl der Krebse auf den Punkt. Da hätten wir ihr Bedürfnis nach Sinn und Bedeutung. Ein anderes Zeichen, etwa der Stier, würde die Sterne am nächtlichen Himmel betrachten und friedvollen Gedanken nachhängen, vielleicht würde er sogar aufhören zu denken. Der Krebs jedoch wird nie aufhören, nach einem Sinn zu suchen. Schließlich hat irgendjemand die Sterne dort oben hingehängt und angeknipst. Warum?

Der Krebs antwortet darauf: «Weil wir sie brauchen.» Seine Logik ist einerseits einleuchtend, andererseits verwirrend, so wie Gefühle an sich. Sobald wir selbst anfangen, darüber nachzudenken – all die Sterne dort oben – da muss doch irgendwas dahinterstecken?

Macht. Noch so ein Aspekt, über den man sich Gedanken machen sollte, wenn man einen Krebs verstehen möchte. Da die Krebse unsicher sind und fast immer zweifeln, sind sie erbittert um Stabilität bemüht. Und ohne Frage gibt es kaum etwas, das mehr Sicherheit gibt, als die Person zu sein, die das Sagen hat, die den Ton angibt und die Regeln aufstellt (und durchsetzt). Es ist diese berauschende Seite der Macht, von der ein Krebs nicht genug bekommen kann. Frag mal jemanden, von dem du annimmst, dass er einen großen Anteil Krebs in sich hat, nach seinem Verhältnis zur Macht. Wurde er Mitte Juli geboren, wird er dir wahrscheinlich nicht gleich antworten, aber verschlagen, beinahe anzüglich dreinblicken. Jep, dann hast du wohl einen Krebs mit Hang zu Machtspielchen am Haken. Macht ist seine größte Leidenschaft. Und das wird sich auch nie ändern.

Zur Macht gehört natürlich auch das Erlangen von Macht, und der Krebs liebt diese Herausforderung. Falls du mit einem Krebs zusammenarbeitest, hoffe ich für dich, dass du eher, sagen wir mal, passiv bist. Oder zumindest passiv-aggressiv (das wird ihn reizen). Deine Arbeit solltest du lieber wertschätzen und jederzeit in der Lage sein, die Gründe dafür zu erläutern, mit einem Gespür für die emotionalen Zwischentöne und dazu passenden Gesten. Du wirst nämlich darum gebeten werden.

Im beruflichen Kontext ist der Krebs vermutlich der Boss. Wenn er noch nicht der Oberboss ist, dann steht er vermutlich schon für den Posten an. Er wird bald das Sagen haben und wartet nur darauf (nicht sehr geduldig), bis es endlich so weit ist und er alle herumkommandieren kann. Aber das ist eine reine Formsache. Er wird dir auch ohne Chefposten sagen, was du wann zu tun und lassen hast.

Über die Jahre habe ich schon mit so manchem Krebs zusammengearbeitet, und es ist stets eine schöne Erfahrung gewesen. Das liegt besonders daran, dass sie ein Händchen dafür haben, Systeme in ihren Einzelheiten wie auch im großen Ganzen zu erfassen, und auch daran, dass sie die Dinge zu Ende bringen. Der Krebs meint es ernst. Wenn etwas erledigt werden muss, wird er unermüdlich arbeiten, auf Schlaf und Essen verzichten, um die Sache abzuschließen. Allerdings nur, wenn er keinen Groll gegen seine Arbeit hegt. Sonst liegen die Dinge anders, und man kann von Glück sagen, wenn er sich im Büro einen Gruß abringt.

Als Kollege wird er von dir die gleiche Art von Engagement erwarten, die er selbst an den Tag legt. Stellst du das nicht andauernd unter Beweis, wird er den Respekt vor dir verlieren. Und die Beherrschung. Falls du Krebse für durch und durch herzige, mütterliche Wesen hältst, denen nichts mehr am Herzen liegt, als dass du ihre selbstgebackenen Plätzchen isst, hast du vermutlich noch nie länger etwas mit einem Krebs zu tun gehabt. Als einer von diesen – seiner Meinung nach – unzuverlässigen Widdern (ich bin übrigens nicht unzuverlässig) habe ich schon eine ganze Menge seiner irren Launen abbekommen. Und ich zittere immer noch.

Nicht jeder Krebs strebt in Sachen Karriere nach Macht. Sie eignen sich auch sehr gut als Historiker, Bibliothekare oder für die Archivpflege. Sie sind liebevolle Lehrer, und das Bildungswesen ist für sie ein ideales Arbeitsfeld. Ihre Liebe zu alten Dingen ist grenzenlos, das liegt an den vielen Geschichten, von denen sie erzählen. Mehr als alle anderen haben sie einen Sinn für diese Patina. Und natürlich gibt es viele Künstler unter ihnen – bedeutende Künstler. All das Träumen und Fühlen hat bahnbrechende Kunstwerke hervorgebracht. Bist du mit einem Krebs verwandt oder seine Partnerin, magst auch du eines seiner Werke sein.

Man könnte meinen, es sei ein Klischee, aber das Zuhause des Krebses ist tatsächlich sein Leben. Wie weit ihn sein Beruf auch in die Welt hinaustreiben mag, es gibt für ihn nichts Schöneres, als in sein gemütliches Nest zurückzukehren, in das er viel Liebe (und auch Geld) investiert hat. Denn auch dieses

Klischee trifft zu: Nichts macht den Krebs glücklicher, als Zeit mit der Familie zu verbringen, wie auch immer er Familie definiert.

Wenn wir schon bei Klischees sind: Inzwischen wirst du bemerkt haben, dass ich auf ein ziemlich wichtiges Thema noch gar nicht eingegangen bin. Es nützt ja nichts, ich werde nicht länger um den heißen Brei herumreden, sondern die Sache einfach direkt angehen. Also raus damit: die liebe Mama. Wahr ist, dass dem Krebs die Mutter, nun, wie soll ich das sagen, ÄUSSERST wichtig ist. Das muss nicht unbedingt heißen, dass er sie anbetet oder dass er sich blendend mit ihr versteht. Doch er gibt viel auf sie. Frag ihn mal, was seine Mutter von, ach, keine Ahnung, irgendwas hält. Und dann rüste dich für einen: Riesen. Haufen. Gefühle.

Krebse lieben ihre Mutter allein schon wegen der magischen Natur der Mutterschaft über alles. Wie ihre Wasserzeichengeschwister Fische und Skorpion stehen Krebse mit einem Bein im echten Leben und mit dem anderen in den Übergängen zwischen Geburt und Tod (die, wenn man so will, identische Zustände sind, aber das gehört hier jetzt nicht hin). Wasserzeichen haben ein tiefes Verständnis dafür, wie hart es sein kann, hier zu sein, lebendig und veränderlich, und insbesondere der Krebs versteht, welche Opfer eine Mutter bringt, um uns zu empfangen und zu erhalten. Jeder Mensch, der anderen emotional oder im ganz praktischen Sinne dabei hilft, zu leben, ist für den Krebs eine ewige Gottheit, die höchsten Respekt verdient. Und die eigene Mutter idealisiert er von vorne bis hinten. Sie war es schließlich, die ihn zur Welt gebracht hat. Er glaubt, er hat ihr alles zu verdanken, und entwickelt ihr gegenüber deshalb einen leicht wahnsinnigen Beschützerinstinkt. Selbst die Krebse, die ein angespanntes Verhältnis zu ihrer Mutter haben (und davon gibt es mehr, als du denkst, nicht, dass es dir ein Krebs jemals verraten würde), werden letztlich Himmel und Hölle in Bewegung setzen, um ihr die Liebe zu schenken, die sie ihrer Meinung nach verdient.

Was eng mit diesem Mutter-Ding verknüpft ist: Zuwendung. Der Krebs ist dir zugewandt, auch wenn es sich während seiner Launen so anfühlt, als würde er dich nicht lieben. Dabei ist oft sogar das Gegenteil der Fall, was man als Feuerzeichen wie ich nie richtig kapieren wird. Seine Launen haben etwas ganz Spezielles. Auch bei anderen Zeichen gibt es Stimmungsschwankungen. Beim Krebs hingegen sind diese Schwankungen so ausgeprägt, dass sich jede neue Stimmungslage endgültig anfühlt, selbst wenn eine Sekunde vorher alles noch ganz anders war. Die Launen eines Krebses ähneln dem Wetter – man muss ein paar richtig schlimme Unwetter überstehen, bis endlich wieder ein sonniger Tag anbricht. Auch die Gezeiten werden vom Mond bestimmt, und das Meer ist Tag für Tag Veränderungen unterworfen. Liebst du einen Krebs, musst du dazu bereit sein, einige richtig üble Launen wegzustecken, bis er dich wieder mit seinem fröhlichen und liebevollen Lächeln bedenkt. Und was die Zuwendung anbelangt: Nutze seine Launen als Linse, durch die hindurch du sie betrachten kannst. Sie ist da. So wie der Mond hinter den Wolken. Die Liebe der Krebse währt ewig.

Der Krebs als Liebhaber

Wenn du dich in einen Krebs verliebst, lautet die allerwichtigste Regel: Die Zeit drängt. Das Herz der Krebse wird oft mit einer blühenden Blume verglichen. Mit einer unanständig üppigen Rose, die in voller Blüte einen absolut betörenden Duft verströmt, den man noch in mehreren Kilometern Entfernung riecht und den man nicht anders als göttlich beschreiben kann. Ein Krebs, der es zulässt, sich zu verlieben (und das tut er), zählt zu den schönsten Anblicken dieser Erde. Dabei hat seine

Art, sich zu verlieben, viel mit der Rose gemein. Wenn du nicht rechtzeitig zur vollen Blüte am Start bist, entgeht dir etwas Entscheidendes. Das Gleiche gilt für die Liebe zum Krebs. Sieh zu, dass du rechtzeitig da bist, um deine Chance beim Schopfe zu packen.

Tom Cruise gibt ein gutes Beispiel für einen verliebten Krebs ab. 2005 sprang er auf Oprah Winfreys Couch auf und ab, als er sich in Katie Holmes verliebt hatte. Klar war es megapeinlich. Aber gespielt war die Begeisterung für seine neue Liebe, wie so viele behaupteten, meiner Meinung nach nicht. Wenn es um Authentizität geht, bin ich ganz schön zynisch und misstrauisch, das könnt ihr mir glauben. Aber für mich sah er einfach nur wie ein glücklicher kleiner Krebs (oder eine unanständig üppige Rose) aus, der im Schein des Mondes vor lauter Freude über seine Katie ein Tänzchen aufführte. (Hat ihm damals denn niemand gesagt, dass sie Schütze ist und die Sache zum Scheitern verurteilt war?) Auf Oprahs Couch wollte er einfach nur jedem von seiner Liebe erzählen. Es war hinreißend.

Was ich damit sagen möchte: Wenn du einen Krebs kennenlernst und du denkst, er steht auf dich, und du ins Auge fasst, dich zukünftig in ihn zu verlieben, dann tu es besser gleich. Warte nicht darauf, dass sich deine Gefühle entwickeln. Für dich persönlich mag abzuwarten eine gute Sache sein, doch dann wirst du leider niemals in den Genuss dieses ganz besonderen Dufts kommen. Ist die Blütezeit vorbei, gibt es kein Zurück zur alten Pracht. Und es wird dir noch leidtun, das versichere ich dir.

Die Liebe der Krebse lässt sich noch mit einem anderen botanischen Phänomen vergleichen, nämlich mit dem Reifeprozess einer Avocado. Sobald eine Avocado reif ist, hast du etwa zehn Sekunden Zeit, sie zu vertilgen, bevor sie verfault. Genau so steht es um das Herz eines Krebs-Geborenen. Sobald seine reinsten und romantischsten Gefühle erblühen, öffnet sich ein Zeitfenster von etwa der Länge eines Mondzyklus, in dem ihr euch wahnsinnig ineinander verlieben könnt. Zögere nur einen Moment, und du hältst eine verfaulte Avocado in der Hand – die Zeit lässt sich nicht zurückdrehen.

Skorpion und Fische passen am besten zum Krebs, denn der Krebs hat es furchtbar gern, wenn er seine intensiven Wasser-zeichen-Gefühle nicht erklären muss, Skorpion und Fisch ver-stehen sie blind. Aus diesem Grund liebt der Krebs auch andere Krebse und wird sie nach ordentlichem Liebeswerben wohl auch heiraten. Krebse lieben es, Stiere zu bemuttern, und Stiere werden gern mit Liebe überschüttet, das also läuft gut. Krebs und Jungfrau lieben einander sehr, kritisieren sich aber wahr-scheinlich gegenseitig zu Tode. Der Krebs kann sich auch bis über beide Ohren in einen Widder oder Löwen verknallen, doch beide Kombinationen kann ich nicht gutheißen. Ähnlich sieht es mit dem Schützen aus, der für den Krebs in jeglicher Hinsicht eine schlechte Wahl ist. Krebs und Zwilling ist die Liebe zu gu-ten Büchern gemein, ihre Beweggründe zu lesen unterscheiden sich aber. Krebs und Waage werden gemeinsam ein Sexvideo nach dem anderen drehen, aber in Streit geraten, sobald die Waage sie ins Netz stellen will. Bei Krebs und Steinbock ist es wohl wahre Liebe, doch diese findet ein jähes Ende, sobald es ums Geld geht. Über die Kombi Krebs und Wassermann sollte man keine Witze reißen, die Sache ist zum Scheitern verurteilt.

Meinen Freunden erzähle ich immer, dass es Krebse waren, die mein Herz in winzige Splitter zerbrochen haben – das einzige Zeichen, dem das gelungen ist. Warum ich das erzähle? Weil es verdammt noch mal wahr ist. Krebse haben mich in die Knie ge-zwungen (wortwörtlich) und mich dazu verleitet, meinen Hin-tern sinnloser- und kostspieligerweise in mehrere Flugzeuge zu schwingen, aus reiner besinnungsloser, blinder Liebe. Sie sind so unfassbar gut darin, in Liebesdingen Hoffnung zu schüren, ihr seltenes Elixier zu verströmen, dass ich ihnen überallhin ge-folgt wäre. Trotzdem wünschte ich, sie hätten mich und mein trauriges Herz nicht jedes Mal ins Unglück gestürzt. Aber was rede ich – natürlich würde ich mich, ohne zu zögern, jederzeit wieder darauf einlassen. Irgendwie ist es auch eine Ehre, wenn einem hin und wieder das Herz gebrochen wird, insbesondere von einem Krebs (#*callme*).

Ich sage es, wie es ist: Der Krebs wird wahrscheinlich der beste Liebhaber sein, den du je gehabt hast. Nicht weil der eigentliche Akt so wahnsinnig aufregend wäre (ist er nämlich nicht). Er ist so *basic*, wie das Liebesspiel nur sein kann, dafür aber mit viel Herz und Gefühl. Der Krebs spürt deine persönlichen Schwächen auf und lässt sein Wissen in seine Verführungskunst einfließen. Er spürt intuitiv, was du brauchst, und wird es dir geben. Gibt es ein besseres Aphrodisiakum?

Sobald dich ein Krebs in seinen Klauen hat (ja, so fühlt es sich an, er hat schließlich Scheren), wird er dir reinen Wein über seine große Schwäche einschenken – sein unbändiges Bedürfnis nach unablässiger Aufmerksamkeit. Der Krebs bringt dich dazu, alle fünf Sekunden «Ich liebe dich» zu sagen, und das macht einen Teil seines Charmes aus. Wenn er gerade liebebedürftig ist, wird er alles tun, dass du sie ihm gibst, wird dich wenn nötig manipulieren und am laufenden Band kritisieren. Wenn du nicht offen mit deinen Gefühlen für ihn umgehst (die besser zu 100 Prozent rosarot und schnulzig sind), wirst du den Krebs nicht lange halten können. Bist du wild entschlossen, die Beziehung aufrechtzuerhalten, rate ich dir, zehn Millionen Mal am Tag «Du fehlst mir» zu sagen und es eher beflügelnd statt nervig zu finden. Dem Krebs genügt das Wissen, dass er dir etwas bedeutet, um dir sein Leben lang treu ergeben zu sein. Ach, wem mache hier etwas vor, wahrscheinlich braucht es nicht mal das, wenn er dich liebt, aber es trägt dazu bei, dass er eine tiefe Zufriedenheit empfindet.

Apropos Kritik: Es stimmt, der Krebs kann äußerst kritisch sein. Das zeigt sich besonders bei den Menschen, die ihm am nächsten stehen, das können Verwandte oder enge Freunde sein oder höchstwahrscheinlich du, wenn du sein Herzblatt bist. Ich musste mir mal von einem Krebs anhören: «Wann wirst du endlich lernen, dich wie ein normaler Mensch anzuziehen?» Wenn du sehen könntest, was ich gerade trage, wüsstest du, dass diese Frage gar nicht mal so unberechtigt war, und ich weiß, dass der Krebs es damals nicht nur so dahergesagt hat. Fällst du in seinen Zuständigkeitsbereich und gehörst ihm (ja, ich habe das Verb mit Absicht gewählt, und ja, das Nomen auch), wird er von dir erwarten, ihm alles gleichzutun. Das gilt für den Kleidungsstil, aber eben auch für das meiste andere, inklusive wie du dich in deinen eigenen vier Wänden verhältst, die, sobald du mit einem Krebs liiert bist, ebenso in seinen Zuständigkeitsbereich fallen, selbst wenn er keinen Cent Miete bezahlt. Sobald er anfängt, an deinen erotischen Fertigkeiten herumzukritteln, hast du meinen Segen, dich vom Acker zu machen. Manchmal musst du bei ihm einfach komplett dichtmachen, um zu überleben.

Bist du gewillt, das alles für den Rest deines Lebens zu ertragen, und hast es darauf abgesehen, dass er sich dir in einem außergewöhnlichen Akt sexueller Selbstaufgabe ganz hingibt, brauchst du eigentlich nur seine Brust mit ein bisschen Blütenöl einzumassieren (bitte sachte). Der Krebs liebt es, wenn du dich seiner Flanke widmest, und er steht total auf sanfte (fast schon zu sanfte) Berührungen an Brust und Armen. Das wird ihn heißmachen. Und lass es dir gesagt sein: Brodelndes Wasser, das hat was. Außerdem steht so gut wie jedes Zeichen auf ein bisschen Nippel-Action, so ist unser Körper nun mal gebaut, aber der Krebs steht richtig, richtig heftig darauf. (Schon mal über Klammern nachgedacht?) Die ganze Region darf also ausgiebig liebkost werden.

Die gute Nachricht zum Schluss: Wenn dich das alles ermattet (und der Krebs wird dich garantiert mattsetzen), bette den Kopf einfach auf seine umwerfende Brust, und wenn er dir dann übers Haar streicht, fangt ihr vielleicht einfach wieder von vorne an.

Der Krebs als Freund

Was der Krebs als Lover auch für Macken hat, er wird sich bemühen, dir ein guter, was sage ich, dein bester Freund zu sein. Für bestimmte Menschen ist er auf jeden Fall der ideale Freund. (Heißt: für andere Wasserzeichen.) In symbiotischen Freundschaften verströmt er sowohl einen Hauch von Abenteuer als auch von Behaglichkeit, weshalb man gern in seiner Nähe ist. (Was auch als tödliche Kombination aus Herrschsucht und Bedürftigkeit rüberkommen kann, wovor jedes Feuerzeichen im Umkreis von 500 Kilometern Reißaus nehmen wird.) Als Freund ist er meist hilfsbereit und fürsorglich – eine Light-Version der eigenen Mutter. Obwohl er von Haus aus nicht sonderlich extrovertiert ist, liebt er es, mit seinen Freunden auszugehen, und kann im Beisein von Menschen, denen er vertraut, sehr mutig und lebhaft werden. Er wird alles in seiner Macht Stehende tun, um seinen Freunden beruflich unter die Arme zu greifen, meist deshalb, weil er sich Freunde aussucht, die entweder im gleichen Bereich arbeiten oder die Sozialfälle sind. Letztere betrachtet er schon mal als Projekt und versucht, ihr Berufsleben wieder in Schwung zu bringen. Erstere preist er als echte Juwelen an und prahlt überall mit ihren Erfolgen herum, wie es eine gute Mutter tun würde.

Befindest du dich in einer Notlage, besonders in einer emotionalen Notlage, wird dir dein Krebs-Freund so schnell wie möglich zu Hilfe eilen. Einer meiner besten Freunde ist Krebs, und wir machen uns einen kleinen Spaß daraus, dass er bei einem «Ich brauche dich» quasi alles stehen- und liegenlässt, um mit mir zu reden. Er und meine beste Fische-Freundin

(Mondzeichen Krebs, Aszendent Krebs), bilden meine «Wasserzeichen-Hotline», an die ich mich im Falle einer emotionalen Krise wende. Ich schätze mich glücklich, dass ich Freunde mit Krebs-Einschlag habe, und wenn auch du einen Krebs zum besten Freund oder zur besten Freundin hast, weißt du, wovon ich rede. Ein Krebs kann den Gedanken nicht ertragen, dass einer seiner Liebsten leidet, schon gar nicht, wenn es sich dabei um Seelenqualen handelt, in seinen Augen das einzig wahre Leid.

Andererseits kann der Krebs als Freund, wie soll ich sagen, einen ganz schönen Befehlston am Leib haben. Denn bei aller Fürsorglichkeit und Liebe hat er wenig für ein Verhalten übrig, das seiner Ansicht nach kontraproduktiv ist oder exzessiv. Genau genommen hält er es für seine Pflicht, dir dabei zu helfen, dein schädliches Verhaltensmuster zu ändern. So könnte er dir beispielsweise dabei unter die Arme greifen, nicht mehr so viel zu reden, nicht mehr so viel zu daten, dich nicht mehr so unprofessionell zu kleiden, dich nicht mehr so schlecht zu ernähren, nicht mehr so spät aufzustehen und alles andere seinzulassen, was der Krebs selbst nie tun würde. Er nörgelt aus Liebe zu dir, möchte nur, dass du «dich einfügst» und gut zurechtkommst. Nicht jeder begrüßt diese Art von Rat, zumal er fast immer ungefragt erteilt wird; trotzdem meint es der Krebs nur gut, so fuchsteufelswild das freiheitsliebendere Zeichen auch machen kann. Andere Zeichen reagieren hingegen durchaus positiv darauf. Hast du schon mal Krebs und Jungfrau zusammen erlebt? Wenn ja, dann weißt du, was wahre Harmonie ist.

Krebs-Style

Der Krebs pflegt einen unangestrengten Stil, der, wenn man genauer hinsieht, mit sehr viel Arbeit verbunden ist. Er mag es elegant und kauft oft teure, dezente Kleidungsstücke, die gut geschnitten sind und hervorragend sitzen. Er verströmt etwas Sexuelles, aber sein Look ist meist klassisch und edel. Einige Krebse sind fasziniert vom alten Hollywood (was auch immer man darunter verstehen mag). Sie kleiden sich vielleicht nicht wie die alten Filmstars, kennen sie aber alle und haben ein Bild von ihnen vor Augen, wenn sie ihr Outfit zusammenstellen. Der Krebs kennt das Konzept von Glamour, muss es aber nicht auf Biegen und Brechen umsetzen.

Wie ihre verwandten Wasserzeichen Fische und Skorpion wissen die meisten Krebse dunkle Farben zu schätzen. Sie lieben Marineblau, Schwarz, Waldgrün und Bordeaux – jede Farbe, die ohne Helligkeit auskommt. Besonders gern greifen sie zu Farbtönen, in denen sie nicht auffallen. Menschen, die knallige Farben tragen, finden sie anstößig. Sie gehen selten shoppen und tragen ihre Schuhe lieber so lange, bis sie auseinanderfallen. Das soll nicht heißen, dass sie *dir* keine Kleider kaufen, schließlich verwöhnen sie ihre Freunde und Bekannten gerne mit Geschenken, hauptsächlich mit solchen, die kein Mensch braucht.

Auch violette Farben liebt der Krebs, insbesondere Flieder. Keine Ahnung, was das soll, aber es ist mir aufgefallen. Wenn man die Farbe allerdings genauer betrachtet, versteht man es doch. Sie ist zart und weich, die Art Farbe, die sich in einem Sonnenaufgang über einem ruhigen Ozean findet. Sie breitet sich aus wie das Wasser selbst und spiegelt die Atmosphäre. Sie passt zu einfach allem, und diese Eigenschaft weiß der Krebs zu schätzen, schließlich denkt er genau das auch von sich selbst. Und manchmal stimmt es wirklich.

Texten mit dem Krebs

Mindestens zwei Krebse haben es fertiggebracht, dass ich mich wegen ihrer Textnachrichten in sie verliebt habe, und zwar mitten in der Nacht. Spätabendliches Texten ist ein Markenzeichen des Krebses, schließlich scheint der Mond, und die meisten Menschen schlafen. Da seid also nur noch ihr beide, die tiefschürfende Gedanken austauschen. Dieser Austausch läuft meist auf die Frage hinaus, wie sehr du ihn liebst.

Der Krebs hat eine Art zu texten an sich, die alles, was er schreibt, anzüglich erscheinen lässt. Zumindest kommt es mir so vor. Wenn er eine Geschichte erzählt, macht er daraus ein Gedicht und bricht die Zeilen so, dass die Geschichte an Dynamik und Gefühl gewinnt. Eine Freundin hat mir mal die Textnachrichten ihrer Krebs-Ex gezeigt. Sie lasen sich wie eine Art Millennial-Version von *Das öde Land* von T. S. Eliot. Das waren stürmische Ausbrüche – knappe Beschreibungen von Gefühlen. Sie ergaben ein wunderschönes, trauriges Gedicht, das ausschließlich ihre Emotionen zum Thema hatte. Ich weiß nicht, wie es dir geht, aber mehr als das braucht es bei mir nicht, damit ich vor lauter Leidenschaft durchdrehe. Meiner Freundin fiel es jedenfalls extrem schwer, dieser heißen Krebs-Ex nicht zurückzuschreiben. Irgendwann hat sie's dann doch getan.

Dass der Krebs es liebt, dir mitten in der Nacht zu schreiben, soll nicht heißen, dass er dich tagsüber ignoriert. Oh nein – er schreibt dir tagsüber vielleicht sogar noch mehr als nachts. Für ihn sind Smartphones ein Geschenk des Himmels, weil er seinen Lieben damit unablässig folgen kann. Und wenn der Krebs nicht unablässig von sich hören lässt, würde ich mir an deiner Stelle Sorgen machen. Tatsächlich würde ich mir sogar Sorgen machen, wenn dein Krebs nicht irgendeine App auf deinem Smartphone installiert hätte, mit der er jede deiner Bewegungen überwachen kann. Tracking-Apps sind extra für den Krebs erfunden worden.

Denn wenn ein Krebs jemanden liebt, dann klammert er. Zu viel Nähe und Kontakt gibt es für ihn nicht. Es sei denn, er arbeitet, dann ignoriert er dich komplett, ja, dann antwortet er dir nicht einmal, wenn du neben ihm auf dem Sofa sitzt. Doch auch wenn er zu beschäftigt ist, solltest du ihn jederzeit auf dem Laufenden halten. Sonst macht er sich Sorgen. Ach, bitte gib ihm dazu keinen Anlass. Er will dir damit wirklich kein schlechtes Gewissen machen, doch die Sorge um dich bereitet ihm schreckliche Bauchschmerzen. Aber ist schon gut, schreib einfach zurück, sobald es dir passt. Amüsiere dich ruhig.

KREBS: Wie sehr liebst du mich?
WIDDER: Ist das wieder eine Falle?
KREBS: Unendlich?
WIDDER: Mehr als das.

KREBS: Ich habe mir deine Initialen auf mein Hemd gestickt.
STIER: Ich habe immer einen Anhänger mit einem Babyfoto von dir dabei.
KREBS: Ich hab mir ein Bild deiner Oma auf die Brust tätowieren lassen.
STIER: Ich hab einen Stern nach dir benannt.

KREBS: Wieso schreibst du nie zurück?
ZWILLING: Hallo!
KREBS: Ich leide ganz furchtbar.
ZWILLING: Meinetwegen?

KREBS 1: Ich weiß, wir sind uns noch nie begegnet, aber seit ich auf dieser Welt bin, habe ich mich nach diesem Tag gesehnt.
KREBS 2: Ich kenne deinen Namen seit ich 11 bin und habe einen Altar mit deinem Abbild neben meinem Bett errichtet.
KREBS 1: Ich bin schon von so vielen Menschen verletzt worden.
KREBS 2: Ich werde sie alle töten.

KREBS: Soll ich uns Abendessen holen?

LÖWE: Ich will lieber tanzen gehen.

KREBS: Lass uns heute doch einfach zu Hause bleiben.

LÖWE: Niemals!

KREBS: Du bist das süßeste Wesen der Welt.

JUNGFRAU: Danke!

KREBS: Aber ist es dir jemals in den Sinn gekommen, dass du den Leuten mit deinen vielen Fragen auf den Geist gehst?

JUNGFRAU: Nein. [weint]

KREBS: Hey, du heißes Teil.

WAAGE: Lass uns ein Sexvideo drehen.

KREBS: Nur von unseren Gesichtern?

WAAGE: Klar. Wie du meinst.

KREBS: Oh, mein Gott.

SKORPION: Ich weiß.

KREBS: Wollen wir?

SKORPION: Na klar.

KREBS: Unsere Hochzeitseinladungen sind fertig.

SCHÜTZE: Wer bist du?

KREBS: Verarsch mich nicht.

SCHÜTZE: Äh, tu ich nicht.

KREBS: Erinnerst du dich noch daran, wie wir uns kennengelernt haben?

STEINBOCK: Als wäre es gestern gewesen.

KREBS: Schöööööön.

STEINBOCK: Was hast du gerade an?

KREBS: Ich glaube an ein Leben nach dem Tod.

WASSERMANN: Warum?

KREBS: Alles weist in die Vergangenheit.

WASSERMANN: Interessant, aber ich bin anderer Meinung.

KREBS: Wenn ein Stern explodiert

FISCHE: muss ich unweigerlich

KREBS: an unsere

FISCHE: Liebe denken.

Die fabelhafte Welt des Krebses

Wäre der Krebs eine Stadt, so wäre er Dublin, wegen der pulsierenden Energie, der Mysterien, der saftig grünen Hügel und der Tendenz zu einem wolkenverhangenen Himmel. Wäre der Krebs eine Wetterlage, so wäre er ein Wolkenbruch. Wäre der Krebs ein Satzzeichen, so wäre er ein Komma, eine sanfte Art der Verbindung, aber eine, die du brauchst, die verlässlich und dauerhaft ist und von der du gerne mehr hättest. Wäre der Krebs ein Kleidungsstück, so wäre er ein Rock, der ein wenig Bein zeigt, aber auf keinen Fall zu eng anliegt, schließlich braucht es Raum für Phantasie. Wäre der Krebs eine Tageszeit, so wäre er der Morgen um 10 Uhr. Man hat gefrühstückt und ist bereit, in den Tag zu starten. Wäre der Krebs ein Stofftier, so wäre er ein Teddybär mit einem knallroten Schleifchen, ein etwas gruseliger, gutgelaunter. Wäre der Krebs ein Albtraum, so wäre er einer, in dem sich alles um Familiendynamik dreht, sehr psychoanalytisch; und am nächsten Tag würde er dir noch immer im Kopf herumspuken. Wäre der Krebs ein Tanz, so wäre er ein Foxtrott, und man hörte, wie die Hartholzabsätze auf den Boden klackerten. Wäre der Krebs ein Besteck, so wäre er ein Löffel, eines der größeren Exemplare, das all die anderen Löffel in der Schublade in liebevoller Umarmung aufnimmt und nur darauf wartet, herausgeholt zu werden, um dir noch ein bisschen Marmelade aufzutun. Wäre der Krebs eine Blume, so wäre er ein Gänseblümchen.

Trotz seiner Launen und Ängste ist der Krebs meist idealistisch und sogar ziemlich rührig. Er hat noch etwas von der Energie des Zwillings, der auf dem karmischen Rad vor ihm steht, und wenn er einen Raum betritt, spürt man seinen überschäumenden Optimismus. Er liebt es, über Chancen und Möglichkeiten nachzudenken, und hat großartige Visionen, besonders weil er versteht, wie viel harte Arbeit nötig ist, um eine Idee zu verwirklichen. Was die Arbeit betrifft, ist der Krebs am glücklichsten, wenn er wohltätige Projekte auf die Beine stellen kann. Er braucht das Gefühl zu helfen. Und die meiste Zeit über tut er das auch.

Trotz seiner optimistischen Ausbrüche hat der Krebs einen pessimistischen Kern. Sobald irgendetwas nicht funktioniert, sei es auf der Arbeit, in der WG oder in der Beziehung, meint er sofort, ganz wie seine verwandten Wasserzeichen übrigens, dass etwas komplett falschläuft und womöglich nicht mehr geradezubiegen ist. Die Schwermut überkommt ihn schneller als die meisten. Und wenn mal wirklich etwas schiefläuft, gibt er dafür anderen die Schuld. Dann verlangt er, dass «die gefälligst ausbaden, was sie angerichtet haben», und räumt nur äußerst widerstrebend ein (heißt: nie), dass er selbst auch einen gewissen Anteil an der Misere beziehungsweise an seinem Elend hat. Tut sich dein Krebs also damit schwer, einen neuen Job zu finden, ist das auch irgendwie deine Schuld. Und wenn dir das nicht sowieso schon klar ist, wird er dich davon in Kenntnis setzen und weiterhin seinen düsteren Gedanken nachhängen. Wenn das Gewitter vorbei ist und die Sonne zum Vorschein kommt, ist er wieder bereit, dich in die Arme zu schließen. Aber vorher erzählt er dir noch schnell, wie du sein Leben ruiniert hast. Was, dir war gar nicht klar, dass du sein Leben ruiniert hast? Okay, dann erklärt er es dir eben noch ein paar tausend Mal, so lange, bis du es begriffen hast.

Dem Krebs bedeutet die Familie alles, und ihre Dynamik beschäftigt ihn ein Leben lang. Er wird sich sehr viel Mühe geben, immer neue Familien zu gründen, in den für ihn passenden Konstellationen, auf allen seinen Wegen. Am unglücklichsten ist der Krebs, wenn er keinen erweiterten Familien- oder Freundeskreis hat, für den er sonntags Kartoffelbrei mit Zwiebeln kochen kann, für die Leute, die um 19:00 Uhr gehen, damit er noch in aller Ruhe baden kann, im Kerzenschein und mit einer Flasche Wein. Hat der Krebs keine Familie, erscheint ihm das Leben sinnlos. Halt, stopp, am unglücklichsten ist der Krebs, wenn er keinen Job hat. So wichtig ist ihm Sicherheit. Ein Krebs, der nicht für Familie und Beruf leben kann, ist ein sehr, sehr trauriger Krebs.

Herrje, allein darüber zu schreiben macht mich ganz traurig. Eine Umarmung könnte helfen, ihr Wassergöttinnen. Ich bin bereit, wenn ihr es seid.

Der berühmte Krebs

Man könnte annehmen, ein so launisches, schüchternes und fürsorgliches Wesen scheute sich vor dem Rampenlicht, doch so ist es nicht. Dem Krebs gefällt, dass Ruhm (üblicherweise) mit Macht, Geld im Überfluss und Bewunderung einhergeht. Er genießt den Promi-Zirkus, weil er Klatsch und Tratsch liebt und wie sehr alle übertreiben, wenn jemand berühmt ist. Und doch ist er hin und her gerissen. Im Gegensatz zur berühmten Waage sind Glanz und Glamour nicht unbedingt sein Ding. Er weiß zu schätzen, dass er etwas bewegen und Einfluss nehmen kann, aber Oberflächlichkeit durchschaut er, sehnt sich stattdessen in allem nach Tiefe.

Cat Stevens ist ein gutes Beispiel für einen berühmten Krebs.

Er feierte große Erfolge und beschloss dann, sich zurückzuziehen, weil sich der Promi-Zirkus nicht mit seinen moralischen Vorstellungen und seiner Spiritualität in Einklang bringen ließ. Seine Musik jedoch spiegelt sein fürsorgliches Krebs-Wesen sehr gut wider. Seine Songs, besonders die seiner Hochphase in den 1970ern, sind wie eine Blaupause für das Herz eines jeden Krebses. Allein die Titel der Songs stehen sinnbildlich für sein Innenleben: *The First Cut Is the Deepest, Don't Be Shy, Trouble*. Wir kaufen es ihm sofort ab, wenn er singt: «Love Is Better Than a Song». Wenn wir uns in den alltäglichen Dingen verheddern, dürfen wir nicht vergessen, dass wahre Liebe mehr wert ist als ein flüchtiges Lied. Wahre Liebe bleibt, wenn die Musik längst aus ist. Berühmte Krebse suchen in allem nach Langlebigkeit, und sie nutzen ihren Ruhm, um an sie heranzureichen.

Auch *If You Want to Sing Out* von Cat Stevens ist ein perfekter Song für den Krebs. «Wenn du frei sein willst, sei frei», heißt es da, genau das, was dir eine großartige Mutter sagen würde, wenn du niedergeschlagen bist. Das Lied erinnert uns daran, dass «man Millionen verschiedene Dinge sein kann». Es wirbt für Toleranz, dafür, dass jeder in Frieden sein eigenes Ding machen kann. Das wünschen sich die meisten Krebse, und ein berühmter Krebs, einer von der guten Sorte, wird sich bemühen, diese Toleranz in allem, was er tut, zu fördern. Wir erinnern uns: Der Krebs sorgt sich. (Liebe Krebs-Exgeliebte, ich bitte um Ruhe auf den billigen Plätzen, zu euch komme ich noch.)

Frida Kahlo hat als berühmte Krebs-Frau unser Verhältnis zur Kunst für immer verändert. Sie rückte das Selbst ins Zentrum, auf wichtige und interessante Weise, indem sie die Realität mit Hilfe von Surrealismus ergründete und so dem Vertrauten Erhabenheit verlieh. Sie rückte die Gefühlswelt, diese launischen Klippen, in den Mittelpunkt ihrer Arbeit und eröffnete dadurch unzähligen Künstlern nach ihr die Möglichkeit, es ihr gleichzutun. Und in sämtlichen ihrer Selbstporträts spürt man, wie aus ihren bohrenden dunklen Augen das Selbst aus dem Gemälde herausschaut mit seinem höheren Wissen über die Seele. Ihren Ruhm hat sie dazu eingesetzt, sich diese Freiheit zu nehmen und uns die Früchte ihrer Arbeit zu schenken.

Wenn wir uns alle Zeichen anschauten, würden wir immer auch auf Beispiele dafür stoßen, dass Ruhm die Menschen genauso zum Schlechteren verändern kann. Ich will hier keine Namen nennen (George W. Bush), doch ein Krebs mit Hang zu Hab- und Machtgier kann sich als völlig unbrauchbarer Anführer entpuppen. Verschwindet ein einst berühmter Krebs in der Versenkung, kann ihn eine tiefe Traurigkeit überkommen. Dass er Rückschläge nicht ganz so leicht wegsteckt, ist eine gewaltige Untertreibung. Und jetzt stell dir vor, was passiert, wenn dieses Gefühl auf dem internationalen Parkett zum Tragen kommt. Wenn du irgendwelche Krebse kennst, bei denen es beruflich nicht mehr so gut läuft, schau bitte regelmäßig nach ihnen und nimm ihre emotionale Temperatur – sie brauchen höchstwahrscheinlich deine Unterstützung. Veränderungen steckt der Krebs nicht so leicht weg.

Weitere berühmte Krebse

1. MALALA YOUSAFZAI
2. SHELLEY DUVALL
3. HART CRANE
4. WENDY WILLIAMS
5. MERYL STREEP
6. KEVIN HART
7. ROBIN WILLIAMS
8. NELSON MANDELA
9. PATRICK STEWART
10. HELEN KELLER

Krebs-Playlist

SELENA GOMEZ – «Hands to Myself»
LIL' KIM – «Big Momma Thang»
GUSTAV MAHLER – «Symphonie Nr. 3»
JUNE CARTER CASH – «Ring of Fire»
MISSY ELLIOTT – «Work It»
M. I. A. – «Borders»
GEORGE MICHAEL – «Father Figure»
LINDA RONSTADT – «Your're No Good»
LENA HORNE – «Stormy Weather»
BECK – «Blue Moon»

Der Krebs (Ein Gedicht)

Ein grünes Feld. Dort liegst du. Bei den Elementen. Wie die Zeit, ohne Maske. Wo du alles sein kannst. Aber nicht sein wirst. Du signierst dein Zeichen mit einem winzig kleinen s. S steht für Sex. Und Schlange. Eine Seekarte, auf die du ein X schreibst. Das X markiert den Ort! An dem dein Herz schlägt. Findet es. Also machten wir uns auf. Schlag auf Schlag auf Schlag. Wie Seesterne, die in eine Kampfarena einziehen. Kämpfende Kämpfer. Deshalb sind sie hier. Jeder glaubt, dass nichts von Bedeutung ist. Aber nicht du. Einst hast du geliebt. In einer anderen Zeit. In einer anderen Welt. Für dich war die Liebe etwas Großes. Unbeschreiblich. In farbiges Glas gefasst. Ein großes rotes, durchscheinendes Herz. Dort im Fenster. Der Himmel erhellt's. Und alles andere. Liebe. Es schmerzt dich noch immer.

A field of green. Is where you lie. With the elements. Like time, but unmasked. Where you can be anything at all. But you won't be. Signing your sign off with a tiny little s. S is for sex. And snake. An aqua map where you put an x. X marks the spot! Where your heart is beating. Come find it. So we did. Beat beat beat. It's like the starfish that enter the arena. Fighting fighting. But that's what they are here for. Everyone thinks that nothing means anything. But you don't. You loved once. It was another time. Another world. You made a scene about love. Out of words. Then set it in stained glass. A big red translucent heart. Is set up in the window. It's lit up by the sky. And everything else. Love. It hurts you still.

LÖWE

♌

Proud people breed sad sorrows for themselves.

EMILY BRONTË, GEBOREN AM 30. JULI 1818

Der Löwe

In Andy Warhols *Die Philosophie des Andy Warhol von A bis B und zurück* gibt es ein ganzes Kapitel zum Thema Berühmtheit. Es steht zwischen anderen Kapiteln wie «Liebe», «Schönheit», «Erfolg», «Geld» – in denen es, wie sich herausstellt, ebenfalls mehr oder weniger um Ruhm geht. Es ist ein unaufhörliches Geschwafel, ein Angeben mit berühmten Namen, wo er war und mit wem, Erinnerungen an Telefongespräche, wer verrückt nach ihm ist und wer nicht, wer mit wem geknutscht hat, warum er ein Restaurant für einsame Herzen eröffnen möchte, dass er in Therapie ging, weil er sich die Probleme anderer aufgeladen hatte – und seien wir mal ehrlich, schon lange bevor du das Buch durchgelesen hast, ist dir klar, dass er genau die Art Mensch ist, mit der du befreundet sein und die du auf alle deine Partys einladen möchtest. Jemand, der das Leben so unfassbar liebt, dass er in das Kapitel «Tod» lediglich zwei Sätze schreibt, wovon der erste lautet: «Ich glaube nicht daran, denn wenn wir gar nicht da sind, können wir kaum wissen, dass er tatsächlich passiert.» Gibt es eine typischere Aussage für einen Löwen als diese? Auf dem Individuum beharren, ausschließlich um die physische Existenz kreisen und derart angefixt sein von der materiellen Welt, dass man sogar den Tod (bestenfalls) als ein Gerücht abtut. Genial.

Der Löwe führt ein gebieterisches und inbrünstiges Leben. Seine Vorliebe für Menschen, Orte, Spiegel und die Erwähnung seines Namens hat etwas Manisches – und das ist ansteckend. In der Gesellschaft eines Löwen habe ich mich nur selten gelangweilt. Sogar in seiner Selbstsucht ist er noch amüsant, weil er im Kern nichts Nihilistisches, sondern Seele hat. Diese ist darauf gerichtet, Dinge zu erschaffen, statt zu zerstören. Der Löwe ist immer und überall getrieben von aufrichtiger Neugierde auf die Welt. Das sieht man ihm an der Nasenspitze an. Er ist ein Optimist durch und durch und ein Verfechter der Opulenz. Er liebt es, Blicke auf sich zu ziehen, und wird es niemals leid, diese Blicke zu erwidern. 30 Sekunden Smalltalk mit einem Löwen, und schon weißt du, was er heute so erlebt hat, mit wem er in die Kiste springt und wohin du ihn auf einen Drink einladen solltest. Du kannst dich außerdem darauf verlassen, dass er beiläufig den Namen irgendeiner mächtigen oder wichtigen Person fallenlassen wird (irgendjemand zu dem er Kontakt hält, wenn auch nur losen). Der Löwe übertreibt gern und ist höchst emotional. Er beginnt viele seiner Sätze mit dem Wörtchen «Ich» und reißt oft das Gespräch an sich, indem er deine Probleme auf seine eigenen Probleme oder sonst wie auf sich selbst bezieht.

Und irgendwie fällt es dir schwer – obwohl es dich wahnsinnig fuchst –, einfach wegzuschauen, ihn zu unterbrechen oder ihm etwas entgegenzusetzen. Er ist der geschickteste Redner des Zodiaks. Trotz seines offensichtlichen Narzissmus (oder vielleicht genau deswegen) versteht er es wie kaum ein zweiter, dich zu durchschauen und dir zu entlocken, was immer er will. Aus diesem Grund sind viele Löwen hervorragende Geschäftsleute.

Löwen fordern Hingabe, Leidenschaft und Aufmerksamkeit. Bekommen sie all das von einer Person, sollen es ihr alle anderen gefälligst gleichtun. Es war Andy Warhol, der schon 1968 vorhersagte, dass «in Zukunft jeder Mensch mal für fünfzehn Minuten berühmt sein» wird. Ich korrigiere: Normalsterbliche: fünfzehn Minuten, Löwen: dreiundzwanzig Stunden und fünfundvierzig Minuten. Mit weniger werden sie sich nicht zufriedengeben. Und ganz ehrlich, wahrscheinlich ärgern sie sich noch, dass wir ihnen nicht die vollen vierundzwanzig Stunden überlassen. Warhols berühmte Prognose hat sich inzwischen bewahrheitet. Die aktuelle Star- und Internetkultur könnte von ihm sein. Auf jeden Fall hat er schon damals Aspekte der sozialen Medien und unsere Vorliebe für Selfies vorausgesehen (Seine Screen Tests?). Tief im Innern wusste Warhol, dass wir alle einen kleinen Löwen in uns tragen. Wir sind besessen von unserem eigenen Ich. Sind sogar betört von unserer eigenen Fadheit. Wie der Löwe sagen würde: Und wenn?

Was du über den Löwen wissen solltest

Der Löwe ist ein fixes Feuerzeichen und das fünfte Zeichen im Tierkreis. Er folgt auf den Krebs und hat etwas Zentrales von ihnen gelernt: emotionale Empfänglichkeit. Er weiß, wie er sich mit anderen verbindet, ist ein Menschenfreund, äußerst dynamisch, interessiert daran, anderen zu gefallen, und dabei sehr verführerisch. Bewunderung und Vertrauen – das sind die beiden Dinge, ohne die er nicht leben kann. Dafür lässt er alles stehen und liegen, wird sogar bereit sein, sich aufzugeben, um beides zu erlangen. Sein Herrscherplanet ist die Sonne (das eine, ohne das *wir* nicht leben können), und der Löwe weiß sehr genau, dass ein Teil dieser immensen Lebenskraft in ihm steckt, die ihn überall zum Star des Abends macht, ganz ähnlich wie die Supermodels, die Anfang der Neunziger die USA mehr oder weniger regierten.

Es versteht sich von selbst, dass der Löwe der geborene Anführer ist. Er kann andere gut motivieren, und seine Stärke gründet auf seine Anziehungskraft. Genauso wie Löwen Deals aushandeln, so flirten sie auch, sind spielerisch, durchsetzungsstark, vielleicht ein bisschen übergenau, worüber wir hinwegsehen wollen. Um dich um den Finger zu wickeln, bringt der Löwe vollen Körpereinsatz. Er gibt dir das Gefühl, du seist der einzige Mensch im Raum, Restaurant, Hotel, auf dieser Erde. Nur du und ein aufdringlicher Löwe, die ihr über eure dunklen Geheimnisse, Phantasien und schlimmsten Ängste redet. Wenn er es wirklich will, bekommt er beinahe alles aus dir heraus. Und ehe du es dich versiehst, gibst du ihm deinen Wohnungsschlüssel, lässt dich scheiden und lädst ihn auf die Bermudas ein, weil du noch nie jemandem wie ihm begegnet bist. Es scheint fast so, als hätte er ein Diplom in Überzeugungskunst, Nebenfach: anrüchige Sexyness. Wäre er eine Droge, er wäre definitiv Ecstasy.

Was du außerdem wissen solltest: Ästhetik ist ihm wichtiger als den meisten anderen. Schönheit ist seine Religion, und mit sich selbst geht er dabei am härtesten ins Gericht. Auch liebt er es, von attraktiven Menschen umgeben zu sein. Umso mehr, wenn diese reich sind. Ich will nicht unverschämt sein (will ich doch, schließlich sind Löwen das auch) – der Löwe fährt voll auf Statussymbole ab. Das würde er natürlich niemals zugeben. Muss er auch gar nicht. Es genügt zu beobachten, wie er sich in Gegenwart einer Person gibt, die ihm nützlich sein könnte. Er kriecht ihr förmlich in den Hintern – das kann er richtig gut. Auch auf dem politischen Parkett glänzt der Löwe, der Beruf ist wie für ihn geschaffen. Einzig sein Hang zum Exzess kann ihn in die Bredouille bringen: Er würde wirklich alles tun, um der Langeweile zu entgehen, dazu zählen auch übertrieben luxuriöse Reisen, Champagner am Mittag etc. pp. Der Löwe verspürt das permanente Verlangen, neue Leute kennenzulernen (und mit ihnen zu schlafen). Er ist abenteuerlustig und sehnt sich nach Neuem, das immer nur noch besser sein kann als schon Erlebtes. Die ganze Zeit muss man sich mit ihm beschäftigen, wie mit einem Kind, und was die Leute von ihm halten, ist ihm wichtiger als alles andere. Er steht ganz unter dem Einfluss der öffentlichen Meinung. In einem Film über sein Leben würde der Löwe zwar sagen, dass es ihm gefällt, für klug gehalten zu werden, doch in Wahrheit möchte er gewollt werden. Auf eine ganz simple, basale, die Kleider vom Leib reißende Art.

Irgendwo unter der Oberfläche, unter der dicken Schicht Ego, liegt das begraben, was wirklich zählt. Auch dort ist der Löwe in seinem Element. Er ist ein Rudeltier. Beschützend und loyal. Gehörst du seinem Rudel an, wird er alles für dich tun. Seine Großzügigkeit, sowohl was das Finanzielle als auch Emotionales betrifft, ist unübertroffen. Und doch wohnt ihm eine tiefe, existenzielle Traurigkeit inne, die er vor der Öffentlichkeit geheim hält und gegen die er ganz alleine ankämpft, möchte er seine Freunde doch stets von allem Schlechten in der Welt ablenken. Er fühlt sich für das Glück der anderen verantwortlich und verbirgt es, wenn er einen inneren Konflikt austrägt. Er ist ein hervorragender Schauspieler. Nach außen hin mimt er den Starken. Dabei bleibt ihm wenig Raum, seine Ängste und sein mangelndes Selbstvertrauen anzusprechen oder beides überhaupt erst zu bemerken. Die anderen sollen ihn für nicht weniger als atemberaubend halten – für eine übermenschliche Kraft, die einen aus sämtlichen Notlagen rettet. Kurzum, für einen Superhelden. Ganz ab von seinen hohen Ansprüchen an sich selbst und der Selbstzerfleischung liegt eine Quelle seiner Kraft in seinen Haaren. Dort befindet sich seine Aura, und daraus speist sich auch sein Selbstwertgefühl. Dennoch ist er nicht der Typ für Statements oder irgendwelche Experimente, würde sich die Haare niemals aus einer Laune heraus lila färben oder etwas in der Art. Nein, er ist auf der Suche nach einem Style, der das Gesamtkunstwerk Löwe unterstreicht und für immer mit ihm in Verbindung gebracht wird. Er möchte ein echter Klassiker sein. Eine Ikone. Und für gewöhnlich hat er eine bestimmte Geste, um deine Aufmerksamkeit auf seine Haare zu lenken und dich an seine Vorzüge zu erinnern – daran, wie begehrenswert er ist, daran, dass in seiner Gegenwart alles möglich zu sein scheint. Daran, dass all das, was dir in der Vergangenheit zugestoßen ist, nie wieder geschehen wird. Es ist vorbei. Da steht er, direkt vor dir. Er ist der Höhepunkt einer jeden Party. Dieser eine Moment, den man als solchen erst gar nicht wahrnimmt, weil alles so toll ist und so schnell verfliegt, den man erst in der Rückschau hart feiert und von dem man sich wünscht, er möge nie vorüber sein.

Der Löwe als Liebhaber

Sei nicht schüchtern, wenn du einen Löwen kennenlernen willst. Auch auf Spielchen kannst du verzichten. Schließlich ist er kein Skorpion oder Schütze. Steig am besten mit einem Kompliment ein. Sprich ihn auf seine Haare an. Zitiere irgendetwas, das er gesagt hat, und wenn es erst eine Minute her ist. Besser noch: Zitiere etwas, das er getwittert oder ins Netz gestellt hat. Ja, das wirkt plump und verzweifelt, aber der Löwe steht auf diese Art der Annäherung. Es ist simple Besessenheit, die ihn überhaupt erst dazu bringt, Notiz von dir zu nehmen. Kommst du ihm intellektuell oder gibst mit irgendeiner Fähigkeit an, törnt ihn das ab. Heb dir das für später auf. Er darf dich auf keinen Fall als Rivalen oder als irgendwie «besser» auf einem bestimmten Gebiet wahrnehmen. Er möchte verwöhnt werden. Angebetet werden (von Anfang an). Es katapultiert dich tatsächlich ganz nach vorn, wenn du dich wie ein Stalker verhältst. Ja, der Löwe hat viele Bewunderer, die sich am liebsten von ihm an die Leine nehmen lassen würden, um ihm auf Schritt und Tritt zu folgen und Zeugen seines übertrieben zur Schau gestellten Selbstbewusstseins sein zu dürfen.

Im Englischen gibt es den wunderbaren Ausdruck «Starfucker» – ich glaube, jeder weiß, was damit gemeint ist –, und genau so einer ist der Löwe. Ruhm, Geld, Status, wo du wohnst, wo du zur Uni gegangen bist – daran liegt ihm unglaublich viel. Wenn ich den Freund eines Löwen kennenlerne, witzele ich gern, dass er es weit gebracht haben muss, da der Löwe offensichtlich seine Herkunft und seinen Werdegang abgesegnet hat. Das ist eine echte Gratwanderung, denn wie bereits erwähnt, möchte der Löwe niemanden an seiner Seite wissen, der ihm die Show stiehlt. Seine Partnerin oder sein Partner soll großartig sein, aber bitte nicht großartiger als er selbst, oder wenigstens so andersartig, dass ein Vergleich unmöglich ist. Obwohl sich der Löwe äußerst gern mit anderen vergleicht. Im Kopf stellt er ständig Rangordnungen auf, vergleicht seine Ex mit seiner derzeitigen Geliebten, seine Geliebte mit denen seiner Freundinnen, seine Freundinnen mit potenziellen anderen Freunden und so weiter. Die Beziehung mit einem Löwen fühlt sich manchmal an, als ginge man wieder zur Schule.

Egal, was er dir sagt – denn er wird auf alle Fälle die Wahrheit verdrehen, um reif und erwachsen dazustehen –, glaub ihm kein Wort: Der Löwe kann nicht mit Kritik umgehen. Es gibt Ausnahmen, aber auch denen fällt es schwer, sich nicht persönlich angegriffen zu fühlen. Das gilt allerdings nur in der Liebe, nicht in beruflichen Dingen. Beruflich konzentriert sich der Löwe darauf, der Beste zu sein und gute Leistungen zu bringen, dort hört er zu und passt sich an. Bedenke, dass er selbst sein schärfster Kritiker ist, auch deshalb kann er kaum Kritik von anderen vertragen. Das verlängert nur seine innere Liste voller Unzulänglichkeiten und befeuert diese zusätzlich. Es trifft zu, dass die Menschen, die sehr selbstbewusst rüberkommen, oft zu viel auf Kritik geben, während sie ein Lob ignorieren.

Aber kommen wir wieder zurück zur Liebe. Dem Löwen fällt es leicht, romantisch zu sein. Er ist ein mitreißender, aufmerksamer Liebhaber. Und er gibt sich die größte Mühe, dich zu beeindrucken. Manchmal fragt man sich, worum es ihm dabei eigentlich geht – um Anerkennung (Bester Hauptdarsteller in der Kategorie Liebesfilm) oder um einen echten Beitrag in der chaotischen und komplizierten Welt einer Beziehung. Der Löwe passt mit seinen beiden verwandten Feuerzeichen zusammen. Noch heißer geht es im Bett mit dem Schützen zu, obwohl dieser ihn auch verwirrt, weil sich der Löwe eine stabile Beziehung wünscht. Die Beziehung mit dem Widder ist zwar nicht stabil, aber wenigstens ist sie von Dauer. Außerdem teilen Widder und Löwe viele Vorstellungen über die Liebe, die sie auf den jeweils anderen projizieren können und dadurch eine gewisse Selbstzufriedenheit erlangen.

Von den Wasserzeichen ist der Krebs sein bestes Match. Wie alle anderen Zeichen jagt auch der Löwe dem Skorpion hinterher, doch der ist ihm definitiv zu anstrengend. Außerdem mag er es gar nicht, dass der Skorpion, ohne sich groß anstrengen zu müssen, alle Aufmerksamkeit auf sich zieht (ehrlich, er muss sich einfach nur eine Zigarette anzünden). Ein süßer, liebevoller Fisch hält es sicherlich ein Weilchen mit dem Löwen aus, nur wird sich der Löwe irgendwann langweilen. Der Löwe ist auf Glamour angewiesen wie Otto Normalsterbliche auf eine funktionierende Gesundheitsversorgung. Letzten Endes ist der Fisch einfach zu ernst für ihn. Was uns zu den Luftzeichen bringt. Abenteuer. Rätselhaftigkeit. Vielleicht ein bisschen zu viel Rätsel für den Löwen, aber vom Zwilling fühlt er sich grenzenlos gut unterhalten, und mit der Waage flirtet er für sein Leben gern. Vom Wassermann ist er hochgradig fasziniert, doch letztlich wird dieser sein Herz nicht so recht erwärmen können.

Ich kenne viele Löwen, die phantastisch mit Erdzeichen harmonieren. Besonders mit Steinböcken und manchmal auch mit Jungfrauen. An den Steinböcken lieben sie die Zuverlässigkeit, und an den Jungfrauen wissen sie die Fürsorglichkeit zu schätzen. Bei Löwe und Stier geht es turbulent zu, weil beide die ganze Zeit um Aufmerksamkeit buhlen. Gewinnen wird am Ende der Stier, denn er geht aus Prinzip keine Kompromisse ein. Sein Glamour ist erdverbundener, und er ist weniger wankelmütig. Der Stier ist mehr Singer Songwriter denn überproduzierter Popstar, der verzweifelt als authentisch wahrgenommen werden möchte (Löwe).

Die erogenen Zonen des Löwen sind der Rücken und die Schultern. Und auch sein Haar birgt großes Lustpotenzial. Er ist ein sinnliches Wesen. Wenn du nicht mindestens viermal die Woche mit ihm vögelst, denkt er garantiert darüber nach, mit jemand anderem zu vögeln (wenn er es nicht sowieso schon tut). Seiner Meinung nach möchte sowieso die ganze Welt mit ihm in die Kiste springen. Hat er das Gefühl, du bist nicht mehr so heiß auf ihn wie früher (als ihr euch kennengelernt habt), fühlt er sich schlecht und denkt ans Fremdgehen. Nicht unbedingt, weil er scharf darauf wäre, sondern weil er sich weniger oder für seine Begriffe «nicht ausreichend» begehrt fühlt. Gerechterweise muss man sagen, dass der Löwe ein sehr loyales Wesen ist. Er ist in keiner Weise bindungsscheu und steht ganz weit oben auf der Liste derer, die zu Langzeitbeziehungen fähig sind. Aber lass es dir ja nicht einfallen, auch nur das kleinste bisschen nachzulassen, sonst ist das Drama vorprogrammiert. Gut zu wissen: Er steht auf Sex in der Öffentlichkeit, insbesondere im Treppenhaus.

Als Partner oder Partnerin eines Löwen stehst du immer in seinem Schatten – wenn ihr bei einer Party auftaucht, euch mit Freunden trefft und bei so ziemlich allen anderen gemeinsamen Unternehmungen. Du wirst akzeptieren müssen, dass er immer und überall auf einer Bühne steht, stets performt, selbst wenn kein Publikum anwesend ist. Am authentischsten ist er, wenn alle Augen auf ihn gerichtet sind. Im Beisein anderer Menschen blüht er auf. Er braucht sie, um sich lebendig zu fühlen.

Wenn du dich in einen Löwen verliebst, wirst du lernen, dich in dem verzwickten Labyrinth seiner koketten Persönlichkeit zurechtzufinden. Dazu gehört seine Neigung, selbst von Leuten, die er nicht mag, anerkannt werden zu wollen. Er möchte sich stets sicher sein, dass niemand sauer auf ihn ist – was ganze Gespräche und Abende verderben kann, weil er andauernd zur Sprache bringt, was er dir schon alles verziehen hat –, nein, selbst seine Feinde liegen ihm am Herzen. Mit diesen pflegt er eine echte Hassliebe. Zwar möchte er sich nicht über Menschen definieren, die ihn nicht mögen, paradoxerweise aber gerade von den Menschen gemocht werden, die ihn am meisten hassen.

Wir alle wissen, dass die Liebe einfach so vom Himmel fällt. Klar gibt es einige Steinböcke – und auch einige Stiere –, die da so ihre Zweifel haben, aber der Löwe weiß es besser. Er ist jederzeit bereit, sich von seinem Begehren zerstören oder aufrichten zu lassen. Ich hatte einmal ein Date mit einem Löwen, der aus Kalifornien angedüst kam. Er fuhr direkt vom Flughafen her, hatte nicht mal Gepäck dabei. Er tauchte einfach in der Bar auf, sah umwerfend aus und sprach innerhalb der ersten fünfzehn Minuten von «Liebe». Ich hatte panische Angst und fühlte mich in die Ecke gedrängt. Dann lud er mich zu sich ein, obwohl wir beide am nächsten Tag früh rausmussten, und sagen wir mal so – er hatte ein Wahnsinns-Stehvermögen. Es fühlte sich alles unfassbar leicht an. Löwen schaffen es, dass man sich bei ihnen wohl fühlt. Sie sind warmherzige Liebhaber, die sich von Anfang an zuvorkommend verhalten.

Obwohl man annehmen könnte, der Löwe sei andauernd unterwegs und total extrovertiert, ist ihm sein Zuhause extrem wichtig. Lädt dich ein Löwe zu sich ein, hat das etwas zu bedeuten. In diesem Fall möchte er dir wirklich näherkommen. Das unterscheidet ihn von seinen Feuerzeichen-Brüdern Widder und Schütze. Die beiden könnten dir von «Ich liebe dich» bis «Ich hasse dich» alles sagen und am nächsten Tag genau das Gegenteil empfinden (was nicht heißen soll, dass sie es beim ersten Sagen nicht so gemeint hätten). Aber der Löwe ist ein fixes Feuerzeichen. Er hat tiefe Wurzeln. Seine Loyalität ist beständig, seine Impulsivität weniger stark ausgeprägt. Mit ihm fühlst du dich so sicher wie sonst kaum. Das kann regelrecht süchtig machen. Und das ist nicht unbedingt etwas Schlechtes. Der Löwe ist ein Beziehungsmensch durch und durch. Er braucht jemanden an seiner Seite, mit dem er etwas unternehmen kann und, seien wir ehrlich, der seine Existenz bezeugen und seine Instagram-Fotos schießen kann. Er ist einer von denen, die von einer Beziehung direkt in die nächste schlittern und dabei manchmal furchtbare Fehler machen, weil sie Angst vor dem Alleinsein haben. Allein zu sein, ist für den Löwen gleichbedeutend mit in Vergessenheit geraten.

Noch etwas anderes unterscheidet den Löwen von seiner Feuerzeichen-Verwandtschaft: Er kommandiert seinen Partner nicht herum. Zumindest hat er es nicht vor. Überall sonst ist er der Boss, aber in der Liebe sehnt er sich danach, die Waffen zu strecken und umsorgt zu werden. Es gefällt ihm, wenn du die Entscheidungen triffst – in welches Restaurant ihr geht, in welches überteuerte Hotel und in welche Kneipe für den Absacker. Diese Form der Fürsorge findet er äußerst sexy. Wir haben es hier nicht mit einem Krebs zu tun, der sich wünscht, dass man ihm die Haare zurückhält, während er schluchzend und kotzend über dem Klo hängt. Der Löwe erwartet von dir, dass du ihm ein Bad im Ritz-Carlton einlässt. Dass du einen Tisch reserviert hast und dort auf ihn wartest, bevor er erscheint. Denn obwohl der Löwe extrem pünktlich ist, wird er sich noch mehr in dich verlieben, wenn du fünf Minuten früher als er dran bist. Es gefällt ihm, wenn jemand da ist und auf ihn wartet.

Der Löwe als Freund

Meiner Erfahrung nach halten nur wenige Zeichen so fest zu ihren Freunden wie der Löwe. Auch wenn er sich wahrscheinlich wie der Fisch auf erotische Art zu ihnen hingezogen fühlt, was daran liegen mag, dass er völlig in die Menschen vernarrt ist, die er in sein Leben lässt. Teil seines Inner Circle zu werden, ist keine Kleinigkeit und bedarf etwa 169 Monate lang im Durchschnitt täglich 169 Komplimente. Erst wenn man ihn an einem Bad Hair Day (heißt: eine Strähne ist verrutscht) sehen durfte, hat man es wirklich geschafft ... und wenn er dich für einen Menschen voller Begeisterung für das Leben und mit einem aufrichtigen Kern befunden hat – der Löwe verabscheut Nihilismus.

Sehr erhellend ist es, wenn dir dein Bester-Freund-Löwe dabei hilft, über eine Trennung hinwegzukommen. Dann wird er dir eine selten erwähnte Seite von sich offenbaren: den großzügigen, selbstlosen Krieger. Wer würde sich nicht hin und wieder einen Freund wünschen, der – mal abgesehen davon, wie wenig man dem Ex den Schlussstrich ankreidet, und mal abgesehen davon, dass zu einer Trennung immer zwei gehören – diesen Ex mit Leib und Seele hasst, so unvernünftig es auch sein mag? Das liegt an seinem Beschützerinstinkt. Und der fühlt sich so vertraut und tröstlich an, dass es fast schon etwas Väterliches hat. Jungfrau und Löwe sind die fürsorglichsten Zeichen des Zodiaks.

Sie kümmern sich um uns alle, sosehr wir sie auch auf die Probe stellen.

Der Löwe hat eine außergewöhnliche Begabung fürs Schenken. Mir hat einmal ein Löwe ein Feuerzeug mit meinem Geburtsstein geschenkt, bei dem auf der Rückseite meine Initialen eingraviert waren. Außerdem übernimmt er sehr gerne die Rechnung. Er liebt es einfach, Menschen eine Freude zu machen. Und er spendet ständig Geld für gute Zwecke. Der Einsatz für das Allgemeinwohl ist tief in ihm verwurzelt. Dabei geht es ihm nicht darum, irgendwelche gesellschaftlichen Utopien zu verwirklichen, wie das bei seinem gegenüberliegenden Zeichen, dem Wassermann, der Fall ist. Der Löwe fährt auf einfache, konkrete Hilfsmaßnahmen ab. Mit anderen Worten: Der Löwe ist kein Gesetzesbrecher oder radikal. Er hat kapiert, dass er sich bis zu einem gewissen Grad unterordnen muss, um die Rolle des Anführers einnehmen zu können, und durch diese Anpassung gewinnt er an Einfluss, welchen er wiederum zum Wohl der Allgemeinheit einsetzt.

Selbst bei seinen besten Freunden hat er Schwierigkeiten, sich gehenzulassen. Er ist ständig bemüht, Außergewöhnliches zu leisten oder außergewöhnlich auszusehen. Ihn plagt die tiefsitzende Angst, dass seine Freunde enttäuscht sein könnten, wenn er sein volles Potenzial nicht ausschöpft. Das stimmt natürlich nicht – dieses Psychodrama läuft allein in seinem Kopf ab. Von allen Tierkreiszeichen fällt es ihm am schwersten, Ratschläge anzunehmen. Er ist derart selbstkritisch, dass er mehr erreichen will, als eigentlich nötig ist. Womit wir beim gekränkten und verletzten Löwen angekommen wären. Dem Löwen, der überall den Starken mimt, sich aber eigentlich nicht stark fühlt. Oft muss man ihn dazu animieren, eine Pause von der Arbeit und seinen anderen Verpflichtungen einzulegen. Er mutet sich zu viel zu. Sein Ehrgeiz ist grenzenlos. Und seine depressiven Phasen bleiben im Verborgenen, was nicht ganz ungefährlich ist.

Dennoch würde es dem Löwen guttun, sich hin und wieder einzuigeln. Nur hat er leider so viel Angst, etwas zu verpassen, dass er sich nur schwer auf eine erholsame Pause einlassen kann.

Löwe-Style

Sagt dir der Barock-Stil (aus dem späten siebzehnten bis frühen achtzehnten Jahrhundert) etwas? Ornamente, Drama, Luxus, Vergoldungen – selbst wenn er nicht nach deinem Geschmack ist, so musst du doch anerkennen, dass er bis heute unvergessen und unverkennbar ist. Der Löwe jedenfalls würde am liebsten in einem Schloss mit weitläufigen, offenen Barock-Räumen leben, die alle ineinander übergehen (und wie in Lana del Reys Musikvideo *Born to Die* ausgestattet sind). Er ist wie das Schloss selbst, durch und durch eigen und bombastisch. Die Art, wie er sich kleidet, hat sowohl etwas Imposantes als auch etwas Verführerisches.

Ein Löwe würde tatsächlich alles anziehen, solange es die anderen dazu bringt, ihn anzuschauen. Das soll nicht heißen, dass er keinen eigenen Stil hätte, und auch nicht, dass ihm Trends egal wären. Selbst wenn er den neuesten heißen Scheiß verachtet, auf den gerade alle scharf sind, wird er dennoch dazu greifen – nur um anzutesten, wie die anderen darauf reagieren. Fällt die Reaktion positiv aus, wird er es weiter tragen. Wenn nicht, wird er so tun, als hätte er es sowieso die ganze Zeit gehasst. Was andere von ihm halten, geht dem Löwen über alles. Und fällt das Urteil nicht zu seinen Gunsten aus, versetzt ihm das einen Stich, selbst wenn er anderer Auffassung ist.

In gewisser Hinsicht ist der Löwe ein Chamäleon. Er wechselt seine Kleider und seinen Geschmack, um die Menschen um sich herum zu beeinflussen und Macht über sie auszuüben, ist dabei allerdings, um die Wahrheit zu sagen, ziemlich leicht zu durchschauen. Man könnte sogar sagen, dass er recht einfach gestrickt ist. Klar kommt er in Gold und Silber, in Pailletten, Dunkellila und schimmerndem Schwarz daher. Die Farben seiner Seele sind jedoch eher erdig und auf eine verquere Art urig. Das ist nicht gleich offensichtlich. Erst wenn dich der Löwe in seinen Inner Circle aufgenommen hat, wird er dir diese Seite allmählich offenbaren. Und selbst dann gehört er zu der Sorte Mensch, die einfach immer gut aussieht. Ob du ihn beim Herumgammeln daheim erwischst oder ihm irgendwo über den Weg läufst, er sieht stets wie aus dem Ei gepellt aus. Selbst zu Jogginghosen zieht der Löwe irgendetwas an, wodurch er sich kostspielig und wertig fühlt. Manchmal macht er sich schlicht für sich selbst schick.

Der Löwe denkt von sich selbst, er hätte einen recht gewagten Stil, doch in Wahrheit ist er eher klassisch unterwegs. Der gut sitzende Blazer, das kleine Schwarze, das perfekte weiße T-Shirt und dazu eine dunkelblaue Jeans – das ist sein eigentliches Ding. Um die Blicke auf sich zu ziehen, setzt er auf sein Haar. Außerdem schaut er sich gerne was bei seinen Freunden ab. Er ist äußerst gut darin, eine Idee aufzugreifen und dann stilvoller umzusetzen. Etwas derart Geniales wie ein Schwanenkleid (Björk, Skorpion) oder ein Dress ganz aus Fleisch (Lady Gaga, Widder) würde ihm niemals einfallen. Dem Löwen ist es extrem wichtig, dass seine Looks unaufgeregt daherkommen. Obwohl du dir sicher sein kannst, dass er jedes Outfit vorher anprobiert, zusammengestellt und persönlich inspiziert hat. Dieses Tierkreiszeichen gemahnt uns daran, dass wir – noch ehe wir irgendetwas tun – zuallererst über unser Äußeres wahrgenommen werden – offensichtlich.

Was der Löwe nicht so gerne mag, ist der Zwiebel-Look. Er bevorzugt den Sommer und liebt es, Haut zu zeigen, mag durchscheinende und verwaschene Kleidungsstücke und kann deshalb manchmal wie jemand rüberkommen, der krampfhaft cool aussehen möchte. Wenn du ihm einen Hinweis darauf gibst, wird er das zur Kenntnis nehmen. Obwohl dir ein ehrliches Wort wahrscheinlich schwerfällt, weil er in Sachen Mode ein furchtbares Theater veranstalten kann. Er tut gerne so, als wäre er knallhart – bis einer von hundert Menschen im Raum etwas sagt, das auch nur ansatzweise als Kritik verstanden werden könnte. Dann wird er sich die nächsten Stunden den Kopf über diese Kritik zerbrechen und dafür Sorge tragen, dass er diesem Menschen bei nächster Gelegenheit in absolut makelloser Erscheinung über den Weg läuft. Perfektion ist seine Rache – ein Mantra des Löwen.

Texten mit dem Löwen

Was die Kommunikation anbelangt, ist der Löwe äußerst anspruchsvoll. Er ist entweder ungeduldig, extrem exaltiert oder eiskalt. Es kommt ganz darauf an, in welcher Stimmung man ihn antrifft, aber eins ist sicher – er erwartet, dass du auf ihn zugehst. Und wenn er schon mal auf dich zugeht, hast du gefälligst sofort zu reagieren. Da er Körpersprache und Intonation meisterhaft zu deuten weiß, macht ihn alles, was nicht im direkten Kontakt abläuft, erst mal nervös. Denke daran: Wenn es mit ihm funktionieren soll, sei liebevoll, offen und ehrlich. Dem Zwilling fällt das besonders schwer. Genau genommen, ihr Luftzeichen, trifft das auf euch alle zu.

Der Löwe beim Sexting …
LÖWE: Du stehst also auf meine Haare.
DU: Ist das … eine Frage?
LÖWE: Nein.

Der ängstliche Löwe …

LÖWE: Gehst du bitte mal auf Insta und likst mein Foto? Ich hab erst eintausendundvier Likes.

Der planende Löwe …

LÖWE: Wir tauchen da am besten erst nach 19:00 Uhr auf. Bis dahin ist es noch sehr feucht draußen, und meine Haare werden später einfach besser aussehen.

Der nostalgische Löwe …

LÖWE: Weißt du noch, wie der Typ an der Späti-Kasse meinte, ich sei das Schönste, was er je gesehen hat? OMFG. Das war so ein MOMENT.

Der glamouröse Löwe …

DU: Kommst du? Sind schon drin.

LÖWE: Sorry, bin noch draußen. Der Taxifahrer macht mir am laufenden Band Komplimente.

Der Löwe in der Existenzkrise …

LÖWE: Erinnerst du dich an den Friseur? Zu dem ich seit Ewigkeiten gehe?

DU: Ja, warum?

LÖWE: Er hat aufgehört. Macht irgendeine Umschulung oder so. Die Welt ist ein düsterer und trostloser Ort!

Der verliebte Löwe …

LÖWE: Mit dir würde ich mein letztes Hemd teilen.

DU: Oh, passt schon, danke.

LÖWE: NIMM ES.

DU: Alles gut, ehrlich.

LÖWE: Nimm den Fetzen!!! Ohne sehe ich total heiß aus.

DU: Gott, ist ja gut, ich nehm' es.

Die fabelhafte Welt des Löwen

Wäre der Löwe eine Stadt, er wäre Los Angeles. Berühmt, schillernd und weniger aufregend, als die Legenden sagen. Wäre der Löwe ein Satzzeichen, so wäre er ein Anführungszeichen. Dauernd erwähnt er berühmte Namen, zitiert ständig irgendjemanden, wahrscheinlich sogar sich selbst. Wäre er eine Wetterlage, so wäre er eine Hitzewelle. Wäre er ein Film, so wäre er zu gleichen Teilen romantische Komödie und Horror. Der Löwe hat konservativere Vorstellungen, als man annehmen könnte. Er wünscht sich einen Partner fürs Leben. Eine große Familie, Kinder und eine steile Karriere, die jedem anderen Angst einjagen würde. Kurz gesagt, wünscht er sich den amerikanischen Traum – in Löwen-Ausführung. Das Schlimmste, was du tun kannst, ist, einen Löwen zu bitten, etwas kürzerzutreten. Viele Löwen werden Künstler. Sie haben eine Ader für Gestalterisches und drängen ins Rampenlicht. Risiken einzugehen und sich der Welt zu zeigen, stärkt ihren Lebenswillen. Sie sind hervorragende Schriftsteller, Schauspieler, Musiker, Maler und eigentlich jede Art von Unterhaltungskünstler. Hollywood ist quasi von Löwen erfunden worden, und an ihre Star-Power kommt kein anderes Zeichen heran.

Es mag widersprüchlich klingen, aber um sich selbst besser kennenzulernen, wechselt der Löwe ständig seine Gestalt. Oder sagen wir, er befindet sich in einem Zustand der fortlaufenden Veränderung. Er lässt sich mit immer neuen Leuten aus allen sozialen Schichten ein, lebt mal hier, mal dort, wechselt von einem Beruf zum nächsten, probiert verschiedene Frisuren und Kleidungsstile aus – unverändert bleibt nur sein engster Kreis von Freunden. Und genau wie beim Wassermann erweckt er den Eindruck, als hätte er jede Menge davon. Beim Wassermann stimmt das tatsächlich, doch beim Löwen trügt der Schein. Seine engen Freunde kann er an einer Hand abzählen. Das sind die Menschen in seinem Leben, die all seine Metamorphosen miterlebt haben und trotzdem wissen, wer er ist. Der Löwe lechzt danach, berühmt zu sein. Doch bei all der Maskerade, mit der er Freund und Feind zu beeindrucken sucht, ist er auf Menschen angewiesen, die all den Mist durchschauen und die nachsichtiger mit ihm umgehen als er mit sich selbst.

Löwen sind sanfte Katzen. Statt ihre Macht einzusetzen, regieren sie ihr Königreich mit Empathie und Mitgefühl. Es gefällt ihnen, mächtig zu sein, aber nicht um der Macht willen, wie es zum Beispiel beim Steinbock der Fall ist. Durch diese Eigenart glänzen die Löwen in allem, was mit Lehre und Führung zu tun hat. Es reizt sie, Verantwortung zu übernehmen, was sie von sich selbst und ihrem großen Ego ablenkt. Anders gesagt: Löwen sind großartige Eltern und besessene Haustierbesitzer. Falls du jemals einen Katzensitter brauchst, frag einen Löwen.

Wenn ich an Löwen denke, habe ich immer diese in Sepia getauchten Hochsommertage vor Augen – die längsten Tage des Jahres, wenn selbst die Nächte heller scheinen und man draußen auf einer Dachterrasse oder einer Veranda sitzt, in einem Park oder an einem See. Irgendwo, wo viele Menschen sind, die alle noch nicht nach Hause möchten. Genau das steht im Zentrum der fabelhaften Welt des Löwen: sich an der Sonne berauschen. Sich an sich selbst berauschen. Umgeben sein von allen, bis er, irgendwann nach Sonnenuntergang, sein Rudel im Schein der Straßenlaternen in die nächste Bar führt, zum nächsten Halt, zum nächsten Glas Wein. Der Löwe ist überwältigt, hier sein zu dürfen. Für ihn ist es ein wahres Geschenk, er selbst sein zu können. Keiner würde lieber zweimal leben als er.

Der berühmte Löwe

«Das ist doch total irre», sagt Warren Beatty, ein Widder. «Und keiner spricht darüber?» Er unterhält sich mit seiner damaligen Freundin, Madonna, die während ihrer Tour auf einmal die Stimme verloren hat. Vor ihr sitzt ein Arzt und untersucht sie, während die beiden von Kameras und Beleuchtern umkreist werden, die das Ganze filmen. «Spricht worüber», schnappt Madonna, die vor lauter Ärger anscheinend ihre Stimme wiedergefunden hat. Beatty meinte die Doku über sie und ihre ausverkaufte Tournee, eine Doku, die Madonna selbst dann nicht abbricht, als man ihr verordnet, ihre Stimme zu schonen. The Show must go on, weil *sie* die Show ist, und das weiß sie. «Du darfst das nicht auf die leichte Schulter nehmen, das mit deinem Hals», meint Beatty und klingt dabei wie ein mahnender Vater. Und wieder fährt Madonna ihm über den Mund. «Warum sollte ich jetzt aufhören?» Sie ist hart und vorlaut zugleich, verdreht die Augen, während sie die Verletzliche spielt. Es ist offensichtlich, dass sie keine Antwort von Beatty erwartet. Durchsetzen möchte sie sich. Ihn wissen lassen, dass sie noch immer das Sagen hat und kein bisschen angeschlagen oder verletzlich ist. Wir schreiben das Jahr 1990. Lange bevor es die sozialen Medien gibt. Lange bevor wir alle jede Facette unseres Lebens preisgeben und die ganze Welt an den intimsten Einzelheiten teilhaben lassen – beim Arzt, bei uns zu Hause oder im Bett. Aber Madonna ist längst so weit. Sie ist längst in der Zukunft angekommen. Die Kameras dürfen alles filmen. Sogar das Innere ihres Halses.

«Möchten Sie ohne die laufenden Kameras sprechen?», fragt sie der Arzt. Madonna, die Königin der Löwen, trägt einen Morgenmantel aus Seide, ihr Haar steckt unter einem Handtuchturban. Sie schüttelt den Kopf und formt anschließend das Wort «nein» mit den Lippen, es ist pures Theater, alles für die Kameras. «Sie möchte nicht mal abseits der Kameras leben», meint Beatty.

«Abseits der Kameras gibt es nichts zu sagen. Warum sollte man etwas sagen, wenn keine Kameras dabei sind? Welchen Sinn macht es dann ... überhaupt zu existieren?» Alle Anwesenden wissen, was Madonna im Sinn hat mit ihrer Weigerung, die Aufnahme zu stoppen. Präsenz und Ausstrahlung einer Löwin genügen, um sämtliche Aufmerksamkeit auf sich zu ziehen, dazu braucht es keinerlei Worte.

Es gibt eine Menge Löwen, die ganz heiß sind auf das Leben auf der Bühne und vor der Kamera. Whitney Houston, Mick Jagger, Sean Penn – der Madonna an ihrem Geburtstag, dem 16. August, heiratete (einen Tag vor seinem – Hochsaison für Löwen-Hochzeiten!). Je größer das Spektakel, je mehr Drama, desto mehr entspricht das dem Löwen. Andy Warhol erschien auf der Hochzeit mit einer Leinwand unter dem Arm, die er zusammen mit Keith Haring (Stier) bemalt hatte. Zu lesen war darauf eine Überschrift aus der *New York Post*: «Madonna on Nude Pix: So What!» In der Tat, na und! Kaum etwas bringt den Löwen aus der Fassung. Wenn die Welt ihm einen Stolperstein vor die Füße wirft, kommt er meist nicht aus dem Tritt, sondern er nutzt das Hindernis, um die Aufmerksamkeit auf sich zu ziehen und voranzukommen. Dabei ist er ein geschickter und unterhaltsamer Kämpfer. Er gibt nicht auf und wird nicht zulassen, dass seine Mühen offenbar werden.

Der Löwe zieht den Kopf mit Charisma und Schneid aus der Schlinge. Häufig übernimmt er das Kommando, auch im Freundeskreis. Wenn es sein muss, sogar für die gesamte Nation. Bill Clinton und Barack Obama sind beide Löwen. Ungeachtet dessen, was im Nachhinein über ihre jeweilige Amtszeit geschrieben wurde, sie hatten Sex-Appeal, und die Menschen liebten sie. Die beiden Bush-Männer waren dagegen komplett öde, machen wir uns nichts vor. Wird der Löwe übel angegangen, holt er sein legendäres Selbstvertrauen hervor und geht zum Angriff über, und dann scheint es schnell, als kämpfe man gegen zwei (oder zweitausend) statt einen. Selbst wenn ihm etwas glückt, was ihm keiner zugetraut hatte, was niemand hatte kommen sehen – wie etwa der erste Mensch auf dem Mond zu sein (Neil Armstrong) –, ist der Löwe meist immer noch nicht zufrieden. Dann denkt er sich rasch ein neues Kunststück aus, ein neues Projekt, mit dem er glänzen kann – alles für den Applaus derer, die an ihm gezweifelt haben und nun eines Besseren belehrt sind. Keiner ist dabei gerissener als er. Keiner ist entschlossener, den Menschen im Gedächtnis zu bleiben.

Weitere berühmte Löwen

1. YVES SAINT LAURENT
2. KYLIE JENNER
3. J. LO
4. J. K. ROWLING
5. MEGHAN MARKLE
6. LUCILLE BALL
7. AMELIA EARHART
8. ALFRED HITCHCOCK
9. HALLE BERRY
10. ROBERT DE NIRO

Löwe-Playlist

MADONNA – «Bitch, I'm Madonna»
CLAUDE DEBUSSY – «Prélude à l'après-midi d'un faune»
J. LO – «I Luh Ya Papi»
THE ROLLING STONES – «Time Is on My Side»
KATE BUSH – «Hounds of Love»
COOLIO – «Gangsta's Paradise»

Der Löwe (Ein Gedicht)

In dem endlosen Sommer deines Lebens
und dem Meer, das du zu Feuer wandelst,
bist du mehr als Spiegel
und weitläufige goldene Zimmer,
mehr als ein Echo.
Ein wildes Licht jenseits der
Gewitter und Götter, ein Ort,
an den sich einst erinnert wurde,
zurück in der Zukunft. Wenn du könntest,
du würdest nur den längsten Tag leben.
In Ewigkeit würdest du leben.

In the endless summer where you live
and the sea you turn to fire,
you are more than mirrors
and vast golden rooms,
you are more than echoes.
A wild light outside of
storms and gods, a once
remembered place returning
to the future. If you could,
you'd live for every longest day.
You'd live into forever.

JUNGFRAU

♍

The house, too, was like this,
over painted, over lovely –
the world is like this.

H. D., GEBOREN AM 10. SEPTEMBER 1886

Die Jungfrau

An einem heißen Sommerabend in Montreal glitt Beyoncé mitten in ihrem Song *Halo* in einem silbernen Glitzertop mit Gürtel im Leoparden-Look die Bühne hinab ins Publikum, um den Zuschauern einen seltenen Moment ihrer Nähe zu schenken. Wie ich Jungfrauen kenne, war das Ganze wahrscheinlich bis ins kleinste Detail durchchoreographiert, inklusive der lässigen Gesten und Kopfdrehungen. Das Stadion explodierte. Selbst die Leute ganz hinten, weit entfernt von ihr, rasteten aus. Beyoncé ist nicht nur der vielleicht größte Popstar ihrer Generation. Ihr zurückgezogener Lebensstil hat dazu beigetragen, dass sie auf die Menschen eine große Faszination ausübt und jeder noch so vage persönliche Moment zu einem Ereignis gerät. Klar, in ihren Songs verarbeitet Beyoncé jede Menge Persönliches, dennoch ist sie stets auf Distanz geblieben: Sie gibt kaum Interviews, lässt in den sozialen Medien einzig Bilder sprechen und macht sich gerne das Moment der Überraschung zunutze – veröffentlicht zum Beispiel ohne großes Aufheben ein neues Album. Diese klassische Art jungfräulicher Reserviertheit ist brillant und bereichert ihr ohnehin makellos gearbeitetes Reich um eine weitere einschüchternde Note – dem stehen auch ihre Live-Performances in nichts nach. Ich habe sie nie einen schlechten Auftritt abliefern sehen. Beyoncé gehört zur Riege solcher Pop-Größen wie Madonna oder Britney Spears. Sie weiß, wie man ein bedeutsames und zugleich kontroverses Spektakel inszeniert, das ihren Ruhm transzendiert und uns in fast mythische Sphären entführt. Ich muss mich korrigieren: Ich habe Beyoncé keinen einzigen Schritt oder Einsatz verhauen sehen. Aber an jenem Abend in Montreal verfangen sich ein paar ihrer Haarsträhnen in einem Ventilator, während sie von der Bühne hinab ins Publikum steigt (im Internet existiert ein Video davon, falls du dir eine Panikattacke gönnen möchtest). Zunächst bemerkt das keiner außer Beyoncé. Dennoch: Da ist keine Spur von Panik, kein Zusammenzucken. Sie singt einfach weiter, während ihre blonde Mähne von der surrenden Maschine eingesaugt wird. Mal ganz abgesehen von der offensichtlichen Gefahr: Dass dies alles vor Tausenden von Menschen geschieht und Beyoncé weiter performt, während die Security und verschiedene Helfer um sie herumschwirren, ist ein wahrhaft herkulischer Akt. Es dauert beinahe eine volle Minute, bis einer der Security-Leute eine Schere (Gott weiß woher) in die Finger bekommt und sie befreit, worauf sich Beyoncé dem Publikum zuwendet, als wäre nichts geschehen. Obwohl sie irgendetwas gespürt haben muss, und sei es nur ein Moment der Angst. Job erledigt. Überlebt. Nicht ansatzweise vom Programm, vom Plan, abgewichen. Ein tougheres Zeichen als das der Jungfrau gibt es nicht.

Was du über die Jungfrau wissen solltest

Die Jungfrau ist ein veränderliches Erdzeichen und das siebte Zeichen des Tierkreises. Sie folgt auf den Löwen und trägt sowohl sein großes Herz in sich, wie sie auch aus den Verlockungen des Egos gelernt hat. In den allermeisten Fällen spricht die Jungfrau lieber über dich als über sich selbst. Das tritt am deutlichsten zutage, wenn es um Gefühle geht. Über die eigenen redet sie gar nicht gern. Das kommt daher, dass sie zwar über nichts anderes nachdenkt, Gefühle aber für unkontrollierbare Minenfelder der Begierden hält. Sie hat eine Vorliebe für Systeme, Logik und Lösungsstrategien. Und auf Gefühle lassen sich diese bekanntermaßen mehr schlecht als recht anwenden. Außerdem ist die Jungfrau die Art Mensch, die, wenn es sein muss, den Tag sogar angeschossen übersteht. Sie jammert nicht. Sie hält auf fast schon übertriebene Weise durch.

Was treibt die Jungfrau an? Das Weitermachen. Alles am Laufen zu halten. Oft hat sie sich höheren Zielen verschrieben und zieht ihren Selbstwert daraus, von anderen gebraucht zu werden. Sie liebt es, etwas zu pflegen und zu erhalten. Gärten, Menschen, vermeintlich tote Sprachen. Sie weiß genau welches Naturheilmittel dir helfen und welches Kraut dich heilen wird. Ihre Zuwendung hat nichts Eigennütziges. Es ist mehr eine besondere Art von Liebenswürdigkeit: persönlich, komplex und tief. Auch wenn sie stoisch ist, verbirgt sich hinter diesem Stoizismus jede Menge Empathie.

All das sieht man nicht unbedingt auf den ersten Blick. Wenn es in deinem Leben Jungfrauen gibt, weißt du, dass sie ein bisschen barsch rüberkommen können. Ihre Kritik verpacken sie häufig in eine Frage mit einer unterschwellig aggressiven Note und beziehen sich auf etwas aus der Vergangenheit. Und dieses weit zurückliegende Ereignis ist dann etwas, an das du dich gar nicht mehr erinnern kannst oder von dem du gar nicht gedacht hättest, dass es ihnen etwas ausgemacht hat. Jungfrauen halten an den Dingen fest. Sie haben ein hervorragendes Gedächtnis und können sehr nachtragend sein, für sie eine praktische Form des Selbstschutzes und nicht mit Bösartigkeit zu verwechseln. Zudem sind sie unglaublich präzise, eine Präzision, von der sie quasi in Geiselhaft gehalten werden, und sie sind sich durchaus bewusst, dass sie dadurch auf andere erdrückend wirken können, was sie mit Selbstironie und/oder Bescheidenheit wettzumachen suchen.

Das Äußere der Jungfrau ist glatt und glänzend. Vergleiche dich bloß nicht mit ihr, das macht dich nur fertig. Den Ansprüchen, die sie an sich selbst stellt, kann man unmöglich genügen. Wenn ich mir den Terminplan einer Jungfrau ansehe, ihr Haus und ihr nach Farben sortiertes, chemisch gereinigtes Leben, fühle ich mich einfach nur schlecht. Gut zu wissen, dass die Jungfrau von niemandem erwartet, ein ebensolches Leben zu führen. Genau genommen ist sie meist schon darauf vorbereitet, enttäuscht zu werden. Für diejenigen unter uns, die alles andere als perfekt sind (jetzt halten wir uns alle mal den Spiegel vor – alle, außer Löwen), ist das eine gute Nachricht. Und doch belastet es die Jungfrau, dass keiner an ihre Höchstleistungen herankommt. Nicht selten fühlt sie sich deshalb benutzt oder ausgenutzt. Bei ihren Freunden toleriert sie Fehler, die sie selbst niemals begehen würde – etwa Verabredungen abblasen (Luftzeichen), zu spät kommen (Feuerzeichen) oder das Haus nicht ohne festen Therapie-Termin verlassen zu können (Wasserzeichen). Selbst die mit ihr verwandten Erdzeichen Steinbock und

Stier kann die Jungfrau mit ihrer schroffen Art vor den Kopf stoßen (so eine Art Erdzeichen ist die Jungfrau nämlich nicht).

Ich persönlich komme immer um die zehn Minuten zu spät. In einer Stadt wie New York, wo eh jeder der Zeit hinterherhinkt, geht das. Wenn ich allerdings bei einem Treffen oder einem Date mit einer Jungfrau zu spät dran bin, weiß ich, dass diese zehn Minuten in ihren Augen dreißig Minuten sind. Schließlich ist sie oft sogar zu früh dran. Einmal war ich mit einer Jungfrau zum Kaffeetrinken verabredet, und als ich nicht pünktlich erschien, dachte er, ich käme gar nicht, ging raus, machte ein paar Besorgungen und kehrte wieder zurück. Was das betrifft, ist die Jungfrau ganz schön pragmatisch. Sie hasst es, ihre Zeit zu vergeuden. Was von unserer Verabredung zum Kaffee übrig blieb, war voller latent aggressiver Sticheleien über seine Pläne für den Rest des Tages. Es ist ziemlich frustrierend, dass Jungfrauen oft so tun, als seien sie nicht sauer, obwohl sie es in Wahrheit sind. Als Feuerzeichen kann ich das nicht nachvollziehen. Besonders weil ihr Unvermögen, sich über Kleinigkeiten zu beschweren (wie über Verspätungen, was in ihren Augen natürlich überhaupt keine Kleinigkeit ist), in furchtbaren Zorn münden kann. Der Zorn der Jungfrau ist ein seltenes und entsetzliches Phänomen. Sie sollten landesweite Warnungen davor herausgeben.

Rückversichernde Textnachrichten. Erinnerungs-E-Mails. Ratschläge, um die sie keiner gebeten hat. All das ist Teil des Jungfrau-Arsenals. Die gute Nachricht lautet, dass die Jungfrau keinen Diva-Komplex hat (diese Lektion hat sie von den Löwen gelernt). Nichts davon tut sie, um andere zu manipulieren (Sorry, liebe Krebse, kleiner Seitenhieb). Tatsächlich ist das Gegenteil der Fall. Sie ist die Heilerin des Zodiaks. Ihr Ego ist an messbare Errungenschaften gebunden, und sie nimmt dir oft bereitwillig langweilige Aufgaben ab, um sich nützlich zu machen und sich zu beweisen. Klingt das wie jemand, den du sofort einstellen würdest? Wie jemand, den du gerne als Kollegin hättest? Wie jemand, der ein großes Herz hat, aber vielleicht auch ein bisschen … langweilig ist?

Zweifelsohne wird das Jungfrauen manchmal vorgeworfen. An der Uni kannte ich eine Jungfrau, dem wir auf einer Party den Beinamen «der Vernünftige» verpassten. Er achtete stets auf eine ausreichende Flüssigkeitszufuhr. Ich sah ihn vor mir, wie er am nächsten Tag früh am Morgen in seiner tadellosen Wohnung aufwachte und nach dem Überprüfen seiner Finanzen erst mal ein gutes Buch las. Das mag erstrebenswert erscheinen, aber wie die Königin der Waagen, Oscar Wilde, einst sagte: «Alles in Maßen, einschließlich der Mäßigung.» Notiert das bitte auf einer eurer zahlreichen Listen, liebe Jungfrauen.

Die größte unter den Jungfrauen ist wohl Astraea, die in der griechischen Mythologie als letzte Unsterbliche die Erde verließ. Dank ihrer Reinheit und Unschuld gelang es ihr lange, der Menschheit gegenüber loyal zu bleiben und eine Menge zu erdulden. Ich wette, du hast schon mal von diesem Planeten gehört, der angeblich ständig rückläufig ist, der Götterbote, der unerschütterliche Kommunikator. Die Rede ist natürlich von Merkur. Er regiert die Jungfrauen, was kaum überraschen dürfte. Wenn es darum geht, Informationen zu sortieren und zu organisieren, sind sie einfach die Besten. Sie kommunizieren klar und eindeutig, als wäre Merkur gerade mal nicht rückläufig und alles wäre plötzlich irgendwie leichter und plausibler. Da Merkur auch den Geist regiert, geht die Jungfrau Probleme eher mit Verstand als mit Herz an. Deshalb wird sie oft für gefühlskalt gehalten, wird ihr das Schweigen fälschlicherweise als Gleichgültigkeit ausgelegt (das gilt auch für den Wassermann). Glaube mir, Gleichgültigkeit legt die Jungfrau in keinem Lebensbereich an den Tag. Sie sorgt sich um ihre Mitmenschen und deren Befindlichkeiten. Vielleicht sogar zu sehr. Deshalb richtet sie sich – in dem Bestreben, ihre existenzielle Panik zu kaschieren – ein so symmetrisches Leben ein.

Die Jungfrau als Liebhaberin

Insgeheim steht die Jungfrau auf alles andere als 08/15-Sex. Ein Glas Wein, und schon ist sie bereit für Nippelklemmen. So viel zur vielgerühmten Kontrolliertheit. Ihr Perfektionismus kann sie in hemmungslose Ekstase stürzen. Der Haken: Das betrifft lediglich die Hälfte aller Jungfrauen. Eine von zwei Jungfrauen lebt ihre Phantasien mit dir aus. Beim Rest stell dich auf Blümchensex ein. Aber ihre wilde Seite ist da, du musst sie ihr nur entlocken (wie bei ehelichem Sex?). Die Kunst liegt darin, es stets so aussehen zu lassen, als seist du derjenige, der neugierig auf ... Handschellen, Peitschen, Dildos, Fesseln etc. ist. Lass es dir von einem Schützen gesagt sein – wenn du deine Jungfrau zum Äußersten treiben willst, bring ihr ein Sexspielzeug mit (Größe ist ihnen wichtig), sorge dafür, dass es hübsch verpackt ist (genauso wie sie selbst Geschenke verpacken würde), und dann – huch – da ist ja ein Analplug mit drin. Natürlich wird sie sich dagegen sträuben und es furchtbar peinlich finden. Zur Auflockerung einer Jungfrau gehört aber, ihrer anfänglichen Ablehnung standzuhalten (und Analplugs sind nun mal per se auflockernd). Jungfrauen können ziemlich harsch sein. Manches müssen sie erst vehement von sich weisen, bevor sie ihre Meinung ändern. Wenn es nicht Analplugs sind, probiere ein bisschen herum. Wobei Analketten meiner Meinung nach schon zu viel des Guten wären. Andererseits konnte ein Gag genau das Richtige sein, um die Stimmung aufzulockern. Dann würde sie vielleicht auch endlich den Mund halten und dir nicht andauernd sagen, wo du die Hände lieber nicht hintun solltest, damit das Gleitgel nicht das Bett versaut.

Was die Erdzeichen angeht, so passt die Jungfrau eher zum Stier als zum Steinbock, aber beide Kombis haben Potenzial. Der Stier ist glamouröser und verwöhnt die Jungfrau mehr. Beim Steinbock wird sie sich geborgen und umsorgt fühlen. Eigentlich

JUNGFRAU

ist die klassische Kombi unter den Erdzeichen Steinbock–Stier, und mit klassisch meine ich, dass sie ein Leben lang halten wird. Da fühlt sich die Jungfrau vielleicht ein bisschen ausgeschlossen. (Ich kann gar nicht sagen, wie viele Steinbock-Stier-Paare ich kenne. Es ist, als würden sich die beiden Zeichen per GPS orten.) Den heißesten Sex hat die Jungfrau mit den Feuerzeichen, allen voran mit dem Schützen, weil er ihr am meisten Paroli bietet. Darauf steht die Jungfrau nämlich insgeheim. Sie mag die Sperenzchen und das Hin und Her. Die Jungfrau und ihr entgegengesetztes Zeichen, der Fisch, geben ebenfalls ein gutes Paar ab, mit den anderen Wasserzeichen wird es aber auf lange Sicht nichts. Die Jungfrau wird sie kontrollieren und ihr Leben «in Ordnung bringen» wollen, was sich kein Skorpion jemals gefallen lassen würde. (Ein Krebs vielleicht schon, weil er leicht rumzukriegen ist.) Was die Wasserzeichen angeht, so macht der Zwilling die Jungfrau total verrückt und hat eine ähnliche Wirkung auf sie wie der Schütze. Beide unterscheiden sich so stark von den Erdzeichen, dass es heftig knistern kann. Wassermann und Jungfrau ist ein absolutes No-Go. Sogar ihre selbstgedrehten Pornos sind in etwa so aufregend wie die abendliche Zahnseide-Routine.

Die erogenen Zonen der Jungfrau sind Taille und Bauch. Anturnen kannst du sie zum Beispiel, wenn du sie an ihren Gürtelschlaufen zu dir heranziehst. Und wenn du vor und nach dem Sex den Kopf auf ihren Bauch legst, fühlt sie sich umsorgt. Alles, was sich unterhalb ihrer Brustwarzen und oberhalb ihrer Hüfte abspielt, wird ihr gefallen. Auch auf eine Umarmung von hinten (oder alles andere von hinten) wird sie anspringen. Lass es dir von jemandem gesagt sein, der schon mit vielen Jungfrauen geschlafen hat (und das auch noch in direkter Folge – es lief damals nicht so gut bei mir): Zwar führen sie sich üblicherweise so auf, als wären sie die Krone der Schöpfung (sind sie ja irgendwie auch), im Bett aber beugen sie sich auch gerne mal vornüber und legen diese Krone ab. Versteht mich nicht falsch, klar gibt es auch Jungfrauen, die oben liegen wollen. Ich will nur sagen, dass es für sie auf Dauer ganz schön anstrengend ist, ein herrisches, analfixiertes Miststück zu sein, deswegen finden sie es ziemlich scharf, im Bett auch mal unterwürfig zu sein.

Ich würde sagen, der Sex mit einer Jungfrau ist wie ein Casinobesuch. Ein Glücksspiel. Es könnte der beste Sex deines Lebens werden, aber du solltest nicht davon ausgehen. Womit du definitiv rechnen kannst: langes Werben. Die Jungfrau hat ziemlich traditionelle Ansichten. Sie steht auf kunstvolle und altmodische Formen der Kommunikation. Briefe, Papeterie, persönliche Zettelchen, all so was. Und ausführliche Nachrichten und E-Mails. Sie ist ein äußerst sorgfältiger Mensch! Während du so dasitzt und ihre Nachrichten liest, fragst du dich vielleicht, wieso sie dir erzählt, welche Namen sie ihren Pflanzen gibt und wie gern sie den lieben langen Tag ein aufwendiges Menü kocht. Auch fragst du dich vielleicht, was aus eurer Romanze geworden ist – aus all dem Sturm und Drang, dem Feuer, den verdammten Gefühlen. Irgendwann willst du sie vielleicht fragen, ob sie ihre Gefühle überhaupt jemals zum Ausdruck bringt (tu das bloß nicht!) oder ob sie vielleicht dringend mal Urlaub braucht. (Ja. Ja!) Wenn du ihre emotionale Maskerade lange genug erträgst, ist das für sie ein Zeichen, dass du es wirklich ernst meinst, und sie gibt dir eine Menge zurück.

Übt sich eine Jungfrau in Zurückhaltung, schickt dir aber gleichzeitig banales Zeug, heißt das, sie steht total auf dich. Nichts für ungut, aber die Geschichten, Anekdoten und Anmachsprüche der Jungfrau zählen nicht zum Originellsten unter der Sonne. Will sie dich verführen, greift sie auf Altbewährtes zurück. Sie teilt ihre Lieblingsrezepte mit dir. Lädt dich zu einem Ausflug in die Natur ein. Spielt dir ein paar alte Schätzchen aus ihrer Plattensammlung vor und glaubt, das sei wahnsinnig ausgefallen. Und das ist es ja auch in gewisser Weise – jedenfalls ist es charmant. Eine Jungfrau spielt keine Spielchen. Du musst nicht lange überlegen, wie sie wohl auf deine Nachrichten reagieren wird, und musst auch nicht deine Freunde fragen, wie du ihre Nachrichten beantworten solltest. Bei ihr weiß man, woran man ist. Das ist einerseits die gute und andererseits die schlechte Nachricht. Mir wollte einmal eine männliche Jungfrau, die ich online kennengelernt hatte, das Flugticket zu ihr zahlen, um dann das ganze Wochenende lang mit mir zu vögeln und Wein zu trinken. Wo es hingehen sollte, das sage ich nicht, aber ich fand es ganz schön kreativ für eine Jungfrau. Und es war clever; einen Schützen mit einem Kurztripp zu locken funktioniert in der Regel. Ich hingegen beschloss, nicht ins Flugzeug zu steigen, weil ich eine Megakrise hatte und ihm 46 Nachrichten hintereinander schrieb, nur um zu sehen, wie er reagieren würde. Nun ... er machte sich vor Angst in die Hosen (wollte aber trotzdem, dass ich zu ihm komme). Ich mag keine Menschen, die sich vor heftigen Gefühlen fürchten. Sorry. Manchmal kommt einem das Leben einfach in die Quere, egal wie gut man alles durchgeplant hat. Deine Jungfrau will davon nichts wissen, aber irgendwann wird sie es am eigenen Leib erfahren. Es gibt noch einen anderen Grund, warum ich damals nicht ins Flugzeug gestiegen bin. Sagen wir so ... es flog nicht gerade nach Paris. Wäre der Typ Widder oder Skorpion gewesen, dann schon.

Was man in Sachen Liebe bei den Jungfrauen außerdem noch wissen sollte: Sie setzen klare Grenzen, und sie unterteilen ihr Leben gerne in verschiedene Bereiche. Sie haben einen konkreten Plan, wie sie dich in ihr Leben integrieren wollen – welche Freunde du zuerst kennenlernen sollst, welche Freunde du niemals kennenlernen sollst, wann sie dich ihrer Familie vorstellen und so weiter. Jungfrauen kennen eine Menge Leute, hauptsächlich weil sie ihnen irgendwann mal bei irgendetwas geholfen haben. Ihrem engeren Familien- und Freundeskreis gegenüber sind sie unglaublich loyal. Diesen wichtigen Menschen im Leben deiner Jungfrau wirst du nach und nach vorgestellt werden, aber immer schön langsam. Dagegen zu protestieren, ist keine gute Idee. Denn das bringt die Jungfrau aus ihrer Mitte, innerlich wird sie kochen und sich vor den Kopf gestoßen fühlen. Vergiss nicht, dass sie trotz ihrer nicht gerade zugewandten Art sehr daran interessiert ist, dass es anderen gutgeht. Ihr Gegenüber muss sich über ihre Planungswut freuen, damit sie sich selbst auch daran erfreuen kann. Trotz ihrer stahlharten Fassade liegt ihr unglaublich am Herzen, was andere tun und denken.

Ich verrate dir ein Geheimnis: Liebevolle und aufmerksame Gesten (selbst wenn sie mal nicht ganz so laufen wie geplant) bewirken bei der Jungfrau, dass sie sich in dich verknallt. Sie möchte einfach sicher sein, dass du sie magst und dass du ehrlich mit ihr bist. Ob du nun eine Kneipe aussuchst, die sie hasst, eine ihrer Allergien vergisst oder in ihrem makellosen Haus etwas verschüttest – für sie zählt nur die gute Absicht und dass du dir Mühe gegeben hast. Wenn es darum geht, ein Rendezvous zu organisieren, läuft die Jungfrau zu Höchstleistungen auf. Ihr ist natürlich klar, dass andere da nicht mithalten können, und sie genießt das vielleicht sogar, weil sie sich dadurch besser fühlt. Doch egal wie besonders deine Jungfrau auch sein mag, du solltest trotzdem aktiv werden, denn Unternehmungslust bringt bei ihr eine ganze Menge.

Und was halten die Erdzeichen von festen Bindungen? Naturgemäß lassen sie sich nicht so leicht verschrecken. Steinböcke streiten zwar mit der Heftigkeit eines Diktators, Stiere gehen womöglich keinen Kompromiss ein, aber keiner von beiden wird einfach so von der Bildfläche verschwinden. Kein noch so kompliziertes Problem schlägt sie in die Flucht. Das haben die Jungfrauen mit ihnen gemein. Sobald sie allerdings Probleme ausmachen, die sie für «unlösbar» oder für «auf lange Sicht schwierig» halten, steckst du in Schwierigkeiten. Das tun sie nämlich, ohne dich mit einzubeziehen oder dich damit zu konfrontieren (sie fürchten sich vor Konfrontationen – ein weiterer Unterschied zwischen ihnen und den anderen Erdzeichen). Die Jungfrau wägt ständig ab, ob eure Beziehung noch etwas taugt. Sie prüft kleine wie große Gesten, eure Art zur schweigen, deine Art, dich in der Welt zurechtzufinden, selbst dann, wenn sie nicht mit dabei ist (nur sie selbst weiß, wie sie das macht) – all das hat für sie eine Bedeutung. Die Jungfrau ist loyal, doch wenn sie merkt, dass es mit einer Beziehung nicht so richtig klappt, ist sie klug genug, sie aufzulösen. Nicht direkt, sondern schrittweise – indem sie dich auf kleine Dinge aufmerksam macht, die sich zu einem großen Ganzen summieren. Zu einer Eskalation, einem großen Streit, wird es nur selten kommen. Da ist sie ganz anders als der Schütze. Sie wird nicht gleich alle Brücken abbrechen, aber so lange am Fundament graben, bis keine Brücke mehr übrig bleibt und der Weg über den breiten Graben, der euch inzwischen trennt, versperrt ist.

Mit der Zeit kann sich die Beziehung zu einer Jungfrau aber auch zu etwas richtig Starkem und Mächtigem entwickeln. Zu einer Verbindung, die sich stetig wandelt und vertieft. Du denkst jetzt vielleicht: Sollte die Liebe nicht immer so sein? Ja, klar, das wäre großartig. Nur sind Jungfrauen eben tatsächlich auch gewillt, an einer Beziehung zu arbeiten. Dich langsam und durch und durch kennenzulernen. Dazu gäbe es noch viel zu sagen. Und so einige Tierkreiszeichen tun sich damit schwer (Widder, Zwillinge, Waage, Skorpion, Schütze, Wassermann, um nur etwa die Hälfte zu nennen). Genieße also deine Liaison mit einer Jungfrau. Gut möglich, dass dich nie wieder jemand so hingebungsvoll ansehen wird.

Die Jungfrau als Freundin

Träumst du vielleicht von einer Freundin, bei der du auch mal komplett durchdrehen kannst? Der du nichts vormachen musst? Eine Freundin, die mit deinen Ausrastern und Stimmungs-schwankungen klarkommt. Eine Freundin, die dich, ohne mit der Wimper zu zucken, von deiner schlechtesten Seite erträgt. Die Jungfrau sollte als Freundin heiliggesprochen werden. Ihr wohnt ein grenzenloses Mitgefühl und eine ordentliche Portion Tatkraft inne. Sie ist es, die du anrufen solltest, wenn du ver-haftet worden bist, denn sie ist besser als jede Anwältin. Es ist ihre Nummer, die du wählen solltest, wenn du in Not bist, nicht die 112, denn in Krisensituationen läuft sie zur Hochform auf, du brauchst nicht mal deine Versichertenkarte dabeizuhaben.

Die Jungfrau steht dir nicht nur in Krisensituationen bei, sie zeigt dir auch ständig neue Orte oder meldet dich irgendwo an – bei Literaturkreisen, Wochenendtrips, etc. –, oder sie sorgt dafür, dass jemand das polizeiliche Führungszeugnis deines zu-künftigen Auserkorenen mit dir durchgeht. Deine Geheimnisse und fixen Ideen sind bei ihr gut aufgehoben. Auch wenn du das Gefühl hast, dass sie weniger über sich preisgibt als du. Das liegt daran, dass die Jungfrau eine Strategin ist, weshalb man ihr oft nachsagt, sie sei kaltherzig. Dabei braucht es nur etwas Zeit, bis sie deinem Beispiel folgen und sich dir anvertrauen wird. Wenn du schon beim Stier denkst, es dauere eine Ewigkeit, bis er sich öffnet, dann bist du noch nicht allein mit einer Jungfrau in einer Hütte am Ende der Welt gewesen. Ich hatte schon das Vergnügen. Köstliches Essen. Drinks ohne Ende. Und trotzdem konnte ich nicht das Geringste über die Macken und Ängste dieser Jungfrau herausbekommen. Das liegt auch daran, dass die Jungfrau in sämtlichen Beziehungen den Schein der Unbe-siegbarkeit wahren möchte. Nicht, weil sie dir nicht vertrauen würde, es liegt schlicht in ihrer Natur. Sie hält es für ungehobelt, dir ihre Schwächen zu zeigen. Als ob sie Mitleid erregen wollte (und mit Mitleid kommt sie sowieso überhaupt nicht klar). Sie möchte den anderen auf keinen Fall mit irgendwelchen persönlichen Dingen belasten.

Was an einer Jungfrau ziemlich frustrierend ist, und du wirst es wahrscheinlich schon bemerkt haben – von allen Tierkreiszeichen glaubt sie am wenigsten an die Astrologie oder an Magie. Also quasi an alles, was das Universum am Laufen hält. Sie vertraut nämlich ausschließlich «den Fakten» und «der Logik» (als ob die Magie nicht ihrer eigenen geheimnisvollen Logik folgen würde). Ich meine, sie hat wahrscheinlich schon mit fünfundzwanzig drei private Rentenversicherungen abgeschlossen. Und ihre Grabstätte hat sie vermutlich auch längst ausgesucht. Ihr Kleiderschrank ist nach Jahreszeiten sortiert, ihr Bücherregal nach dem Alphabet. Alles wird schriftlich festgehalten. Kein Wunder, dass sie alles Mystische unkontrollierbar und angsteinflößend findet.

Deine Jungfrau-Freundinnen werden dir zeigen, was wahre Freundschaft ist. Sie sind für dich da, ohne groß eine Gegenleistung zu erwarten, dennoch sind sie darauf angewiesen, dass du ihnen etwas zurückgibst. Die Jungfrau wird dir eine starke, verlässliche Freundin sein, das ja. Dennoch braucht sie deine Anrufe und deine Aufmerksamkeit, sonst wirst du dich mit einem ungekannten Maß an Gehemmtheit konfrontiert sehen, so tief wird sich die Jungfrau in sich selbst zurückziehen. Vergiss nicht: Für alles einen Plan zu haben, bedeutet nicht, dass man seine Gefühle im Griff hat. Die Jungfrau ist stets ein wenig verloren. Wenn du sie dazu kriegst, sich an einem Abend mehr als drei schnelle Drinks zu genehmigen (viel Glück!), schafft sie es womöglich zuzugeben, dass sie Hilfe braucht oder wenigstens, dass sie nicht auf alles eine Antwort weiß, ohne sich gleich wie eine Versagerin zu fühlen.

Wie kannst du der Jungfrau eine gute Freundin sein? Sei

neugierig bis nervig. Erkundige dich andauernd, wie es ihr geht, und stelle ihr persönliche Fragen, die sie schrecklich finden wird, aber insgeheim liebt. Ich finde, in der Öffentlichkeit sind Jungfrauen wie Katzen und im Privaten wie Hunde. Sie wünschen sich nichts sehnlicher, als immer und überall eingeladen zu werden. Und für ihr nerdiges Alter Ego bekannt zu sein. Aber das versteht man eigentlich erst, wenn man mit ihr allein ist. Ansonsten kommen sie überkritisch und sehr speziell rüber – was an dem Schutzschild liegt, an dem sie jahrelang gearbeitet haben und der darüber ein Teil von ihnen geworden ist. Sie lassen ihn nur dann sinken, wenn man sich ihnen mit radikaler Offenheit nähert.

Eine Jungfrau verhält sich selbst Fremden gegenüber wie eine wahre Freundin. In New York saß ich einmal in der U-Bahn und fuhr ein Stück raus aus der Stadt, um eine Mietwohnung zu besichtigen. Und in meinem Zugabteil setzten bei einer Frau die Wehen ein. Mehrere Haltestellen lang hatte sie nur den Kopf an das Fenster gelehnt, aber irgendwas stimmte nicht mit ihr, und wir behielten sie alle im Auge. Ich weiß, es heißt, die New Yorker können ganz schön ruppig sein, aber in Wahrheit macht die Stadt aus uns allen Jungfrauen – stoisch, ernst und krisenfest. Stell dir also eine semigefüllte U-Bahn vor, es ist mitten am Tag, und die Klimaanlage surrt, was bei den hochsommerlichen Temperaturen kaum einen Unterschied macht. Irgendwann beugt sich die Frau vor lauter Schmerzen nach vorn, und das ist das Signal für meinen Sitznachbarn, aufzuspringen und sich vor sie hinzuknien. Er fragt, ob es irgendwelche Krankenschwestern oder Ärzte im Abteil gibt, und die meisten schütteln nur leicht panisch den Kopf. Er öffnet die Zwischentür, hastet in den nächsten Waggon und in den darauffolgenden, und wir andern fühlen uns wie in einem Actionfilm. Dann kommt er mit einem Arzt im Schlepptau zurück, der wie wir alle etwas aufgewühlt aussieht. Der Arzt kniet sich zu der Frau, gibt ihr etwas

Wasser und leitet sie beim Atmen an. Bei der nächsten Halte-
stelle steigen drei Rettungssanitäter zu und rollen sie auf einer
Trage nach draußen. Das alles dauert eine halbe Ewigkeit, und
inzwischen ist jeder im Zug zu spät dran, doch ausnahmsweise
ist das egal. Mir zumindest. Wir schauen einander an, und uns
steht ein fettes «Krass, oder?» ins Gesicht geschrieben. Alle sehen ein Stück weit menschlicher aus. Derweil unterhält sich der
Arzt mit dem Kerl, der ihn dazugeholt hat. Er sei dreiundfünfzig
und gehe immer noch laufen, sagt er. Ich bin mir auch heute
noch sehr sicher, dass er eine Jungfrau war. Anschließend steigen die beiden irgendwo aus, nicht unbedingt als Freunde, aber
einander doch nicht fremd. Ich erzähle den Leuten gern, dass
Jungfrauen einem nur im seltensten Fall als Fremde begegnen.
Wenn du mal auf eine angewiesen bist, wirst du wissen, was ich
meine.

Jungfrau-Style

Es ist kompliziert – so ließe sich der Stil der Jungfrau wohl am
besten beschreiben. Sie liebt es, mehrere Schichten zu tragen,
Kleidungsstücke aus vergangenen Jahrzehnten mit einem de-
zenten, aber kunstvollen Design. Ihr Look ist bis ins kleinste Detail durchdacht und fein abgestimmt. Manchmal nimmt sie sich
monatelang Zeit, um das richtige Schmuckstück zu finden, das
ihr Ensemble abrundet. Das Ganze ist ein Prozess. Und als «Prozess» versteht sie auch ihre gesamte Garderobe. Nie ist sie mit
irgendetwas richtig zufrieden, erzählt dir andauernd, dass dieses und jenes Kleidungsstück noch besser in Dunkelgrün aussehen oder in Seide statt Baumwolle noch schicker wirken würde.
In meinem Freundeskreis sind diejenigen mit dem größten
Kleiderschrank die Jungfrauen. Die mit dem meisten Schmuck?
Ebenfalls Jungfrauen. Die mit dem erlesensten Geschmack trotz

ihrer angeblich so pragmatischen Persönlichkeit? Wieder die Jungfrauen.

Erdzeichen tragen stets etwas, das einen Hauch von Luxus verströmt. Selbst wenn die Jungfrau einen schlichten Look gewählt hat, trägt sie irgendeinen Klunker oder eine Vintage-Brille von Gucci oder einen Onyx oder Jaspis neben einem noch wertvolleren Edelstein. Sie liebt Kristalle. Und sie liebt es, die Geschichte hinter ihren Kleidungsstücken zu kennen und sie dir zu erzählen, wenn du dich danach erkundigst. Die Jungfrau ist süchtig nach Kontexten. Sie will nachvollziehen können, wo und warum ihre Sachen wie gefertigt wurden. Auch die Geschichte, die sie mit ihrer Kleidung verbindet, ist für sie von Bedeutung. Sie weiß, wann sie ein Shirt das letzte Mal getragen hat, wer an diesem Tag Geburtstag hatte, was in ihrem Leben gerade los war, ob ihr beide euch gestritten habt und so weiter. Sie ist beides: insgeheim nostalgisch und an den besonderen Geschichten hinter den Dingen interessiert. Sie liebt Lifestyle-Blogs, Artikel zu Wohnungsverschönerungen und alles, was mit Ästhetik zu tun hat.

Der Jungfrau Kleidung zu schenken, ist ein schwieriges Unterfangen, denn an ihrem Stil feilt sie schon ihr ganzes Leben lang. Vielleicht glaubst du zu wissen, was ihr gefällt, doch ihr Geschmack ist derart ätherisch, dass er sich kaum fassen lässt. Sie würde dir natürlich niemals sagen, dass ihr dein Geschenk nicht gefällt. Dazu ist sie viel zu höflich und zurückhaltend. Falls du dein Glück dennoch versuchen willst, kaufe ihr irgendein hochwertiges Basic. Der Nutzwert eines Kleidungsstückes ist ihr wichtig. Genau wie eindrucksvolle Stiefel, handgefertigte Dinge, das grünste Grün, teure Brillen, Edelmetalle und unedle Metalle sowie romantische Capes und Umschlagtücher.

Tadellose Grammatik. Tadellose Zeichensetzung. Große Klarheit. Jungfrauen verdienen einen Orden für ihre Textnachrichten. Es sei denn, ihr streitet euch, dann könntest du den Eindruck gewinnen, vor Gericht zu stehen. Und in der Stimmung für Geplänkel über die neueste ihrer Selbstoptimierungsmaßnahmen ist man auch nicht immer. Für gewöhnlich flechten sie so etwas ganz unauffällig ins Gespräch ein – dein Stichwort, um sie dafür zu beglückwünschen, denn ihre Fähigkeit, sich selbst einzuschätzen, ist quasi nicht existent. Sie sind sich selbst Zuchtmeister und Ausbilder in einem. Es wird der furchtbare Tag kommen, an dem auch du herbeizitiert wirst, um mit der Jungfrau an einem Projekt zu arbeiten. Sag einfach nur ja und unterrichte sie dann darüber, dass du gerade in einem Meeting bist und sie aufhören kann, dir Nachrichten zu schicken.

Die Jungfrau beim Sexting ...
JUNGFRAU: Wenn ich um 19:00 Uhr mit der Arbeit fertig bin, könnten wir um Viertel nach acht vögeln.
DU: *[verängstigt]* Okay!

Die Jungfrau in einer existenziellen Krise ...
JUNGFRAU: Auch wenn alles sinnlos erscheint, so ist es dennoch wichtig, zweimal die Woche die Oberseite der Küchenschränke abzustauben. Es macht tatsächlich einen Unterschied.
DU: Kannst du das bitte auch bei mir machen?

Die nostalgische Jungfrau ...
JUNGFRAU: Musste gerade daran denken, wie ich mal mit dir beim Friseur war und heimlich eine Haarsträhne von dir in meinen Erinnerungsordner für 2015 einsortiert habe, in die

Kategorie Blau für «Bildschön», beschriftet mit der Uhrzeit, «15:15 Uhr».

DU: *[irritiert]* Oh. Das ist ja echt ... süß.

Die planende Jungfrau ...

JUNGFRAU: Wollte mal nachhaken wegen meiner gestrigen Erinnerung an unser gemeinsames Dinner am Montag um acht im Jahr 2074. Ich habe dir eine Kalender-Anfrage geschickt. Gib mir bitte kurz Bescheid! XO

DU: *[angenervt]* Ist ja gut!!

Die glamouröse Jungfrau ...

JUNGFRAU: Ich stehe hier gerade mit 69 verschiedenen Öko-Putzmitteln an der Kasse. Das hab ich mir verdient!!!

DU: Alles okay bei dir?

Die passiv-aggressive Jungfrau ...

JUNGFRAU: Wie bereits in meiner letzten Nachricht angekündigt, werde ich später am Abend bei dir um die Ecke sein. Nun möchte ich vorsichtig nachhören, ob du denn Zeit für ein Treffen hättest, und sei es auch nur kurz.

DU: Dein Ernst? Ich war nur kurz unter der Dusche. Was geht denn bei dir?

Die intellektuelle Jungfrau ...

JUNGFRAU: Das Gedicht im *New Yorker* diese Woche erinnert mich an dich. Ich habe es ausgeschnitten und bringe es dir nächstes Mal mit.

DU: Schick mir doch einfach den Link?!?

Die fabelhafte Welt der Jungfrau

Wäre die Jungfrau eine Stadt, so wäre sie Portland. Hip, progressiv und nervig. Wäre sie ein Satzzeichen, so wäre sie ein Punkt. Endgültig, gebieterisch und mitunter schwer zu entziffern. Wäre sie eine Wetterlage, so wäre sie ein langer, langweiliger Tag im August. Bettwäsche? Die teuerste aus Leinen. Wahrscheinlich in Hellbeige. Vielleicht aber auch Naturbeige (und an diesem Punkt wird sie dir erklären, worin sich die beiden Farben unterscheiden, denn auch für mich klingen beide total gleich).

Wäre die Jungfrau ein Zimmer, na ja, sie wäre keins. Sie wäre ein Wandschrank. Ein sauberer und durchorganisierter, und in einer dunklen Ecke lagerte etwas scharfkantiges, das nach einem dunklen Geheimnis aussieht. Dieses Geheimnis betrifft eine Person und die Angst der Jungfrau, diese Person enttäuscht zu haben. Die Jungfrau wohnt nämlich in einer Art persönlicher Folterkammer. Nicht vergleichbar mit einem dieser Sex-Kerker aus Computerspielen, eher wie ein langer Korridor mit flackerndem Licht und einer roten Tür am anderen Ende. Jenseits davon liegt die Welt, die auf sie angewiesen ist und dank der, die sie nun mal ist, effizient funktioniert. An den meisten Tagen schafft sie es, durch diese Tür hindurchzutreten. An anderen schafft sie es nicht.

Aber wer sind Jungfrauen wirklich? Und wann gehen sie voll auf in ihrem Jungfrauen-Element? Eigentlich sind sie weite Minzfelder in der Nachmittagssonne. Sie sind diese kleinen Blätter, die vor dem Fenster aufwirbeln und von denen ein paar nach einem Regen hineingeweht wurden. Jungfrauen sind antike Uhren, und in einer Stadt mit elf Millionen Einwohnern ist nur eine Person in der Lage, sie zu reparieren. Sie kommen viel zu früh (bevor überhaupt geöffnet wurde) und bleiben, bis längst alle gegangen sind. Jungfrauen sind Berge, sind stahlblaue und grüne Zelte. Jungfrauen sind die eine Freundin, die bis nach

Mitternacht wach bleibt, ins Feuer starrt, dir beim Schlafen zuschaut und etwas derart Wahres in ihr Tagebuch schreibt, dass selbst sie es nicht noch einmal durchliest, aus lauter Angst vor dem, was da geschrieben steht.

Jungfrauen sind geschwungene Buchstaben. Jungfrauen kriegen nie ausreichend Schlaf. Jungfrauen führen Aufzeichnungen über deine Aufzeichnungen. Jungfrauen spielen dir Platten vor, bei denen du die Augen schließt und Bäume vor Augen hast. Jungfrauen sind Schreibmaschinen aus den Zwanzigern. Jungfrauen befinden sich in deinen Zwanzigern und mögen es dort nicht, weil du dir zu viele Sorgen machst. Jungfrauen mögen Luxus. Jungfrauen sind regional und bio. Jungfrauen sind altes Leder, denn wenn sie es neu kaufen würden, hätten sie schlimme Schuldgefühle. Und Schuldgefühle gehören bei Jungfrauen zum Geschäft. Und im Geschäftemachen sind die Jungfrauen einsame Spitze.

Die berühmte Jungfrau

Welchen Beruf sie auch ausüben, Jungfrauen sind im Herzen Philanthropinnen. In der Medizin, der Politik und der Geschäftswelt – sie glänzen überall. Anerkennung und Bewunderung bedeuten ihr an sich nichts und sind deshalb auch nie der Grund dafür, dass die Jungfrau einen bestimmten Weg einschlägt. Für sie wird der Beruf zur Berufung, wenn sie ihre Werte und Prinzipien verwirklichen kann. Beyoncé und die kulturellen Debatten, die sie anschiebt. Claudette Colvin und ihr Einsatz für die Bürgerrechtsbewegung. Bernie Sanders und sein Engagement für Arbeitsrechte und soziale Gerechtigkeit. Jungfrauen sind Verfechter großer Ziele. Das Ergebnis ihrer Arbeit ist ihnen wichtig.

Sie glauben fest daran, dass alles Leben schützenswert ist. Auch wenn sie dafür selbst leiden müssen, setzen sie sich für das Allgemeinwohl ein und nehmen für sich persönlich keine Hilfe in Anspruch. Es war Marsha P. Johnson – eine wahrhaft unverwüstliche Jungfrau –, die zusammen mit anderen Trans-frauen die LGBT-Bewegung auf den Straßen von New York in Gang brachte. Die Jungfrau verschreibt sich einer Aufgabe ganz und gar. Nichts wird halbherzig angegangen. Es geht ihr nicht um die Anerkennung. Obwohl sie, und ihre Freunde werden das am besten wissen, viel davon verdient, aber dennoch häufig übergangen wird.

Zu viel der Anerkennung kann sich aber auch negativ auf das Wohlbefinden der Jungfrau auswirken. Denn Geld und Ruhm bringen so einiges mit sich, das sich nur schlecht kontrollieren lässt – neue Leute, Partnerschaften, Einstellungen und kultu-relle Haltungen. Jungfrauen brauchen einen sicheren Hafen. Sie sind auf Menschen angewiesen, die gelernt haben, auch dann nach ihnen zu sehen, wenn alles in Ordnung scheint. Haben sie diese nicht, leiden sie darunter. River Phoenix, Macaulay Culkin, Fiona Apple. Alles Jungfrauen, die das am eigenen Leib erfahren mussten.

Neben ihrem tiefen Bedürfnis nach Ordnung und Gleichge-wicht hat die Jungfrau viel Gefühl und ein unverfälscht wildes Naturell. Leider fühlt sie sich häufig für alles und jeden verant-wortlich, sodass sie die Pflichten, die sie sich freiwillig aufgela-den hat, selbst dann noch zu erfüllen sucht, wenn es ihr schadet. Sie ist eine treue Seele, stets loyal, und die Liebe zu dir kann ein Leben lang halten (siehe hierzu: klassische Liebesballaden von Leonard Cohen); sie schaut mit einem brutalen Realismus auf das große Ganze (siehe hierzu: *Krieg und Frieden* von Leo Tolstoi), und obwohl die ganze Welt auf ihren Schultern lastet, gelingt es ihr – trotz all der Schmerzen – die Menschen zum Lachen zu bringen.

Eine Person, die nahezu alle diese Eigenschaften verkörpert, ist Amy Winehouse. Wenn ich an Jungfrauen denke, kommt mir oft eine Sprachnachricht in den Sinn, die sie einst ihrem ersten Manager hinterlassen hat (und die du dir auf YouTube anhören kannst). Ganz ohne Hemmungen, aus tiefster Seele, bricht sie jedes erdenkliche Jungfrau-Klischee – außer das der bedingungslosen Liebe:

«Nicky-Boy, Amy hier, die jüdische Frau, die du neben deiner Mutter am meisten liebst. Keine Ahnung, was du hier abziehst, aber ich vermisse dich sehr. So sehr! Und hab dich lieb. Die Liebe, die ich für dich empfinde ... diese brennende Liebe wird auch nicht dadurch erlöschen, dass du niemals ans Telefon gehst. Das wird nicht passieren. Ist mir egal. Ist mir egal, ob du nie wieder ans Telefon gehst, ich werde dich trotzdem weiter bedingungslos lieben bis zu dem Tag, an dem mein Herz aufhört zu schlagen und ich tot zu Boden falle. Also ruf mich bitte zurück, egal wann. Ich gehe nirgendwohin.»

Weitere berühmte Jungfrauen

1. ELISABETH I.
2. LUDACRIS
3. FREDDIE MERCURY
4. KOBE BRYANT
5. MARY SHELLEY
6. B. B. KING
7. BILL MURRAY
8. PRINZ HARRY
9. ROSE MCGOWAN
10. MUTTER TERESA

Jungfrau-Playlist

AIMEE MANN – «Save Me»
JOHN CAGE – «4'33"»
LUDACRIS – «Move Bitch»
BUDDY HOLLY – «Raining in My Heart»
PATSY CLINE – «I Fall to Pieces»
FOXY BROWN – «Get Me Home»
AMY WINEHOUSE – «Just Friends»
LEANN RIMES – «Blue»
NICK JONAS – «Jealous»
BEYONCÉ – «Upgrade U»

Die Jungfrau (Ein Gedicht)

Bist nicht du es, die mit großer Bestimmtheit
die Jahreszeit festhalten möchte?

Die auf den vollkommenen Ort wartet,
um dort deine Botschaft an die Erde

zu verstecken:
ein ungezähmter grüner Faden,

lose gebunden
um alle deine Lieben,

so unbändig
und unbändig auch hier

(obwohl du es nur selten sagst).
Sag es dem Wind. Der Sonne.

Diesem Mond, der dein Gefährte ist.

Wouldn't it be you, with true precision
who won't let the season go?

Waiting for the perfect field
in which you'll hide

your message for the Earth:
a wild green thread

tied loosely
around everyone you love

and wildly so
and wildly here

(although you'll seldom say it).
Say it to the wind. The sun.

This moon who's your companion.

WAAGE

You can never be overdressed or overeducated.
OSCAR WILDE, GEBOREN AM 16. OKTOBER 1854

Die Waage

In seinem berühmten Porträt *A Beautiful Child* erzählt Truman Capote, eine Waage, wie sie im Buche steht, von einem Tag in New York mit Marilyn Monroe. Die beiden nehmen an einer Beerdigung teil, trinken Champagner und finden sich am Ende des Tages irgendwo am Wasser wieder, wo sie über das Leben nach dem Tod reden und darüber, wie missverstanden sie sich fühlen. Da beide Luftzeichen sind (Monroe ist einer der berühmtesten Zwillinge), ist der mäandernde Gesprächsverlauf – von Verzweiflung zu Frivolität, Romantik zu existenzieller Angst – wenig überraschend. Luftzeichen sind nicht berechenbar. Sie möchten so viele verschiedene Erfahrungen wie nur irgend möglich sammeln und erleben einen kleinen Abstecher hier und da als tröstlich. Sie empfinden Ehrfurcht vor allem Materiellen, Stofflichen, sind aber ständig auf der Suche nach mehr. Nach etwas, das ihre kurze Aufmerksamkeitsspanne fesselt, die sie oft in Schwierigkeiten bringt, sie verwirrt und unentschlossen zurücklässt. Das kann chaotische Züge annehmen (wie die Freunde der Luftzeichen bestätigen werden), sich aber auch kindlich, frisch und nach einem Aufbruch anfühlen – wie bei guter Kunst.

Die Waage ist das kultivierteste unter den Luftzeichen. Sie ist von Natur aus anmutig, in höchstem Maße interessiert an Ästhetik und gerät über alles Mögliche ins Philosophieren, das kann von einem Lied im Radio bis zu den Ursprüngen der Lust reichen. All das gilt auch für Capote, der Marilyn Monroe den lieben langen Tag an die Hand nimmt – der nach ihr schaut, als sie ins Badezimmer verschwindet und dort (ganz Zwillinge-like) eine kleine Krise kriegt, der das Taxi zahlt, um ganz spontan in die Stadt zu fahren und Möwen am Pier zu füttern, und der ihr wegen ihrer möglicherweise schwierigen Zukunft Mut macht und gleichzeitig Verständnis für ihre Dramen aufbringt. Die Waage liebt das Drama. Waagen sind theatralische Wesen und halten Dramen eher für unterhaltsam denn für eine ernsthafte Angelegenheit. Außerdem sind sie verlässlich und fürsorglich, wenn auch nicht überschwänglich oder besonders warmherzig. Verstehen muss man, dass die Waage ihre Loyalität durch Taten und Stil unter Beweis stellt. Ein Gläschen Champagner mit einer Freundin geht immer. Dekadenz ist für sie gleichbedeutend mit Lebensfreude. Was Monroe an Capote so undurchschaubar und gleichzeitig verlockend findet, ist sein schwarzer Humor und sein Geistesreichtum. Mit diesen beiden Eigenschaften schlägt die Waage die Menschen in ihren Bann, und hinter genau diesen beiden Eigenschaften verbirgt sie auch ihren Schmerz (den sie meist durch kreative Betätigungen oder Möbelkäufe zu kaschieren sucht).

An ihrem gemeinsamen Tag spricht Marilyn Monroe hauptsächlich von sich, wie es die Zwillinge eben so tun. Nichts davon ist irgendwie wichtig, aber alles bezaubernd. Zwar wirft Capote häufiger einen Witz oder eine provokante Bemerkung zu ihrem Liebesleben ein, gibt jedoch nichts Persönliches von sich preis oder verrät ihr, dass er über ihr Verhältnis mit dem Drehbuchautor Arthur Miller (auch eine Waage) Bescheid weiß. Denn genau das möchte sie unbedingt vor der Presse geheim halten. Capote überlässt ihr das Rampenlicht. Er studiert sie, gibt sich dabei offen, aber stets höflich. Die Waage muss nicht krampfhaft im Mittelpunkt stehen. Diskretion und Taktgefühl sind ihr wichtiger. Trotzdem hat sie ihre ganz eigene Art, dir auf kunstvoll formulierte Waage-Weise die Wahrheit zu sagen, will deine Gefühle einerseits nicht verletzen und gleichzeitig nicht lügen. Und am Ende des Tages, nachdem Capote jeder Laune Monroes nachgegeben hat, befindet er sie für bildhübsch und für ein Kind. Ein bildhübsches Kind. Das mag nicht als Kritik gemeint sein, ist allerdings auch nicht unbedingt ein Lob. Am ehesten ist es wohl eine glaubwürdige Darstellung ihres komplexen Charakters und zeigt das Einfühlungsvermögen der Waage. Sie wird dich stets wissenlassen, was sie von dir denkt, und trifft damit meist ins Schwarze. Jetzt musst du nur noch zu jenen zählen, die diese Art von Ehrlichkeit auch zu schätzen wissen.

Was du über die Waage wissen solltest

Die Waage ist ein kardinales Luftzeichen und das siebte Zeichen des Tierkreises. Sie folgt auf die Jungfrau und hat von ihr gelernt, sich zurückzuhalten und nicht gleich alle Karten auf den Tisch zu legen. Dennoch wird die Waage von ihren Gefühlen beherrscht und kann ihre Erwartungen nur schwer anpassen (sie hat noch nicht gelernt, sich abzulenken oder ihre Gefühle zu verschleiern, wie der Skorpion, und das ist vielleicht auch gut so).

«Weil ich zu empfindsam bin, habe ich mein Leben verschwendet», schrieb einst der Dichter Arthur Rimbaud. Übersetzt heißt das für die Waage: «Durch mein ständiges Grübeln treibe ich alle in den Wahnsinn, mich selbst eingeschlossen.» Was die Waage als Empfindsamkeit beschreibt, ist oftmals schlicht ihr Gedankenkarussell. Von Zeit zu Zeit wirkt sie kalt und distanziert (auch das hat sie sich von der Jungfrau abgeschaut), dabei braucht sie in Wahrheit einfach nur ein Weilchen, bis sie sich öffnet. Ihre Loyalität kriegst du nicht gleich geschenkt, und sie ist äußerst kritisch. Auch ist sie bekannt dafür, ihre Meinung über einzelne Menschen radikal zu ändern, wodurch sie oft für widersprüchlich gehalten wird, obwohl sie einfach auf ihre Waage-Intuition hört. Ab und an macht sie auch einfach mal die Schotten dicht (und alle Waage-Freunde und -Verwandten wissen, was ich damit meine). Dann hört sie ohne ersichtlichen Grund auf zu kommunizieren, was dir riesige Sorgen bereitet, bis du auf den Trichter kommst, dass sie schlicht shoppen gegangen ist, ihren Kleiderschrank neu sortiert oder irgendein Event organisiert. Ja, die Waage liebt den Alltag. Sie liebt das einfache Vergnügen und intellektuelle Betätigung. Irgendwo auf der Welt hockt garantiert gerade eine Waage auf einer Picknickdecke, liest Proust und ist dabei hochzufrieden mit ihrer kuratierten Käseplatte und ihrer zur Schau gestellten Lässigkeit. Die Picknickdecke ist wahrscheinlich ein Designerstück, und bei dem Buch handelt es sich wahrscheinlich um das letzte von Proust.

Im Innern ist die Waage ein Kontrollfreak. Sie ist ein ziemlich herrischer Mensch. Wobei dieses Innere von Zeichen zu Zeichen variiert – das Herz eines Krebses, die Seele eines Skorpions, der Einschlag eines Steinbocks. Das Leben der Waage findet in ihrem Kopf statt. Analysieren, analysieren, analysieren. Das treibt sie an. Im Gegensatz zur Jungfrau, die rational und faktenbasiert analysiert, geht es bei der Waage jedoch ausschließlich um Gefühle. Sie befindet sich quasi in einer immerwährenden Therapiesitzung. Auf der Arbeit, in der Kneipe, beim Sex, beim Netflix-Schauen. Waagen sind daran interessiert, die Natur der Wirklichkeit zu durchdringen. Sie ist eine Wissenschaftlerin der Emotionen.

Das bringt mich zu ihrer zweitliebsten Beschäftigung (nach dem Analysieren): der Selbstzerfleischung. Ihre Waagschalen sind in ständiger Bewegung begriffen. Ziel ist das Gleichgewicht, doch ihre Realität sieht anders aus: Unschlüssigkeit, Qualen und das konstante Gefühl, irgendjemanden zu enttäuschen. Sie geht äußerst hart mit sich selbst ins Gericht und wird sich die größte Mühe geben, dich davon zu überzeugen, dass es ihr gutgeht, auch wenn das überhaupt nicht der Fall ist. Läuft dir also mal eine Waage über den Weg, schau ihr tief in die Augen und frage sie, wie es ihr geht. Höchstwahrscheinlich reißt sie irgendeinen Witz oder tischt dir irgendeine schräge Anekdote auf. Frage sie anschließend erneut. Frage mit der Absicht, dich zu kümmern.

Die Waage als Liebhaberin

Der Herrscherplanet der Waage ist die Venus, der Planet der Liebe. Ein Planet, der Einfluss nimmt auf Freude, Anziehungskraft und Schönheit (falls du dich je gefragt hast, wieso Ästhetik bei der Waage so hoch im Kurs steht). Eine Partnerschaft kommt für die Waage einer wohldurchdachten und bedeutenden Investition gleich. Von den Feuerzeichen passt der Schütze gut zu ihr, von den Luftzeichen der Zwilling, aus der Familie der Wasserzeichen kaum jemand (außer vielleicht der Skorpion, weil er sie nicht langweilt), und von den Erdzeichen der Steinbock (obwohl die Waage nicht gern Befehle ausführt und der Steinbock für sein Leben gern Befehle gibt).

Die Kombi Schütze und Waage ist ein echter Klassiker, weil die Waage eine Menge aushält und es hinnimmt, wenn jemand einfach so verschwindet (und genauso plötzlich wieder auftaucht), ohne deswegen sauer zu sein. Sie kann Konflikte auf eine subtile Art ausbügeln, die dem Schützen abgeht, und dadurch hat sie sämtlichen Feuerzeichen etwas voraus, weil diese verbale Auseinandersetzungen mögen und dadurch oft ungehobelt und aggressiv wirken. Hosen runter: Mich hat einmal eine Waage im Café sitzengelassen, weil ich mit einer Bedienung in Streit geriet. Die Sache eskalierte ziemlich schnell, und beinahe wäre ich rausgeworfen worden, weil ich versuchte, mir im Restaurant eine Zigarette anzustecken. Betrunken, wie ich war, ließ ich es dann bleiben und bestellte mir stattdessen einen neuen Drink. Wenige Minuten später schickte mir die Waage eine Nachricht, um mir mitzuteilen, dass sie in einer Bar ums Eck auf mich wartete. Das fand ich ziemlich toll. Ich habe meinen Waage-Liebhabern und One-Night-Stands viel zu verdanken, denn ohne sie hätte ich bestimmt noch weitaus häufiger Streits angezettelt, und aus der Ferne hätte es so ausgesehen, als spräche ich für *König Lear* vor. Waagen sind mir bei vielen Gelegenheiten der Spiegel gewesen, den ich bitter nötig hatte und in dem ich erkannte, wie hysterisch ich mich verhielt. Irgendwie schaffen Waagen es, das mit einer lässigen Teilnahmslosigkeit und ohne einen zu verurteilen durchzuziehen (obwohl keiner weiß, was in ihrem Köpfchen dabei alles vorgeht).

Wenn Zwillinge und Waage sich zusammentun, besteht die Möglichkeit für eine lange und tiefe Verbindung. Sie wecken die Neugier des jeweils anderen und sind quasi für alles zu haben – eine sehr dynamische Kombination voller echter Überraschungen. Auf einer Party erkennst du die beiden daran, dass der Zwilling für Unterhaltung sorgt und die Waage sich bemüht, seine Aussagen zu relativieren. Wie du dir sicher denken kannst, neigt die Waage zu ausgleichendem Verhalten und ist dabei ziemlich tolerant. Was sie allerdings niemals tolerieren wird, ist Eitelkeit, und aus diesem Grund steht die Beziehung zu einem Löwen unter keinem guten Stern. Das Waage-Gemüt hat etwas Frivoles an sich, was daher rührt, dass sie sich selbst nicht zu ernst nimmt. Der Eitelkeit des Löwen geht eine solche Ironie ab, was die Waage wiederum unverzeihlich und öde findet. Den Löwen umgibt einfach zu wenig Geheimnisvolles. Und er kann, wie wir alle wissen, recht unverschämt sein – der schlimmste Albtraum einer Waage; nichts findet sie peinlicher. Aus diesem Grund harmoniert die Waage auch so gut mit den Erdzeichen, die sich kaum je peinlich verhalten, dafür aber etwas steif und streng sein können. Das Gefühl von Stabilität, das Jungfrau und Steinbock vermitteln, findet die Waage attraktiv. Und sie weiß die Sorgfalt dieser beiden Zeichen zu schätzen. Waage und Stier sind ein komplett unberechenbares Paar. Entweder ihre Beziehung fühlt sich an wie ein Dauerurlaub, oder sie brennen alles nieder, weil sie keinerlei Kompromisse eingehen können. (Hast du jemals versucht, einem Stier einen Kompromiss abzuringen? Als würde man gegen eine Mauer anreden! Eine sexy Mauer, zugegeben.)

Egal, mit welchem Zeichen sie zusammen ist, und selbst wenn die Verbindung unter keinem guten Stern steht, wird die Waage alles tun, damit es funktioniert. Sie ist lösungsorientiert und möchte die Dinge ins Gleichgewicht bringen. Sie glänzt darin, einen Dialog in Gang zu setzen und ihn am Laufen zu halten, hat jedoch ihre Schwierigkeiten damit, für sich selbst einzustehen. Ein Grund dafür ist, dass sie viel ertragen kann. Ein anderer, dass sie es hasst, eine Szene zu machen. Kaum etwas ist ihr so wichtig wie gepflegte Umgangsformen und der Anschein von Perfektion, beides sieht sie durch Streitigkeiten gefährdet. Ginge es nach der Waage, ließe sich jedes erdenkliche Problem durch ein gutes Buch und eine ausgeklügelte Beleuchtung lösen. Wenn du mit einer von ihnen ins Bett gehst, gestatte es ihr auf jeden Fall, deine Wohnung umzugestalten und dich in Kleiderfragen zu beraten. In Sachen Mode ist für sie ein guter Schnitt entscheidend. Und du solltest dir Mühe geben, stets top gekleidet zu sein, denn das ist sie selbst auch – egal zu welchem Anlass.

Die erogene Zone der Waage ist der untere Rücken. Genau dorthin solltest du deine Hand legen, wenn ihr euch küsst. Und dort solltest du sie auch berühren, wenn sie auf dir reitet oder wenn du vor ihr kniest – sie wird sich begehrt fühlen. Außerdem kommt dadurch ihre innere Exhibitionistin zum Vorschein, ein äußerst seltenes Ereignis. Wahrscheinlich wirst du im Schlafzimmer die Führung übernehmen müssen – du machst den ersten Schritt. Vergiss nicht, sie braucht oft eine Art Erlaubnis, um aus sich herauszugehen und so wild und versaut zu sein, dass sie sogar Teile eines Kronleuchters als Dildo benutzt, wie es eine meiner Freundinnen mal in Frankreich getan hat.

Auch wenn sie großes Aufheben um ihre Verführungskünste macht, ist die Waage doch ziemlich traditionell in Sachen Romanzen. Was traditionell bedeutet, ist natürlich Ansichtssache, und vielleicht ist das sowieso ein lächerlicher Ausdruck, aber was ich damit sagen will: Die Waage versteckt keine Handschellen unter dem Kopfkissen, wie es bei der Jungfrau der Fall ist (die dort wahrscheinlich auch noch eine Liste mit Notfallnummern verwahrt, sollte sie die Schlüssel verlieren). Sagen wir es, wie es ist: Die Waage will die Sache unter Dach und Fach bringen. Sie gibt damit an, wie super häuslich sie ist, wie super sie Partys organisieren kann und wie vielseitig ihr Kunstgeschmack ist. Die Waage ist ein guter Fang. Das weiß sie, aber weil sie das niemals laut aussprechen würde, reibt sie es dir stattdessen unter die Nase.

Schönheit und Genuss machen für sie das Leben lebenswert (schließlich hat sie den gleichen Herrscherplaneten wie der Stier, das Zeichen der irdischen Freuden). Wenn sie dir etwas schenkt, macht sie sich viele Gedanken um deinen Geschmack und deine Vorlieben. Auch Dates sind bei ihr wohlüberlegte Angelegenheiten. Noble und schummrige Bars, Opern- und Theaterbesuche. Sie tendiert eher zum Klassischen als zum Hippen. Und sie ist definitiv eine alte Seele, daher wirst du feststellen, dass du mit ihr genauso oft über Philosophie oder irgendeine bizarre Gedichtform redest wie über Popkultur, für die sie sich über die Maßen begeistert. Die Waage ist heiß auf Menschen und ihre Art zu leben.

Sie hat ein gutes Gedächtnis für wichtige Daten und Ereignisse, was äußerst charmant ist. Außerdem für Jahrestage, Geburtstage oder dieses eine Mal, als du sie angeschaut hast und ihr sofort klar war, dass du lügst. Sie verfügt über eine hohe emotionale Intelligenz. Man kann kaum etwas vor ihr geheim halten. Merke dir, dass ihr Heim und Häuslichkeit zwar wichtig sind, aber nicht so wie dem Stier (der sein Schlafzimmer am liebsten niemals verlassen würde) oder dem Krebs (der meint, in seiner Küche alle Probleme dieser Welt lösen zu können). Die Waage liebt es rauszugehen und hat furchtbare Angst vor dem Alleinsein. Womöglich, weil sie weiß, dass sie darin nur allzu leicht für immer versacken könnte (allein mit ihren Büchern und Gedanken). Was sie sich wirklich wünscht: dass du sie an die Hand nimmst und ausführst. Sie wünscht sich Komplimente, die derart gut beobachtet und empathisch sind, dass sie sich sicher sein kann, es ist dir damit ernst. Komm ihr bloß nicht mit irgendwelchem 08/15-Kram, sie ist kein Löwe. Sie will mehr als Schmeicheleien. Die Liebe muss bei ihr so intensiv sein, dass es fast schon weh tut.

Die Waage als Freundin

Waagen gehen mit mir aus und trinken mit mir und wollen nie schon nach Hause. Das weiß ich sehr zu schätzen. Auch, dass ich ihnen dieselbe dämliche Geschichte zum hundertsten Mal erzählen kann – dass mir irgendein Arsch nicht zurückschreibt oder ich als Dichterin kein Geld verdiene … –, und sie nimmt es cool und locker auf und fragt, ob ich noch etwas trinken möchte. Auch wenn sie jemanden lächerlich findet, würde sie das nie direkt sagen. Sie ist nicht so grausam wie der Steinbock. Die Waage kritisiert ihre Freunde unter Zuhilfenahme von Anekdoten, Analogien, Metaphern und Buchempfehlungen (mir hat einmal eine Waage eine soziokulturelle Geschichte des Schweigens ans Herz gelegt). Außerdem kann sie hervorragend Streit schlichten. Sie bleibt lange unparteiisch und legt Wert darauf, dass mehrere Blickwinkel in Betracht gezogen werden. Die Waage beeilt sich nicht gerne. Wenn sie für dich in die Bresche springt, dann so richtig, denn dann hat sie das betreffende Dilemma gründlich durchdacht.

Ironischerweise verhält sich die Waage ganz anders, wenn es um ihr Innenleben geht. Ihre Waagschalen kippen ständig von einem Extrem ins andere. Die meiste Zeit über ist sie derart reserviert, dass kaum jemand etwas von ihrem Gefühlschaos ahnt. Dennoch ist es existent. Dass du mit einer Waage richtig eng bist, weißt du, wenn sie sich nach Monaten, Jahren, Jahrzehnten traut, dir eine lange Nachricht zu schreiben. Diese besteht zu 70 Prozent aus einer Entschuldigung dafür, dich zu behelligen, und zu 30 Prozent aus der Schilderung eines Problems, das meist furchtbar aufgebläht daherkommt, weil sie schon viel zu lange darüber nachgegrübelt hat. Ihr geht dann etwas trinken, wo sie von einem Thema zum nächsten springt, um circa alle fünf Minuten auf das eigentliche Problem zurückzukommen, bevor sie auf ein Gespräch über deine neuen Schuhe umschwenkt.

WAAGE

Als Freundin weiß man nie so recht, ob man der Waage wirklich geholfen hat. Sie hat kein Problem damit, danke zu sagen, nur sagt sie es eben auch, wenn du ihr kein Stück geholfen hast. Ein Teil von ihr hat sich mit der Erkenntnis abgefunden, dass sich das Menschsein unserer Erkenntnis entzieht.

Du wirst merken, dass die Waage einen größeren Bekanntenkreis hat als die meisten anderen, mal abgesehen vom Wassermann. Die Designerin, die sie gerade zufällig getroffen hat? Mit der hatte sie mal was, und der Kontakt hat gehalten. Ihre Connection bei der *New York Times*? Ein Studienkollege, dem sie immer noch Geburtstagskarten schickt. Die meisten Waagen haben außerdem ein, zwei Barkeeper an der Hand, die verrückt nach ihnen sind. Den Waagen gefällt es so sehr, irgendwo Stammgast zu sein, dass sie gleich mehrere davon haben. Sie lieben ihre kleinen Gewohnheiten und kommen den Menschen, die in ihre Umlaufbahn eintreten, gerne näher. Sei nicht überrascht, wenn sie alles über ihre Barkeeper wissen – Expartner, Familiengeschichte, Seelenqualen –, die Barkeeper aber nur wenig über sie. So handhaben es die Waagen. Es geht ihnen nicht so sehr darum, geheimnisvoll zu sein, sondern vielmehr unaufdringlich und geschmackvoll. Was das betrifft, lautet ihr Motto: Weniger ist mehr. Das gilt fürs Plaudern ebenso wie fürs Ausplaudern von Geheimnissen und auch für Mode.

Die meisten Waagen sind nicht opportunistisch veranlagt. Allerdings möchten sie mit den meisten Menschen, die ihnen irgendwann mal über den Weg gelaufen sind und ihnen irgendwie Freude bereitet haben, lose in Kontakt bleiben. Es ist beeindruckend, einer Waage dabei zuzuschauen, wie sie auf Leute zugeht und netzwerkt. Dabei liegt mehr Authentizität und Mitgefühl in ihren Gesten, als man es für gewöhnlich beim Netzwerken antrifft. Sie macht das phantastisch. Und sie ist derart vernarrt in Menschen und ihr Leben, dass sie ihre Freunde am liebsten heiraten würde. (Allen Luftzeichen spukt dieser Gedanke mal im Kopf herum, aber es sind die Erdzeichen, die es tatsächlich durchziehen.)

Problematisch an dem großen Bekanntenkreis und der hohen Sozialkompetenz der Waage ist allerdings, dass es sie oftmals deprimiert, wie oberflächlich ihre Freundschaften bleiben. Dabei ist sie die ideale Kandidatin für Tiefe. Sie besitzt unendliche Kapazitäten, um zuzuhören und Informationen zu verarbeiten. Da sie so gute Antennen hat, erkennt sie oft schon sehr früh, wie gut jemand zu ihr passt und ob sich daraus eine echte Freundschaft entwickeln kann. Natürlich wird sie diese Gedankengänge niemandem verraten. Die Waage möchte sogar diejenigen nicht verletzen, die sie nicht mag. Jedenfalls kannst du dich glücklich schätzen, wenn sie dich nach Hause einlädt, für dich kocht und dir nach einem langen Vortrag über irgendein seltenes Gemälde von Matisse etwas aus ihrer Kindheit erzählt.

Waage-Style

Nehmen wir an, du bist zum wichtigsten Abendessen deines Lebens eingeladen oder gehst zu einem heißersehnten Date. Oder dir steht deine allererste Orgie bevor. Dann lass dir unbedingt von einer Waage sagen, was du anziehen sollst. Oder lass dich vorher wenigstens ein klein bisschen von ihr beraten. Waagen wissen sich für jeden Anlass zu kleiden. Das zeigt sich auch am Inhalt ihres Kleiderschrankes. Auch wenn sie sich in der Regel in zwei Kategorien einteilen lassen – makellos, leicht konservativ, edel (viel Schwarz, Nadelstreifen, klare Schnitte, schwarzes Leder) oder: übertrieben, hemmungslos und Aufmerksamkeit heischend (Achtziger-Jahre-Muster, übercoole Cybergoth-Ästhetik) –, verfügen die Waagen über eine gewisse Bandbreite. Sie sind äußerst vielseitig. Und sie verändern sich gerne, selbst

wenn sie sich eigentlich auf kultiviert oder trendig-provokant festgelegt haben. Auch interessieren sie sich sehr für den Stil anderer und ziehen Inspiration aus jenen, die durch ihre ästhetischen Entscheidungen Einfluss auf ihre Selbstwahrnehmung nehmen (weil sie selbstverständlich das Gleiche tun). Waagen sind Kuratorinnen. Sie kuratieren im Grunde alles – angefangen beim verkaterten Look für den Gang zum Kiosk bis hin zum Outfit, das sie tragen, wenn sie dir «rein zufällig» bei der Arbeit an ihrem Drehbuch im Café über den Weg laufen (ein Vintage-Designerteil von Marc Jacobs, während alle anderen aussehen wie Ratten, die von einem Zug überrollt wurden).

Bei Kleidung legt die Waage am meisten Wert darauf, dass sie tadellos verarbeitet ist. Irgendein billiges Teil wird sie sich nur äußerst selten zulegen. Außerdem geht sie keine Kompromisse ein und wartet so lange, bis sie genau das gefunden hat, was sie begehrt. Das kann unzählige Einkaufstouren auf der Suche nach dem perfekten weißen T-Shirt oder nach der richtigen Ledernarbung einer Bikerjacke nach sich ziehen. Und eins ist sicher: Sie weiß, was sie will. Sie hat eine genaue Vorstellung davon, wie sie aussehen möchte, auch wenn sie nicht unbedingt über die nötigen Mittel verfügt. Für ihre «Hässlichkeits»-Anfälle gilt das genauso. Ich sage es nur ungern, aber ich kenne ein paar Waagen, die als Fashion Statement Socken in Sandalen tragen. Nicht auf die gnadenlos praktische Art unserer Eltern, sondern auf die hippe, monochromatische Art. Mutig! Aber für mich wäre das nichts.

Die Waage schwärmt für Textilien, für seltene und begehrte Stoffe. Und anders als ihr gegenüberliegendes Zeichen, der Widder, ist ihr alles Effekthascherische und billig Verarbeitete ein Graus. Nur selten wird sie etwas tragen, damit sich die Leute nach ihr umdrehen. Wenn ihr etwas gut steht, trägt sie es gerne öfter und entwickelt so eine Art Signature-Look – an den sich die Leute in der Regel erinnern werden. Die Waage umweht etwas wahrlich Französisches oder Italienisches. Und passend dazu trägt sie einen charakteristischen Duft, den sie im Lauf der Zeit auf ihre Sensibilität abgestimmt hat. Wahrscheinlich etwas Blumiges mit einer etwas dunkleren Basisnote. Die Waage hat eine Schwäche für Schuhe. Sich Schuhe zuzulegen ist für sie eine gute Investition (wie für andere Immobilien). Ich kenne Waagen mit einer riesigen Schuhsammlung, die kaum ihre Miete zahlen können und trotzdem weiter ihrem Schuhtick frönen. Sie geben das Geld mit vollen Händen aus und sind dabei auch noch stolz auf ihre Leichtfertigkeit. Mit ihnen shoppen zu gehen macht riesigen Spaß, in finanziellen Dingen sollte man sich allerdings lieber von jemand anderem beraten lassen.

Texten mit der Waage

Eine Einladung oder eine Feststellung? Eine Vergewisserung oder eine passiv-aggressive Stichelei? Was genau meint sie mit diesen ganzen «Okays»? Und muss der intermittierende Wechsel von strikter Zeichensetzung hin zu wahllosem Gebrauch von übertriebenen Ausrufezeichen wirklich sein? Die Waage sorgt für Verwirrung, nicht absichtlich. Schließlich ist sie kein Skorpion. Was man ihr als manipulativ auslegen könnte, ist in Wahrheit dem Naturell der Waage geschuldet – und das ist geprägt von Unschlüssigkeit, Gedankenkreisen und unregelmäßigen Gefühlsausbrüchen, für die sie sich im Nachhinein schämt und sich deshalb monatelang in Schweigen und Zurückhaltung übt.

Ich bin gut mit zwei Waagen befreundet, die ständig ellenlange Nachrichten schreiben. Die gefürchtete Sprechblase mit diesen drei Punkten, die immer dann auftaucht, während am anderen Ende jemand eine Nachricht tippt, ist dir ja sicher bekannt. Nachdem ich geschlagene zehn Minuten auf mein Handy

gestarrt habe in der Hoffnung auf Liebesbrief oder ein Manifest, erhalte ich stattdessen eine Nachricht mit einem simplen «Okay!» oder einem «Ja, gerne». Im Kopf einer Waage geht es zu wie in einem Almodóvar-Film: Über allem liegt ein kunterbuntes, durchgeknalltes Treiben, wovon aber keiner wissen soll, also kaschiert sie es, indem sie sich kurzfasst und affektiert tut.

Die Waage in der Existenzkrise ...
DU: Sollen wir uns was zu essen holen?
WAAGE: *[45 Minuten später]* Die Bäume sehen heute so unheilvoll aus. Ich würde gern, aber ich weiß nicht, ob ich kann.

Die unbedachte Waage ...
WAAGE: Ich weiß, es ist unter der Woche, aber ich hab für diese Gucci-Regenstiefel gerade mein Konto überzogen und will sie heute Abend unbedingt ausführen!
DU: Okay, klar. Aber es regnet nicht, und wir haben Wochenende.

Die passiv-aggressive Waage ...
DU: Bist du noch sauer wegen vorhin?
WAAGE: So würde ich's jetzt nicht ausdrücken. Ich bleibe heute einfach zu Hause und schau mir diesen französischen Film an, in dem eine junge Frau aus Versehen ihren Freund umbringt. Wurde gerade in Cannes uraufgeführt!

Die intellektuelle Waage ...
WAAGE: Man muss des Winters sein, / um den Frost zu sehen und die Zweige.
DU: Äh, alles okay bei dir??
WAAGE: Lese gerade Wallace Stevens. Himmlisch!

Die verliebte Waage ...

WAAGE: Bin kurz davor, zwei Flüge nach Italien zu buchen und mein Handy zu verschrotten. Alles, was ich brauche, ist mein Liebster und veganes Essen.

DU: Aber gestern hast du doch gesagt, mit ihm fühlt sich alles an, als würde man der *Titanic* beim Absaufen zuschauen!

WAAGE: Ach, manchmal bin ich einfach überdramatisch!

Die deprimierte Waage ...

DU: Was machst du am Wochenende?

WAAGE: Was machen wir alle hier auf Erden, wo wir im besten Falle hundert Jahre verbringen werden und die Hälfte wahrscheinlich schon hinter uns liegt, ohne Garantie darauf, dass wir die wahre Liebe finden, und wenn doch, woher sollen wir dann wissen, dass es sich um die wahre Liebe handelt und nicht um eine Illusion, die wir auf den anderen projizieren? Gar nichts mache ich. Und du?

Die glamouröse Waage ...

DU: Wann bist du da?

WAAGE: Fahre in vier Minuten mit einer Limousine bei dir vor, die ich mir gegen meine Ängste und für den Weltfrieden verordnet habe.

Die fabelhafte Welt der Waage

Wäre die Waage eine Stadt, sie wäre Paris. Die Launenhaftigkeit der Seine repräsentiert mehr oder weniger ihr Innenleben. Wäre sie ein Satzzeichen, so wäre sie die drei kleinen Auslassungspunkte ... sie zögert alles hinaus und scheut sich vor Entscheidungen. Wetterlage: trüber Oktobertag, kurz bevor sich der Nebel hebt und eine Erkenntnis einsetzt. Wäre sie eine Blume, so wäre sie eine Tulpe. Dezent und elegant, in einer schlichten, aber kostspieligen Vase, die einem Zimmer diesen gewissen Touch verleiht.

Zu den Vorzügen der Waage zählt ihre Spontaneität. Luxus: auffällig und kitschig sollte es für die Waage schon sein. Möchtest du mal richtig schön verreisen, nimm eine Waage mit. Es geht ihr nicht um Genuss, sondern um Glamour – und der ist der Waage in die Wiege gelegt. Glamour ist für sie der Beweis, dass es sich zu leben lohnt, und diesen Beweis tritt sie selbst an. Schau doch einfach mal in der Redaktion irgendeines Modemagazins vorbei. Du wirst umgeben sein von Waagen, die einen Sinn für das Visuelle und für gutes Handwerk haben. Ralph Lauren, Donna Karan, André Leon Talley – alles Waagen.

Andere Bereiche, in denen Waagen glänzen, sind Literatur und Philosophie. Logisch, sind sie doch verhinderte Romantikerinnen. Sie verspüren das Bedürfnis nach großen Gesten und Erklärungen, haben aber zu viel Angst vor Zurückweisung und vor ihrem inneren Kritiker. Es ist wichtig, die Waage mit Samthandschuhen anzufassen, wenn man mit ihr über einen Konflikt sprechen möchte, denn worum auch immer es geht, sie hat sich deswegen garantiert schon selbst in die Mangel genommen. Es ist nicht so, dass sie mit Kritik nicht umgehen könnte. Sie ist kein Löwe. Während ein Löwe sämtliche Kritik abwehrt, internalisiert die Waage diese. Sie geht ihr einfach nicht mehr aus dem Kopf. Eine Waage wird sich die ganze Zeit fragen, ob sie nicht doch ein Körnchen Wahrheit enthält, selbst wenn sie weiß, dass dem nicht so ist.

Ihre Selbstwahrnehmung lastet schwer auf den Waagen, aber sie macht sie auch zu wunderbaren Schriftstellern (F. Scott Fitzgerald und Cervantes, um nur zwei zu nennen). Man könnte sagen, Waagen fällt es leichter, über die Liebe zu phantasieren und darüber zu schreiben, als sie selbst zu leben. Das macht sie zu phantastischen Tischnachbarinnen. Die Abendessen, bei denen eine Waage neben mir saß, waren die mit den meisten Denkanstößen. Es gibt kaum etwas, zu dem Waagen keine Meinung haben. Und sie sind stets über den neuesten Klatsch und Tratsch informiert. Sie lieben es zu tratschen. Sie lieben es, so zu tun, als hätten sie keinen Respekt vor irgendjemandem. Und beides würden sie niemals zugeben.

Die berühmte Waage

«In love and art, one plus one equals three.» Das hat Bruce Springsteen (Waage, born to run) im Laufe der Jahre immer wieder gesagt. Heißen soll es, dass den besten Dingen im Leben eine gewisse Magie innewohnt. Etwas, das man weder lernen noch sehen kann, eine Energie, die sich nicht beschreiben lässt und die dich zu jemandem hinzieht. Die Waage betrachtet das gerne als einen Lebensstil – dabei dreht es sich darum, welche Einstellung man hat und wie man mit anderen umgeht. Es geht um die Aura eines Menschen, die in sein ganzes Tun einfließt. Die hohe Kunst des Lebens sozusagen. Diese zu meistern, danach strebt sie. Das möchte sie erreichen.

Diese innere Reise, von eins nach drei zu gelangen (für welche Magie auch immer die drei steht), hat uns viele bedeutende und faszinierende Waagen beschert, die unsere Art zu leben für immer verändert haben. Ich meine natürlich John Lennon und Gandhi. Gleichgewicht bedeutete für sie Gerechtigkeit, ein Idealismus, der auf Realismus fußt, und die Weigerung, die künstlich auferlegten Grenzen der menschlichen Vorstellungskraft zu akzeptieren. Da die Waagen Kopfmenschen sind, vertrauen sie darauf, dass die Vorstellungskraft obsiegen und ihren Weg finden wird. Und jetzt stell dir einen französischen Schwarzweißfilm mit frustrierten Intellektuellen in Prada-Klamotten vor, die für den Weltfrieden demonstrieren. Waagen haben immer das

Wohl aller im Blick und sind schillernde Persönlichkeiten. Trotz ihrer Grübelei sind sie, wenn die Umstände es erfordern, äußerst extrovertiert. Es gibt keinen wie Oscar Wild – so kontrovers und unterhaltsam, so ohne Furcht vor der öffentlichen Meinung, wenn es den guten Geschmack zu verteidigen gilt.

Und das Kino wäre um so viel Herz und Humor ärmer, wenn es Pedro Almodóvar nicht gäbe. Der Malerei würde es an der emotionalen Tiefe eines Mark Rothko fehlen. Und für Springsteen, einen der bescheidensten Götter des Rock'n'Roll, versteht es sich von selbst, dass seine Gleichung nur dann aufgeht, wenn Menschen zusammenkommen. Seine legendären Konzerte sind bekanntermaßen mehrere Stunden lang, inklusive vieler Zugaben. Normalerweise steht er dabei in Bluejeans und weißem T-Shirt auf der Bühne, ein Outfit, das zum amerikanischen Klassiker geworden ist. Und in der letzten Stunde des Konzerts? Da zieht er das Shirt aus und spielt ganz instinktiv und hemmungslos auf und lädt das Publikum ein, etwas von dieser Ungezügeltheit in ihr Leben zu integrieren. Ein Waage-Sieg über den Verstand.

Weitere berühmte Waagen

1. ALEXANDRIA OCASIO-CORTEZ
2. SNOOP DOGG
3. T. S. ELIOT
4. LIL WAYNE
5. ELEANOR ROOSEVELT
6. VIRGIL
7. AVRIL LAVIGNE
8. SERENA WILLIAMS
9. KIM KARDASHIAN
10. FRIEDRICH NIETZSCHE

Waage-Playlist

A$AP ROCKY – «L$D»

VERDI – «Di provenza il mar, il suol», Arie aus *La Traviata*,
    2. Akt, 1. Szene

USHER – «You Make Me Wanna»

MEAT LOAF – «I'd Do Anything for Love (But I Won't Do
    That)»

CARDI B – «Best Life»

JOHN LENNON – «Imagine»

JA RULE – «Always on Time», featuring Ashanti

MARINA AND THE DIAMONDS – «Primadonna»

NICO – «These Days»

DIZZY GILLESPIE – «Ow!»

Die Waage (Ein Gedicht)

An diesem perfekten Tag
bist du früh aufgewacht
und in die Stadt gegangen.
Hast auf derselben Bank gesessen
mit deinen weißen Blumen,
Obsessionen, so alt
und älter noch.
Selbst vollkommen reglos,
den Blick auf das Wasser gerichtet,
kannst du dir beinahe eingestehen
wie viel länger du noch warten wirst.
Dass du gemacht bist aus Warten.
Dass niemand so wartet wie du.

WAAGE

On the perfect day of your life
you've woken up early
and gone to the city.
Sat on the same bench
with all your white flowers,
obsessions from years ago
and possibly farther.
Even entirely still
with your eyes on the water,
you can almost admit
how much longer you'll wait.
How you're very much made of waiting.
How no one waits like you do.

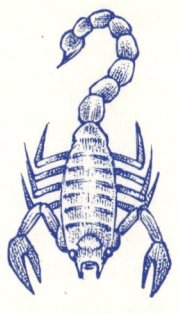

SKORPION

♏

How easily I could be in love with you,
who do not like to be touched,
And yet I do not want to be in love with you
nor you with me

JAMES SCHUYLER, GEBOREN AM 9. NOVEMBER 1923

Der Skorpion

In der ersten Novemberwoche 2018 postete Drake ein Foto auf Instagram, wie er bei einem Fan im Krankenhaus sitzt und sich die Tränen vom Gesicht wischt, während sein Fan ob seiner Anwesenheit zufrieden und fröhlich dreinschaut. Unter das Foto hat er die folgenden Worte geschrieben:

Werde dich sehr vermissen. Wir haben uns über *Make a Wish* kennengelernt und eine echte Verbindung aufgebaut. Du hast mir geschrieben und mich gefragt, wie's mir geht, während ich auf Tour war, hast mich ermutigt und mir von deine Träumen und Zielen erzählt … Tut mir leid, dass ich deine Nachricht an meinem Geburtstag übersehen hab, und es zerreißt mir gerade das Herz, aber du weißt, wie viel du mir bedeutet hast … Keine Ahnung, warum ich das auf Insta schreibe, ich muss es einfach aus dem Kopf kriegen, weil es mich so sehr belastet. Werde dich nie vergessen, K! *[weinendes Emoji, blaues Herz]* @the.kaydiaries

Wenn man den Link anklickt und ein wenig herumgoogelt, findet man schnell mehr über die Geschichte hinter diesem Beitrag heraus. Eine seiner weiblichen Fans, die Drake über die *Make a Wish*-Foundation kennengelernt hatte, war kürzlich verstorben. Im Netz findet man einige Beiträge darüber, dass Drake darauf eins seiner Bühnen-Outfits mit einem goldenen K besticken ließ, zu Ehren seiner verstorbenen Freundin Kay the Queen.

Vergleicht man diesen Beitrag mit den üblichen Celebrity-Social-Media-Beiträgen, ist dieser doch ziemlich schockierend. Drake ist zwar berühmt dafür, in seinen Songtexten einen Seelenstriptease hinzulegen, pflegt aber in den sozialen Medien ein glatteres Image. Üblicherweise hält er in allem eine undurchdringliche Fassade eiskalter Professionalität aufrecht und legt ziemlich bombastische Auftritte hin. Ein Beitrag wie dieser – von dem sogar er selbst «keine Ahnung» hat, wieso er ihn auf Insta postet, außer dass er «es einfach aus dem Kopf kriegen» möchte, weil ihn die Sache «so sehr belastet» – wirkt ungeschliffen, roh und hochemotional. Dieser Beitrag erklärt, wieso Drake eine solche Anziehungskraft auf uns ausübt und wir uns trotz seiner immensen Berühmtheit aufs engste mit ihm verbunden fühlen. Und mit «uns» meine ich mindestens mal mich selbst. (Ich liebe Drake.)

Drakes Beitrag über Kay the Queen unterstreicht die Komplexität des Skorpions. Es ist nicht immer klar ersichtlich, ob er etwas fühlt, aber wenn, dann fühlt er gleich wahnsinnig viel, mehr, als er alleine verarbeiten kann. Ein anderes Zeichen, zum Beispiel der Zwilling, hätte mit diesem Beitrag anderen zeigen wollen, dass auch ihm Dinge nahegehen. Ein Skorpion wie Drake hingegen hatte einfach nur das dringende Bedürfnis, sich seine Gefühle von der Seele zu reden. Drake wollte mit seinem Engagement für die *Make a Wish*-Foundation nicht einfach nur Pluspunkte sammeln oder zeigen, dass ihm das Mädchen wichtig war. Sie lag ihm einfach wirklich sehr am Herzen. Und wenn dem Skorpion etwas am Herzen liegt, übersteigt das alles.

Und noch etwas anderes an diesem Beitrag ist typisch Skorpion: Drakes Eingeständnis, dass er auf ihre Geburtstagsgrüße nicht geantwortet hat – «es zerreißt mir das Herz». Wir alle, die wir jemals einen Skorpion gekannt haben, wissen, dass er mit Textnachrichten manchmal ziemlich lax umgeht. Und wenn er sich dann doch bequemt zu antworten, kommt dabei womöglich nicht viel mehr als ein «Hey» heraus. Bisweilen braucht es ja gar nicht mehr als das, doch bei anderer Gelegenheit kann seine Zurückhaltung sehr irritierend sein.

Teilweise lassen seine Nachrichten deshalb so lange auf sich warten, weil er sich derart intensiv seiner jeweiligen Beschäftigung hingibt, dass diese seine volle Aufmerksamkeit beansprucht und er nicht mehr in der Lage ist zu antworten. Andererseits: Wenn ein Skorpion es wirklich will, dann meldet er sich auch. Dich aufzuspüren wird ihm nicht schwerfallen, selbst wenn du deine Nummer wechselst, weil dich deine Sehnsucht nach ihm ärgert. Und wie er dich aufspüren wird. Darauf kannst du Gift nehmen. Auch wenn er manchmal verschämt tut, schüchtern ist der Skorpion ganz und gar nicht.

Und dennoch, dieses nagende Schuldgefühl, jemandem nicht geantwortet zu haben und dann um die Gelegenheit gebracht zu werden, es jemals tun zu können, das würde jeden wasch-echten Skorpion innerlich auffressen. Allein bei dem Gedanken an verpasste Chancen könnten Skorpione durchdrehen. Die Vorstellung, dass Menschen oder Dinge, die einst zu ihnen ge-hörten, ihnen für immer verschlossen bleiben könnten, macht sie völlig fertig. Wenn man sich Drakes Musik ganz genau an-hört, kann man quasi greifen, wie bestürzt er darüber ist, dass eine seiner Geliebten vielleicht einen Neuen gefunden hat und nicht mehr zu ihm gehört. Weniger genau muss man hinhören, um zu verstehen, dass es sich ein Skorpion niemals verzeiht, für eine Freundin in Not nicht da gewesen zu sein, schon gar nicht, wenn er es niemals wiedergutmachen kann.

Worauf ich hinauswill: Wenn dir ein Skorpion sagt, dass er dich liebt, dann meint er es auch so. Manche Zeichen sagen oder fühlen Dinge nur im Moment. Der Löwe zum Beispiel liebt an den Gefühlen das Dramatische, aber nicht unbedingt die Arbeit, die das Mitfühlen mit anderen bedeutet. Der Stier hat die tiefs-ten Gefühle von allen, zeigt sie aber kaum. Der Steinbock wüsste gern über alle deine Gefühle Bescheid, lässt aber kaum erken-nen, ob er überhaupt weiß, was «Gefühle» sind. Der Skorpion hingegen fühlt alles. Auch wenn er mit versteinertem Gesichts-ausdruck dasitzt, so undurchdringlich wie das Meer, das bis zum Ende aller Tage gleichmütig anbrandet und wieder abläuft, während du ihm dein Herz ausschüttest. Wenn ein Skorpion liebt, dann liebt er ganz und gar. Das ist die gute Nachricht für alle Freunde und Geliebten des Skorpions: Dieses sexy Spinnen-tier ist bis in alle Ewigkeit an deiner Seite. Hast du ein Glück!

Was du über den Skorpion wissen solltest

Der Skorpion folgt im Tierkreis auf die Waage und ist ein fixes Wasserzeichen. Steht die Waage für «Ich gleiche aus», so steht der Skorpion für «Ich will». Denn auf dem karmischen Rad ist es so: Erst wenn du alles fein säuberlich in die Waagschale geworfen und deine Gedanken und Gefühle in Einklang gebracht hast, kannst du etwas mit Leib und Seele begehren. Die grenzenlose Sehnsucht des Skorpions zeugt von großer Reife. Seinen Platz auf dem karmischen Rad kannst du dir vorstellen wie die immerwährende Rückkehr des Saturns der menschlichen Seele. Der Skorpion ist der ewige Dreißigjährige. So alt, dass er sich schon viel Wissen angeeignet hat, und doch jung genug, um den Kurs noch einmal komplett zu ändern und sich ein neues Leben aufzubauen. Er befindet sich für immer an einem Scheidepunkt und umarmt das Leben (und den Tod) meist mit beiden Armen. Dieses Wissen um den zyklischen Verlauf des Lebens ist ihm eine unerschöpfliche Quelle der Kraft. Einer der häufigsten Gründe, warum jemand den Wunsch verspürt, sich der Astrologie zuzuwenden, ist die gescheiterte Liebesbeziehung zu einem Skorpion.

Kein Zeichen ist enger mit der Kunst und Wissenschaft der Astrologie verbunden als der Skorpion. Verdammt, selbst dieses Buch ist ein Skorpion. Mit seinem launenhaften, übersinnlichen Verregneter-Tag-Schwarzlicht-dunkel-lackierte-Fingernägel-Wesen gehen Skorpion und Astrologie in mancher Hinsicht tatsächlich Hand in Hand. Und wenn ich so darüber nachdenke, trifft das auch auf die Poesie zu. Aber dazu später mehr.

Da der Skorpion ein Wasserzeichen ist, kann er zugleich extrem emotional, willensstark und festgefahren sein (man beachte: Ich habe nicht dickköpfig geschrieben). Wollen wir ihn in aller Tiefe verstehen, sollten wir bedenken, dass der Skorpion von zwei Planeten beherrscht wird, nämlich von Pluto und Mars. War ja klar, ein so mächtiges Zeichen wie der Skorpion kommt natürlich nicht mit nur einem Herrscherplaneten aus.

Vielleicht ist bei dir ja aus der Schulzeit noch etwas über den Mars hängengeblieben: Da gab es doch diesen großen, sexy

Brutalo von Gott, der für den Krieg zuständig war. Jep, genau den meine ich, und genau der ist es auch, der das Schalten und Walten des Skorpions bestimmt. Den Widder regiert er allein, den Skorpion aber im Tandem mit Pluto. Von Letzterem hat der Skorpion diesen überirdischen Drive, diese Fähigkeit, die Machtverhältnisse innerhalb einer Gruppe oder bei gesellschaftlichen Anlass einschätzen zu können.

Genau genommen ist es dieses eine Wörtchen – Macht – das den Skorpion wie kein anderes Zeichen in Wallung bringt. Der machthungrige, kriegerische Mars ist ein Grund dafür, dass es über den Skorpion heißt, er sei rachsüchtig (er ist auch der Grund dafür, dass sich die Leute vor dieser Seite des Skorpions fürchten). Oder kannst du dir einen riesigen Kriegsgott vorstellen, der bei irgendetwas klein beigibt? Ich auch nicht. Es ist nicht leicht, für die (hoffentlich) richtige Sache zu kämpfen. Und es ist sicher nichts für jene, die schwache Nerven haben und sich nicht auf die Schlacht vorbereiten.

Der andere Planet, der über die Triebe des Skorpions herrscht, ist der Hüter der Unterwelt – dieses doch recht wichtigen Plätzchens, von dem heutzutage nicht mehr allzu oft die Rede ist: der Hölle. Wer einen Skorpion kennt, für den ist es keine Riesenüberraschung, dass er mit der Unterwelt in Verbindung steht. (Die meisten Skorpione denken etwa alle drei Minuten ein- bis zweimal an den Tod.) Natürlich ist der Skorpion nicht die Inkarnation des Teufels, falls du das gedacht haben solltest, das wäre viel zu simpel. Pluto ist weniger Feuer und Schwefel und roter spitzer Schwanz (obwohl man schon den ein oder anderen Skorpion mit rotem spitzem Schwanz gesehen hat, und zwar nicht an Halloween), als Herrscher über alles Leben unter der Erde. Über die Samen, aus denen wir unsere Nahrung ziehen, oder über die Bäume und ihre Gaben. Und ja, auch über die Toten.

Den Einfluss dieses Planeten zu berücksichtigen ist so wichtig, weil er für eine sympathische Seite des Skorpions verantwortlich ist – seine übersinnlichen Fähigkeiten. Sein Herrscherplanet erklärt, warum er manches schon vorher weiß oder genau in dem Augenblick, in dem es passiert. Der Skorpion besitzt nämlich das unterirdische Wissen darüber, was sein wird (über den Samen, aus dem eines Tages ein Baum erwächst), und darüber, was vorher da war und sich zu Neuem wandelt (wie die Leichen, die zersetzt und verwandelt werden). Er ist im Einklang mit dem Leben und dem Tod, mit dem, was vor der Geburt war und nach dem Tod kommt, steckt immerzu in all diesen Stadien und ist deshalb in der Lage, die emotionalen Beweggründe der Menschen zu erspüren und zukünftige Verläufe vorherzusagen. Was ist der Mensch schließlich anderes als ein verworrenes Knäuel emotionaler Beweggründe, einer, der mit dem Dasein kämpft? Einem Skorpion müsste man diese Frage nicht zweimal stellen. Die Antwort darauf kennt er längst. Seit Lichtjahren.

Falls du selbst ein Skorpion bist, habe ich dich vielleicht verschreckt, als ich deine Liebe zur Macht erwähnt habe. Vielleicht hast du gedacht, du müsstest jetzt für ein politisches Amt kandidieren oder Vorstandsvorsitzender werden. Nicht, dass du über diesen Dingen stündest, nein. Aber das hatte ich damit nicht im Sinn. Ich meinte eher, dass ein Skorpion die Macht so liebt, wie ein Stier die irdischen Freuden liebt – er kann einfach nicht die Finger davon lassen.

Lass dich nicht davon täuschen, dass der Skorpion nicht im Mittelpunkt steht. Am liebsten hält er sich im Hinterzimmer der Macht auf, von wo aus er die Strippen zieht und beobachtet, was passiert. In der Politik ist er eher nicht der, der die großen Reden schwingt, sondern agiert hinter den Kulissen, wo er die großen Reden anderer schreibt, Veranstaltungen auf die Beine stellt und eine Strategie ausheckt, die auch wirklich zum Sieg führt. Er ist kein Geschäftsführer, arbeitet aber in leitender Funktion, ist per Du mit dem Chef und hält im Hintergrund die Fäden in der Hand.

Dass er die Rolle des Strippenziehers einnimmt, erklärt sich auch durch sein perverses (sorry not sorry für diesen Ausdruck in Bezug auf den Skorpion) Bedürfnis, die Macht, die er besitzt, zu verbergen. Grund dafür ist die Furcht, andere könnten sein unbedingtes Bedürfnis zu gewinnen gegen ihn verwenden. Überwältigt zu werden, ist für ihn ein abscheulicher Gedanke. Wenn es daneben noch etwas gibt, das dem Skorpion verhasst ist, dann kalt erwischt zu werden. Besonders wenn es um die eine Sache geht, die ihm so viel bedeutet: das Gewinnen. Den Großteil des Tages verbringt er also damit, Machtdynamiken zu analysieren und herauszufinden, wie er alle anderen übertreffen kann, ohne dass irgendjemand auf die Idee kommen könnte, dass dies von Anfang an sein Ziel war. Klingt verdammt anstrengend, ist aber auch … verdammt sexy.

Noch ein Wort, das mit diesem Zeichen assoziiert wird: «Rache». Auch deshalb erntet der Skorpion angstvolle Blicke, wenn er sein Geburtsdatum verrät. «Oh, wow, ein Skorpion!», rufen die Leute dann und machen sich entweder aus dem Staub oder knöpfen die Bluse auf. Rache ist unheimlich, und die meisten Menschen fürchten sich davor.

Wenn du jemals einem echten Skorpion begegnet bist, hast du vielleicht auch Bekanntschaft mit seinem stachelbewehrten Schwanz gemacht. Diese besondere Spezies hat keine Hemmungen, auch mal zuzustechen. Warum auch? Schließlich wollen Skorpione nur an einem schönen dunklen, warmen Plätzchen ausharren und ihre Ruhe haben – zum Beispiel in deinen Hausschuhen (!!!) –, und wir besitzen dann die Frechheit, diese Hausschuhe tatsächlich anziehen zu wollen. Wer kann es ihnen übelnehmen, wenn sie uns da ein kleines «Ich warne dich» mitgeben.

Aber hast du dir einen Skorpion jemals richtig angeschaut? Klar sieht er irgendwie freakig aus (obwohl einige die Worte «erhabene Eleganz» verwenden, um ihn zu beschreiben). Doch bei näherer Betrachtung siehst du, dass dieser Stachel das Einzige ist, was ihn davor schützt, von dir plattgemacht zu werden. Das Gleiche gilt für den menschlichen Skorpion. Meistens will er gar nicht zustechen, sondern tut es aus lauter Angst, dass jemand seine Verletzlichkeit erkennen und ihn zuerst fertigmachen könnte. Und dann hätte der Skorpion nicht obsiegt. Manchmal sieht der Skorpion seine einzige Chance zu gewinnen darin, dass er als Erster zuschlägt, und zwar heftig.

Einer der größten Irrtümer über den Skorpion kreist um sein Verhältnis zum Sex. (Das ist das andere, was die Leute im Kopf haben, wenn sie «Oh, wow, ein Skorpion!», sagen.) Die meisten denken, Skorpione seien Nymphomanen. Das möchte ich bei dieser Gelegenheit gern richtigstellen und allen Skorpionen das Gefühl geben, dass sie gesehen werden. Das Thema Sex fällt bei ihm nicht nur mit Liebe zusammen. Es ist eng verknüpft mit den vorhin erläuterten unterweltlichen/außerweltlichen Einflüssen des Pluto. Und die bringen richtig Schwung ins Leben, wozu nun mal auch Sex gehört.

Der Skorpion verspürt den starken Drang, sich ein-, zwei- oder dreimal am Tag mit dir zusammenzufinden, aufs engste zusammenzufinden. (Und glaub mir, das zieht er einem beliebigen One-Night-Stand jederzeit vor.) Dabei geht es dem Skorpion nicht darum, ein wenig über den Tag zu plaudern; er will es mit dir treiben, und zwar wild, denn den Skorpion treiben so einige dunkle sexuelle Phantasien um. Und wenn er gerade keine feste Freundin hat, kann er sich in ein heftiges Sexleben verstricken, das nichts für schwache Nerven ist. Aber wer sollte es ihm verdenken? Schließlich ist er auf der Suche nach zeitloser Tiefe, und die wohnt jedem Menschen inne. Nur dass der Skorpion der Einzige ist, der dieser überirdischen Eigenschaft mit Vollgas hinterherjagt. Und das ist auch der Grund, warum er etwas ganz Besonderes ist.

Der Skorpion als Liebhaber

Der Skorpion hat nicht umsonst den Ruf als bester und zugleich schlechtester Liebhaber unter den Zeichen weg. Er prüft seine Geliebten teilweise auf Herz und Nieren und kann sowohl gnadenlos gütig als auch gnadenlos grausam sein. Wenn ein Skorpion sich auf dich eingeschossen hat, dann mach dich auf einen übelst wilden Ritt gefasst (die Betonung liegt bei Ritt natürlich auf der sexuellen Komponente). Es kann vorkommen, dass der Skorpion in Sachen Liebe seine Meinung auch mal ändert, trotzdem wäre «flatterhaft» nicht die richtige Beschreibung für seinen Umgang mit Herzensangelegenheiten. Er ist ein ausdauernder und solider Liebhaber, der einer «unschuldigen» Angebeteten niemals mit Absicht Schaden zufügen würde. Sicher, er ist ziemlich moralisch unterwegs – Liebhaber (alle Menschen) sind in seinen Augen entweder unschuldig oder schuldig (er denkt in Schwarzweiß-Kategorien). Hast du also einen echt heißen Skorpion kennengelernt, so tröste dich mit der Aussicht, dass er dir während deiner langen Probezeit (die möglicherweise bis in alle Ewigkeiten verlängert wird) nichts zuleide tun wird. Ist die Probezeit jedoch vorbei und du hast sie nicht bestanden, wird er alles in seiner Macht Stehende tun, um dich zu zerstören. Daher sein schlechter Ruf.

Der Fisch passt am besten zum Skorpion, weil die beiden dann schräg und wasserzeichenmäßig zusammen sein können. Im Ernst: Die zwei können miteinander kommunizieren, ohne sich überhaupt anschauen zu müssen. Der Skorpion liebt den Krebs und dessen ungezügelte Häuslichkeit, und er wird alle Mahlzeiten, die ihm der Krebs auftischt, bis auf den letzten Happen verputzen. Er verzehrt sich nach der Beständigkeit des Stiers, doch wenn er sie dann tatsächlich hat, träumt er bald wieder von der Freiheit. Beim Löwen sticht der Skorpion erst mal zu, und das war es dann auch schon mit den beiden. Der

Schütze ist ganz vernarrt in den Skorpion, doch der wird ihn auf ewig auf Distanz halten. Auf das Geld des Steinbocks, das der sich mühsam abgespart hat, fährt der Skorpion hingegen voll ab. Mit der Jungfrau gründet er eine Familie, und beide werden von ihrer Beziehung profitieren. Dem Zwilling hört der Skorpion gerne zu, bis er irgendwann merkt, das er nichts wirklich Gehaltvolles zu sagen hat. Einen anderen Skorpion könnte er durchaus lieben, wird aber ständig nach etwas Besserem Ausschau halten. Es gefällt ihm, wie sehr der Widder ihn mag, er selbst mag den Widder aber nicht ganz so gern. Die Verbindung mit dem Wassermann ist zwar nicht von Dauer, wird jedoch beide auf spiritueller Ebene weiterbringen. Mit einer vergnügten Waage tollt der Skorpion sehr gern im Bett herum, doch sobald sie zu jammern anfängt, wird er das Weite suchen.

Wenn der Skorpion seine Partnerin wirklich liebt, zeigt sich seine loyale Seite. Seine Partnerin kann sich nahezu alles erlauben, und er wird sie nicht verlassen. Tatsächlich sind Skorpione oft mit notorischen Fremdgängerinnen zusammen, denn wenn er sich auf jemanden eingelassen hat, ist es ihm beinahe unmöglich, diesen Menschen zu verlassen. Selbst wenn seine bessere Hälfte Nacht für Nacht erst um 4:45 Uhr nach Hause kommt und penetrant nach Gras und Chanel No. 5 riecht, lebt er lieber bis ans Ende seiner Tage in einem Zustand krankhafter Verleugnung, als zuzugeben, dass er sich mit Leib und Seele einem Riesenarschloch verschrieben hat.

Trotzdem gibt es da noch diese Probezeit, die von den verschiedensten Arten der Kommunikation geprägt sein wird, hauptsächlich aber von Face-to-Face-Gesprächen. Der Skorpion ist ein wunderbarer Gesprächspartner – solange man auf Therapiesitzungen steht. Er kann ohne weiteres schweigend dasitzen, während du ihm dein Herz ausschüttest. Ja, genau das gefällt ihm in der frühen Dating-Phase – während dieser Probezeit wird er genau hinhören, was du zu sagen hast. Erzähl ihm einfach deine gesamte Lebensgeschichte, und er wird dir gezielte Fragen stellen, um deinen wahren Gefühlen und etwaigen Traumata auf den Grund zu gehen. Oh, er liebt es, wenn du all das vor ihm ausbreitest. Zeigst du dich verletzlich, hilft ihm das nicht nur bei der Entscheidung, ob sich ein näheres Kennenlernen lohnt, sondern vermittelt ihm das Gefühl, die Oberhand zu haben. Macht ist ihm in allen Belangen das Wichtigste. Und während du in jenen frühen Tagen vor ihm weinst und ihm von deinen verborgenen Ängsten erzählst, wird er von sich selbst nichts preisgeben. Wer alles ist schon über Monate mit einem Skorpion ausgegangen, ohne wirklich irgendwas von ihm zu wissen? (Ich hebe die Hand.)

Du fragst dich vielleicht, worum es ihm geht, während du ihm alles über dich selbst erzählst. Nun, eher nicht um irgendwelche Details aus deinem Leben, auch wenn er selbst die noch nach Jahren mit erschreckender Präzision wiedergeben kann. Vielmehr achtet er darauf, ob du irgendetwas enthüllst, das ihn davon abhalten sollte, sich in dich zu verlieben. Sein erlesenes Herz ist sein bestgehütetes Geheimnis, und er wird einen Teufel tun, es dir auf einem Silbertablett zu servieren, wenn du nicht die nötige Reinheit besitzt, um es gut zu behandeln. Während dieser Prüfungsphase hört er ganz genau zu, macht sich Notizen und zieht Punkt für Punkt sein Resümee. Des Nachts dann, wenn du tief und fest schläfst, wird er eine alte Rechenmaschine hervorholen, Schaltpläne von deinem Innersten erstellen und dir Liebesbriefe schreiben, die er keiner Menschenseele zeigen wird, dir schon mal gar nicht. Befindet er dich an irgendeinem Punkt seiner Berechnungen seines Herzens für unwürdig, wird sich seine Präsenz ganz schnell in Absenz verwandeln. Es ist grausam, wenn er ohne Vorwarnung aus deinem Leben verschwindet. Aber glaube mir, es ist besser, wenn er es schnell über die Bühne bringt, als wenn er bleibt und noch ein paar seiner sadistischen Spielchen mit dir spielt. Letzteres werden die Sadistischeren unter den Skorpionen nämlich tun, nur so aus Spaß. Also: Lieber ein Ende mit Schrecken als ein Schrecken ohne Ende.

Zählst du zu den Glücklichen, auf die sich der Skorpion tatsächlich einlässt, dann sage ich nur: Auf Los geht's los. Denk dran, der Skorpion ist ein Wasserzeichen, und als solches weiß er es zu schätzen, wenn du ein bisschen klammerst. Wenn er entschieden hat, dass du die Eine für ihn bist, klammert er sich nicht unbedingt an dich, sondern setzt sich vielmehr auf deine Couch und steht nie wieder auf. Auch wenn viele es von sich behaupten, sind Skorpione doch alles andere als zurückhaltend. Sie scheuen sich nicht davor, den ersten Schritt zu tun, bieten all ihre Verführungskünste auf und tragen dich anschließend in ihr Liebesnest, mit dessen Bau sie schon begonnen haben, als sie noch nicht auf der Welt waren, und wo sie dich bis in alle Ewigkeit beherbergen werden, während ihr es in wohliger Geborgenheit fortwährend miteinander treibt. Bist du die Auserwählte eines Skorpions, möchte ich dir an dieser Stelle in aller Offenheit sagen, wie sehr ich dich hasse.

Und ich denke, es geht mir dabei um den Sex. Wie bereits erwähnt, ist der Skorpion durch den Einfluss des Planeten Pluto mit allem Unterirdischen assoziiert (und wie!) und neigt daher auch dazu, die Genitalien zu regieren (inklusive des Afters, solltest du dich das gefragt haben). Neben einer gesunden Portion roher Gewalt hat dieser interessante Umstand zur Folge, dass der Skorpion im Bett alles andere als ein Mauerblümchen ist. Daher wohl auch sein Ruf. Wenn du eine richtig heiße Nummer schieben willst (was so oder so passieren wird, denn hallo?!, dein Gespiele ist ein Skorpion), solltest du dich seinen Genitalien ausgiebig und zärtlich zuwenden. Für einige mag das albern klingen (hi, Schützen), schließlich sind die Genitalien eine erogene Zone, und das Liebkosen heizt jedem mächtig ein. Dein Skorpion steht aber noch mal mehr darauf. Also gib ihm, was er braucht. Er wird es dir danken und es dir doppelt vergelten, mindestens.

Dieses ganze Sex-und-Genitalien-Gerede soll allerdings nicht heißen, dass es beim eigentlichen Akt mit dem Skorpion total versaut zugeht. Das heben wir uns für den Wassermann auf. Der Skorpion mag es eher konservativ und ist nicht für sonderlich viel Abwechslung bekannt. Wenn er in einer festen Beziehung steckt, ist er zwar vom Wesen her heftig, vom Stil her jedoch weniger. Bis auf ein bisschen dezentes, verspieltes Sadomaso, das er immer wieder gerne ausprobiert. (Greif lieber zu Federn statt zu Gewichten und lass ihn nicht zu sehr auf den Geschmack kommen.) Tatsächlich würde ich mir Sorgen machen, dass irgendetwas nicht stimmt, wenn dein Skorpion anfängt zu experimentieren, auch wenn es sich nur um Reizwäsche handelt. Im Bett sollte es schön langweilig zugehen, dann liebt er dich wirklich.

Es ist allgemein bekannt, dass der Skorpion das sexyste Zeichen ist, und wenn du einmal einen von ihnen kennengelernt hast, glaubst du vielleicht, dass du bis in alle Ewigkeit mit keinem anderen Zeichen mehr zusammen sein kannst. Überlege dir aber bitte gut, ob du das wirklich willst. Denn sobald sich ein Skorpion für dich entschieden hat und denkt, auch du hast dich für ihn entschieden, du ihn dann aber doch an irgendeinem Punkt in deinem Leben verlässt, mach dich auf etwas gefasst, das deinen emotionalen Erwartungshorizont um ein Vielfaches übersteigt und dich auf ewig verfolgen wird ... auf das Gefühl, dass du den ultimativen Verrat begangen hast. Der Skorpion wird in diesem Fall nicht nur das Bedürfnis verspüren zurückzuschlagen, sondern vielleicht sogar so sehr in sich zusammenfallen, dass nur noch ein Häufchen Elend zurückbleibt. Spiele also nicht mit dem Herzen eines Skorpions, denn du würdest wortwörtlich mit dem Feuer spielen und eine wahrhaft zarte Seele brechen. Eine zarte Seele, die dazu neigt, sich mit einem giftigen Stachel zur Wehr zu setzen.

Der Skorpion als Freund

Suchst du einen Freund, der es ehrlich mit dir meint, der dir hilft, ein Gefühlschaos nach dem anderen zu überstehen, der dir (nach besagtem Gefühlschaos) beim Umzug hilft, dir einen Fünfziger in die Hand drückt, damit du erst mal klarkommst, und dich schließlich in seiner Einzimmerwohnung unterbringt, dir seine besten Klamotten leiht, dir bei der Jobsuche unter die Arme greift und den Rest deines Lebens nachhört, ob alles okay bei dir ist, dann suche dir einen Skorpion. Inzwischen habe ich dich hoffentlich davon überzeugt, dass dieses Zeichen nicht nur von Rachegelüsten bestimmt wird. Natürlich ist er so rachsüchtig, wie man nur irgendwie sein kann, so viel ist sicher. Abgesehen davon ist er aber der gütigste Mensch, den man sich nur vorstellen kann. Bist du mit einem Skorpion befreundet, kannst du dich, genau wie seine Liebsten, glücklich schätzen. Skorpione sind tolle Freunde und den Menschen, die ihnen am nächsten stehen, fürsorgliche und treue Gefährten.

Weiter mit dem vergnüglichen Teil: Mit den Skorpionen kann man eine Menge Spaß haben. Pferde stehlen. Das heißt, wenn du es magst, dass dir jemand seine komplette Aufmerksamkeit schenkt, bei allem mitmacht und ein wandelndes Geschichtsbuch ist. Zwar sind sie ein wenig festgefahren und erst mal zurückhaltend, wenn es darum geht, etwas auszuprobieren. Trotzdem lieben sie den Nervenkitzel des Neuen und springen sogar mit dir aus einem Flugzeug, wenn du sie davon überzeugen kannst, dass es sich lohnt. Sie mögen Menschen, die Energie und Leidenschaft besitzen, und werden sie ihnen um ein Vielfaches zurückzahlen. Manchmal sind sie wie Chamäleons. Wenn sie jemanden richtig gerne mögen, fangen sie mitunter an, sich wie ihr Gegenüber zu benehmen, anzuziehen und auszudrücken. (Eine gruselige Eigenschaft, ja, aber sei einfach darauf vorbereitet.)

SKORPION

Möchtest du dich mit einem Skorpion anfreunden, steht an oberster Stelle, irgendwie heftig drauf zu sein und heftige Aktivitäten vorzuschlagen. Weiter oben habe ich von Fallschirmspringen gesprochen, aber wenn das nichts für dich ist, denke dir etwas aus, das auf geistiger oder spiritueller Ebene *intense* ist. Skorpione lieben Museen, besonders die sehr alten. Dorthin werden sie dich mit glänzenden Augen begleiten und sich vorher genauestens über die Ausstellung informieren. Gerne gehen sie mit dir auf esoterische Konzerte und respektieren, dass du Dinge weißt, von denen sie keine Ahnung haben, denn sie lernen liebend gerne Neues. Viele von ihnen denken, sie seien Nerds, ich persönlich bin da anderer Meinung. Sie lassen sich viel zu sehr von ihren Instinkten leiten, als dass sie an den kopflastigen Glamour einer Waage oder eines Zwillings herankämen. Aber Wissen wissen sie zu schätzen, wie sie es auch zu schätzen wissen, dich auf Veranstaltungen zu begleiten, bei denen sie noch etwas lernen können. Ins Kino gehen sie ebenfalls gerne, für blutrünstige Horrorfilme sind sie allerdings viel zu sensibel (obwohl sie selbst wandelnde Horrorfilme sind).

So schön es ist, treu ergebene Skorpione im Freundeskreis zu haben – pass bloß auf, sie nicht irgendwie schief von der Seite anzumachen, denn dadurch könnte eure Freundschaft ins Gegenteil umschlagen. Skorpione sind nicht unbedingt bekannt dafür, auf Kränkungen gelassen zu reagieren, und wenn du sie durch irgendetwas verärgerst (die Verabredung auf einen Kaffee vergisst oder nicht in Lichtgeschwindigkeit zurückgerufen hast, obwohl sie gerade geheult haben), sind sie vielleicht die längste Zeit dein treu ergebener Freund gewesen. Denn wenn ein Skorpion das Wagnis eingeht, dich wie eine Schwester oder einen Bruder zu lieben, und du ihn in seinen Augen verrätst, wird er nicht nur sofort den Kontakt abbrechen, sondern alles daransetzen, dass du nie wieder auf einen grünen Zweig kommst. Er wird so furchtbar über dich herziehen, dass es dir noch Jahrzehnte in den Ohren klingelt, und du wirst so was von zerbrechen an all dem Schlechten und Düsteren, das dir Tag für Tag um die Ohren fliegt. Mein Rat: Sieh zu, dass dein Skorpion-Freund zufrieden ist. Skorpione fackeln nämlich nicht lange. Niemals.

Skorpion-Style

Selbst wenn du wenig Ahnung von Astrologie hast, kennst du bestimmt das Erkennungsmerkmal all jener, die von Anfang bis Mitte November geboren wurden. Ja, genau, das sind meistens die Leute mit diesem gewissen Goth-Touch, die von Kopf bis Fuß dunkel gekleidet sind. Und mit dunkel meine ich schwarz. Wenn ein Skorpion vor die Tür muss (also mal nicht die ganze Zeit nackt im Bett zubringen kann), achtet er darauf, dass möglichst alles an ihm schwarz ist. Färbt er sich die Haare, entscheidet er sich mit hoher Wahrscheinlichkeit ebenso für schwarz (es sei denn, der Friseursalon hat ein sattes Dunkellila im Angebot), und das Gleiche gilt für seinen Schmuck und seine Accessoires. Es dominieren dunkle Farben, das Design verströmt einen Hauch von Theatralik.

Mal ganz ab von der Farbe, wenn es ums Design und um den Schnitt geht, entscheiden sich Skorpione für Kleider, in denen sie – äh, wie sagt man doch gleich – heiß aussehen. Jeder Skorpion interpretiert das ganz individuell, aber meistens hat der Stil der Pluto-Geschöpfe dieses ganz bestimmte Kawumm. Auf jeden Fall wissen sie, wie sie ihre körperlichen Vorzüge in Szene setzen. Skorpione haben ein feines Gespür, wie sie eine hypnotische Wirkung entfalten können, und das wenden sie auch auf ihren Kleidungsstil an. Letzten Endes möchten Skorpione möglichst reibungslos durchs Leben gehen, etwas bewirken, ohne großen Wirbel zu veranstalten, um langfristig erfolgreich zu sein, statt nur kurzfristig Applaus zu ernten. Mit einem sexy Outfit, so dezent es auch sein mag, gelingt ihnen das noch besser.

Nachdem du all das über den Skorpion gelesen hast, liegt die Frage natürlich auf der Hand: Wie passt jemand wie Björk in dieses Bild? Ein riesiger ausgestopfter Schwan als Kleid ist jetzt nicht gerade ein vor Sex-Appeal nur so triefendes kleines Schwarzes. Schon gut, ich verstehe, worauf du hinauswillst, aber lass mich erklären, warum wir beide recht haben. Skorpione sind in jeder Hinsicht *intense,* und ein Leben wie das von Musik- und Mode-Genie Björk kann ebenso *intense* sein. Für Björk sind schreiende Farben und Formen eine Uniform, in die sie hinein- schlüpfen und damit zuletzt als Siegerin vom Platz gehen kann. (Und ja, auch mit einem Schwanenkleid.) Lieber Skorpion, das soll nicht heißen, dass du dich auf bestimmte Art und Weise kleiden musst – es gibt unendliche Möglichkeiten für dich, du selbst zu sein. Entscheidend ist nur, dass du den Menschen im Gedächtnis bleibst. Aber in dieser Hinsicht hast du wahrschein- lich keinen Beratungsbedarf.

Texten mit dem Skorpion

Ich sage es ja nur ungern, aber mit einem Skorpion zu texten, kann dir den größten Frust deines Lebens bescheren. Schließ- lich ist für den Skorpion alles immer ganz klar schwarz oder weiß, so wie sich für ihn die Menschheit in Freund oder Feind aufteilt. Damit es beim Texten rundläuft, braucht es aber nun mal hin und wieder eine gewisse Nuanciertheit und etwas mehr als kurze, emotionale und staccatoartig rausgehauene Offen- barungen. Aus meiner Widder-Warte muss ich sagen: Ich bin zwar selbst kein Fan von Textnachrichten, sehe aber ein, dass es Energie und Schwung und Einfälle braucht, damit das Schreiben etwas bringt. In der heutigen Welt, in der wir uns nicht mehr so oft *face to face* gegenüberstehen, kann man auf diese Weise virtuell «zusammen sein», ohne tatsächlich Zeit miteinander verbringen zu müssen.

Das kann den Skorpion ganz schön nerven, da er intensiven Blickkontakt und durch Instinkt und Körper angebahntes Seelenwachstum braucht, um aufzublühen. Gibt der Skorpion keine konkreten Informationen zu seinen Plänen mit dir preis, hat er es nur mit zwei Arten von Textnachrichten: offensiven Vorschlägen und Gefühlsäußerungen. Denn trotz seines coolen Gehabes kann er tagsüber (oder auch nachts) jederzeit von seinen Emotionen überwältigt werden. Selbst wenn er dir vier Jahre lang nicht mehr geschrieben hat, könnte dich mitten in der Nacht an einem gewöhnlichen Dienstag die folgende Nachricht erreichen: «Ich kann nicht ohne dich leben.» Ach, es musste einfach raus. Er liebt dich von ganzem Herzen und bis ans Ende seiner Tage, aber auf eine zweite Nachricht von ihm kannst du warten, bis du schwarz wirst.

Umgekehrt darfst du nicht denken, dass du dir bei ihm etwas Ähnliches erlauben kannst. Er selbst darf dir zurückschreiben, wann es ihm beliebt, du aber hast dich gefälligst in der Sekunde zu melden, in der er auch nur daran gedacht hat, deinen Anfangsbuchstaben ins Adressbuch zu tippen. Wie bei jeder Interaktion mit dem Skorpion, so gilt auch hier: Es wird knallhart mit zweierlei Maß gemessen. Schreibe deinem Skorpion unbedingt sofort zurück, selbst wenn es vier Uhr morgens ist und du nicht mit einer Nachricht gerechnet hast, und lass ihn unter keinen Umständen länger als zehn Sekunden warten. Dass er selbst dich zwei Jahre lang jeden Freitag auf ein Lebenszeichen hat warten lassen, daran wird er sich nicht erinnern. Ihm bleibt nur im Gedächtnis, dass er dir vor drei Minuten einen Wortfetzen geschickt und immer noch nichts von dir gehört hat. Besonders wenn er in Partylaune ist, hast du die Arschkarte gezogen, wenn du beschäftigt bist und ihm nicht sofort zurückschreibst. Eine Minute nachdem er die erste Nachricht geschickt hat, wird er schon anfangen zu schwitzen und sich wünschen, er hätte es nie gewagt. Wenn er dann gleich die zweite hinterherschickt, ist er längst komplett verzweifelt und vermutlich bis über beide Ohren in dich verknallt. Wie dem auch sei, falls dem so ist, was sitzt du dann noch hier rum und liest? Schreib ihm sofort zurück. Ach, ja, hatte ich es schon erwähnt? Ich hasse dich.

Den Kontakt zu einem Skorpion sang- und klanglos abzubrechen, das tun nur richtig fiese Menschen. Dazu muss man ihn schon wirklich hassen oder selbst ein Skorpion sein. Aber eigentlich würden das Skorpione ihren Artgenossen nicht antun, das wäre dann eher jemand mit Mondzeichen Skorpion. Wie auch immer, wenn du ihm nicht mehr schreibst, wird er die Wände hochgehen, weil er einfach nicht versteht, wie du ihm das antun kannst. Er wird sich nicht daran erinnern, wie sehr er dir das Herz gebrochen hat oder dass du deine Siebensachen gepackt hättest und in die Hölle gezogen wärst, nur um jeden Tag neben ihm aufzuwachen. Er wird lediglich sehen, dass du dich in dem kleinen Zeitfenster, das er für die Kommunikation mit dir geöffnet hat, in Schweigen hüllst, und er wird außer sich geraten über die Frage, was zur Hölle passiert sein könnte. Wenn du es darauf abgesehen hast, ihn ein kleines Weilchen schmoren zu lassen, könnte dir das wohl zum Vorteil gereichen. Er wird sich fragen, wer zum Teufel die Dreistigkeit besitzt, ihn derart zu ignorieren. Deine Unabhängigkeit wird ihn reizen, aber ich warne dich: Er wird nie vergessen, wie unhöflich du warst, und irgendwann wird es wegen deines törichten Handelns ein böses Ende nehmen. Ich meine, Textnachrichten hin oder her, ein böses Ende wird es mit ihm sowieso nehmen – schließlich haben wir es hier mit einem Skorpion zu tun.

SKORPION: Ich bräuchte mal deine Hilfe.
WIDDER: Okay.
SKORPION: Ach, egal.
WIDDER: Ich liebe dich.

SKORPION: Lass uns gemeinsam alt werden.
STIER: Genau davon träume ich.
SKORPION: Ziehst du bei mir ein?
STIER: Morgen?

SKORPION: [schweigt]
ZWILLING: Ich hab das Gefühl, du stehst auf mich.
SKORPION: Kann schon sein.
ZWILLING: Mir kann keiner widerstehen.

SKORPION: Schon wach?
LÖWE: Nur für dich.
SKORPION: Bin sofort bei dir.
LÖWE: Sorry, bin gerade aus der Tür.

SKORPION: Du löst in mir Gefühle aus, die nicht von dieser Welt
    sind.
JUNGFRAU: Das sagst du bestimmt jeder.
SKORPION: Das sage ich zu niemandem.
JUNGFRAU: Awwww.

SKORPION: Abendessen in einer Stunde?
WAAGE: Bin verreist.
SKORPION: Kann von der Straße aus sehen, dass bei dir Licht
    brennt.
WAAGE: Wer bist du?

SKORPION

SKORPION 1: Sie haben es nie verstanden.
SKORPION 2: Das konnten sie nicht.
SKORPION 1: Bin ich für dich bestimmt?
SKORPION 2: Eher nicht.

SKORPION: Ich weiß, dass du auf mich stehst.
SCHÜTZE: Sei dir da mal nicht so sicher.
SKORPION: Tust du nicht?
SCHÜTZE: Doch, klar!

SKORPION: Schlangenleder.
STEINBOCK: Wann immer du willst, Baby.
SKORPION: Du verstehst mich.
STEINBOCK: Tu ich das?

SKORPION: Der Umfang von was?
WASSERMANN: Ach, egal, du hast das Buch nicht gelesen.
SKORPION: Du magst mich.
WASSERMANN: Tu ich das?

SKORPION: Endlich
FISCHE: Ein Herz
SKORPION: Das sich
FISCHE: erobern lässt.

Die fabelhafte Welt des Skorpions

Wäre der Skorpion eine Stadt, so wäre er Rio de Janeiro, wegen
ihrer Nähe zum Wasser, ihrer schneeweißen Strände, der Kos-
tüme und der Statue von Christus, dem Erlöser, die Anhöhen
und Berge überragt. Wäre der Skorpion eine Wetterlage, so wäre
er ein höllisch heißer Tag, was sollte er auch sonst sein? Wäre

er ein Satzzeichen, so wäre er gar keins. Mitten im Satz würde er abbrechen und nie mehr zurückkehren, außer vielleicht in fünfhundert Jahren, um nachzuschauen, ob du ihn noch immer vermisst. Wäre der Skorpion ein Paar Ohrringe, so wäre er etwas Morbides wie in Bronze gegossene tote Spinnen, aus denen auf magische Weise echtes Blut quillt. Wäre der Skorpion eine Ferienzeit, so wäre er definitiv nicht die Sommerferien, denn all die Orte, an denen absolut nichts los ist, würden ihm furchtbar auf die Nerven gehen – er braucht Schwung in der Kiste, bitte, danke. Wäre der Skorpion eine Tageszeit, so wäre er die gleißende Mittagshitze, wenn die Sonne am höchsten steht. Die Stunde des Teufels nennen wir das.

Hast du schon mal einen Adler vor blauem Himmel von Wipfel zu Wipfel fliegen sehen und dabei einen tiefen inneren Frieden verspürt? Ich schon. Und nein, ich will hier nicht auf irgendein kitschiges Amerika-Klischee hinaus. Ich versuche, die Seele des Skorpions und deren tiefes Verständnis für das Unvergängliche im Alltäglichen zu greifen. Das Wesen des Skorpions spiegelt sich im Anblick dieses Jägers, der einsam und erhaben am Himmel kreist, bis er zuletzt doch auf andere Vögel trifft.

Um die Energie dieses Zeichens zu verstehen, müssen wir uns den Skorpion als Einzelgänger vorstellen. Denn auch wenn er nicht ohne feste Familienbande überleben kann, braucht er doch die Freiheit, der Suche nach sich selbst und den eigenen Zielen und Projekten nachgehen zu können, ohne dass sich irgendjemand darüber beschwert. Das ergibt sich teilweise aus dem Bedürfnis, er selbst sein zu wollen, ohne dass die anderen dieses Selbst in Gänze sehen, damit sie ihn mit diesem Wissen nicht eines Tages niederringen. Teilweise liegt es aber auch an dem Bedürfnis, neue Dinge und Ideen auszuprobieren und kreativ zu sein. Das braucht der Skorpion für sein Seelenheil und lässt sich manchmal nur schwer realisieren, wenn jemand anderes dabei ist. Deshalb muss er sich ein ums andere Mal als einsamer Adler von den Wipfeln in die Lüfte schwingen.

Für den Skorpion ist es auch deshalb enorm wichtig, sich das Leben so zu gestalten, dass er genügend Zeit für sich allein hat. Wie sehr er sich auch dagegen verwehren mag, einem Skorpion sollte stets genügend Zeit bleiben, um sich allein hinauszuwagen (wenigstens ein bis zwei Stunden), um sich die neue Ausstellung im städtischen Naturkundemuseum anzuschauen oder das Buch über diesen Künstler, der mit Quallen arbeitet, zu lesen. Ohne genügend Zeit für sich wird er unzufrieden. Schlimmer noch – besonders für all jene, die ihn stets um sich haben wollen (heißt: alle) –, gesteht man ihm diese Auszeiten nicht zu, kann es passieren, dass er sich von allen abwendet, um sie sich zu nehmen. Man kann nur hoffen, dass der Skorpion seine Bedürfnisse anerkennt und sich genügend Zeit nimmt, um sich aufzuschwingen. Wenn nicht, wird sich eine Spur gebrochener Herzen hinter ihm erstrecken.

Der berühmte Skorpion

Die Geschichtsbücher sind voll von berühmten Skorpionen, doch dabei ist eines augenfällig: Sie sind nicht jene, die im Zentrum der Aufmerksamkeit stehen, sondern meist die Stellvertreter der oder des Ranghöchsten (Joe Biden). Von dieser Position aus ziehen sie die Strippen und beeinflussen das Geschehen, ohne im Zentrum der Macht stehen zu müssen. Was ihnen allerlei Privilegien einbringt, sodass sie mit ihrer Energie haushalten können, wie es den Löwen an vorderster Front niemals möglich sein wird. Hinter den Kulissen sitzen sie auf ihrem Thron und holen vorsichtshalber schon mal aus, um stets bereit zu sein, im richtigen Moment aus der Deckung zu kommen und zuzuschlagen. Klar ernten sie dadurch nicht immer alle Lorbeeren, die ihnen zustünden, aber müssen eben auch nicht alle Schuld auf sich nehmen.

Skorpione tun gerne so, als sei ihnen Ruhm verhasst. Die größten Lügner unter ihnen (glaub mir, die Skorpione streiten sich darum, wer der größte Lügner ist, und ein Gewinner lässt sich kaum ausmachen, weil alle Beteiligten lügen) behaupten, sie verabscheuten das Rampenlicht und das grelle Blitzlicht der Paparazzi. Am Scheitelpunkt geborene Waage-Skorpione wie Kim Kardashian machen sich zwar nicht die Mühe, so zu tun, als wäre es so, aber das hängt mit ihrer beachtlichen Luftzeichen-Energie zusammen. Ihre Mutter und Managerin Kris Jenner hingegen ist ein ausgewachsener Skorpion. Skorpione lieben es, Machthaber aus dem Verborgenen heraus zu lenken, ohne selbst im Licht der Öffentlichkeit zu stehen. Während die Feuerzeichen auf der Bühne glänzen, machen sich die Skorpione besser hinter den Kulissen. Ein Blick genügt, und alle tun, was der Skorpion ihnen aufträgt.

Es ist wirklich erstaunlich, wie viele Dichterinnen und Dichter es unter den Skorpionen gibt. Die Liste ist schier endlos. Der Großteil derer, die es in unser kollektives Bewusstsein «schaffen», wurden um Halloween herum geboren. Logisch: Wer könnte sich die Sprache der Toten und Untoten besser zunutze machen als die Skorpione? Wurde ihnen doch das Wissen über die Abgründe des Daseins in die Wiege gelegt.

Denkt man an Dichterinnen, die im Skorpion geboren wurden, fallen einem natürlich sofort Sylvia Plath und Anne Sexton ein. Die beiden US-amerikanischen Frauen aus der Mitte des vergangenen Jahrhunderts werden ungerechterweise gerne in einen Topf geworfen. Ehrgeizig, wie sie waren, brachten sie es zu großer Berühmtheit, und ihre Arbeit wird allgemein geschätzt. Obwohl diese beiden Dichtergrößen einander kannten, waren sie vermutlich – und das trifft auf die meisten Skorpion-Verbindungen zu – nicht unbedingt «beste Freundinnen». Diese beiden Frauen entwarfen poetische Porträts der Phantasie, die an Perfektion grenzen, indem sie sich tief in das kollektive Seelenleben eingruben, das sich aus ihrem Dasein als fühlende menschliche Wesen speiste. Typisch Skorpion. Weitere Skorpiondichter sind Nathaniel Mackey, Marianne Moore und Dylan Thomas. Wir freuen uns, dass so viele Skorpione berühmte Dichterinnen und Dichter wurden. Wir brauchen sie.

Pablo Picasso besaß eine unglaubliche kreative Wucht und überwand mit seiner Kunst zeit seines Lebens Konventionen. Wie jeder gute Skorpion testete er sich selbst und die Grenzen seines Fachs aus. Mit seiner Fähigkeit, sich ganz auf seinen Instinkt zu verlassen, hat er den Kubismus und den Surrealismus entscheidend geprägt. Sein Leben ist eine Metapher für jeden berühmten Skorpion, nein, für einfach jeden Skorpion. Er lebte sein Leben, ohne sich davor zu fürchten, was die anderen von seiner Arbeit hielten. Dank seiner strikten und beinahe religiösen Hingabe an sein Schaffen vertraute er auf dessen unermesslichen Wert. Wie es auf alle berühmten Skorpione zutrifft, veränderte er die Welt, indem er schlicht er selbst war.

Weitere berühmte Skorpione

1. WHOOPI GOLDBERG
2. WINONA RYDER
3. TED BERRIGAN
4. BILL GATES
5. DIDDY
6. TRACE ELLIS ROSS
7. CHLOË SEVIGNY
8. HOWARD DEAN
9. ALICE NOTLEY
10. CARL SAGAN

Skorpion-Playlist

FRANK OCEAN – «Been Thinking About You»
KATY PERRY – «Legendary Lovers»
DRAKE – «Nice for What»
MAHALIA JACKSON – «Trouble of the World»
AARON COPLAND – «Quiet City»
LORDE – «Green Light»
ESPINOZA PAZ – «Perdí la Pose»
LYLE LOVETT – «If I Had a Boat»
SIGALA – «Sweet Lovin'»
JONI MITCHELL – «Blue»

Der Skorpion (Ein Gedicht)

Ein wildes Feld Palmen. Vom Regen umgeweht? Nein, der Regen fällt nur. Der Wind spannt Bögen unsichtbaren Schwungs. Willst du damit sagen, dass die Landschaft mit Schlamm bedeckt war? Nein, ich meine, dass die ganze Welt reich an Vorsätzen ist. Fragen stellt. Lautlos. Wird und vergeht, auf sehr methodische Art und Weise. Weiche, abgetragene Shirts weichen weichen, abgetragenen Leintüchern, weichen weichen, zarten nackten Körpern. Weichen was? Werden, vergehen. In der Unterwelt. Pflanzen Setzlinge und Kartoffeln. Waren sie orange? Die Kartoffeln? Ach, was bist du für ein Narr! All der furchtbar bittere Weizen. Mit dem du dein Abendessen zubereitet hast. Nein, aber was ist mit der wilden Hast. Was ist mit all dem, das du dem Mond versprochen hast? Ach, vergiss all das. Das wirst du nicht, aber. Ach, komm. Leb du dein Leben nach deiner Fasson. Ohne mich.

A wild acre of entirely palm trees. Blown over by rain? No, rain only falls. The wind makes sheets of invisible momentum. Do you mean that the entire landscape was flooded with debris? No, I mean to say that the whole world was heavy with intention. Asking questions. Silently. Going in and going out, in a rather methodical fashion. Making everyone bleed. Soft and worn-out shirts giving way to sheets of soft and worn-out linen giving way to soft and subtle naked bodies. Giving way to what. Going in and going out. O f. the underworld. Planting spring shoots with potatoes. But were they orange? The potatoes? Oh what a fool you are! All that very bitter wheat. With which you made your supper. No, but what about the wild rush. What about all of those things you promised to the moon? Oh forget everything. You won't, but. Oh go on. Live life as you wish. Without me.

SCHÜTZE

I dwell in Possibility –
A fairer House than Prose –
More numerous of Windows –
Superior – for Doors –

EMILY DICKINSON, GEBOREN AM 10. DEZEMBER 1830

Der Schütze

Ich weiß noch genau, was ich gerade tat, als sich Britney Spears eine Glatze rasierte. Ich lackierte mir die Nägel schwarz und ghostete meinen Krebs-Freund. Die Beziehung hatte drei Jahre lang gehalten, und im Februar 2007, im letzten Semester, hatte ich allmählich die Schnauze voll. Die Textnachrichten, die ständigen Nachfragen, wie es mir geht, dass er ständig Zuspruch brauchte, dass er es sich so gemütlich gemacht hatte in unserer

Beziehung, dass jeder Sex-Appeal flötengegangen war. Es fühlte sich nur noch erbärmlich und mitleiderregend an. Ich war zweiundzwanzig, und so hatte ich mir mein Leben nicht vorgestellt. Noch dazu hatte er diese Art, mich zu erdrücken. An besagtem Freitag versuchte ich krampfhaft, einer Verabredung zum Abendessen mit ihm zu entgehen. Wie alle Schützen an einem Freitagabend wollte ich feiern und flirten. Egoistisch wollte ich sein und auch ein bisschen draufgängerisch.

Während ich darauf wartete, dass meine Nägel trockneten, und auf mein Laptop starrte, sah ich ein Foto von Britney Spears und ihrem halb kahlgeschorenen Schädel. Sofort klickte ich auf den Artikel und sah mir die weiteren Bilder an. Britney, wie sie versuchte, mit einem Regenschirm ein Autofenster einzuschlagen. Britney in einem grauen Kapuzenpulli, eine Haarschneidemaschine in der Hand. Britney vor irgendeinem Friseursalon in Kalifornien. Alle um sie herum sahen erschrocken drein und wussten nicht, ob sie ihr helfen sollten. Vielleicht musste sie es deshalb mehr oder weniger allein durchziehen, während sie halb lachend, halb verzweifelt in den Spiegel blickte, ein Zustand, in den ich mich mit zunehmendem Alter immer besser würde hineinversetzen können (auch wenn ich niemals so berühmt werden würde wie sie und ich ihr Leben auch sonst nicht verstand).

Britney Spears war die bekannteste Jugendliche der USA. Jeder Hetero-Teenager, den ich kannte, holte sich einen auf sie herunter. Die schwulen Jungs vergötterten sie. Und die Mädels beäugten sie und nahmen sie ungeniert auseinander, weil sie genauso aussehen wollten wie sie. Ich weiß noch, wie ich einmal in der Mittelstufe mit meiner Mutter einkaufen ging und ihr Foto von David LaChapelle auf dem *Rolling Stone*-Cover sah – Britney auf einer knallpinken Tagesdecke in einem schwarzen Satin-BH und mit einem schnurgebundenen Telefon (ein Relikt aus den Neunzigern) in der einen und einem lila Teletubby (dem schwulen) in der anderen Hand. Ich flehte meine Mutter an, mir die Zeitschrift zu kaufen. Sie tat mir natürlich den Gefallen, vermutlich weil sie hoffte, ich sei doch nicht schwul (welch Ironie), und auf dem Nachhauseweg las ich kein einziges Wort von dem Artikel. Ich starrte die Fotos an und hielt Britney von nun an für eine Heilige. Sie war ein braves Mädchen. Eine Lolita. Warst du schwul, war sie deine beste Freundin, für alle anderen war sie eine Phantasie. Das war ihr großes Talent. Sie sprach nahezu jeden an. Wir alle, die wir mit Britney aufgewachsen sind, spüren eine Zuneigung für sie, die an elterliche Gefühle grenzt. Obwohl sie eine von diesen furchtbar beliebten Mädchen war, wollte man sie beschützen. Wir wussten, dass hinter der Fassade irgendetwas nicht stimmte, dass sie seelisch angeschlagen war, wie ja irgendwie alle.

Der Vorfall im Februar hatte zur Folge, dass die Paparazzi den ganzen Sommer über an Britney klebten. Sie wurde dabei beobachtet, wie sie an einer Tankstelle einen falschen britischen Akzent benutzte, wie sie in der Öffentlichkeit weinte und wie sie unzählige Perücken ausprobierte und nahezu die ganze Zeit über eine Sonnenbrille trug. Sie sah unwirklich aus, und zum ersten Mal war sie ein Mensch (was sie natürlich schon immer war). So ist das mit den Schützen: Von außen betrachtet wirken wir, als stünden wir über den Dingen, unnahbar. Nur wenige trauen sich zu fragen, wie es uns geht, denn wir sind großartige Entertainer. Selbst wenn wir einen Nervenzusammenbruch haben, üben wir noch Faszination und Anziehungskraft aus. Wir Schützen vermitteln den Anschein, alles im Griff zu haben, weil wir uns wünschen, dass auch das Drama noch schön aussieht. Der Schütze verkörpert eine Leichtigkeit, die an Respektlosigkeit grenzt – halb Herz, halb Mir-doch-egal. Britney Spears ist das Paradebeispiel eines Schützen. Rebellisch, aber süß, will von allen geliebt werden und besteht gleichzeitig auf ihre Freiheiten (und wie frei kann man sein, wenn man das will) – ein Riesenparadox. Listig und unberechenbar. Deshalb bekommst du von deinen Freundinnen und Freunden mit Sonnenzeichen Schütze nie genug. Deshalb liebst du sie und hältst sie gleichzeitig für unmöglich.

Was du über den Schützen wissen solltest

Der Schütze ist ein veränderliches Feuerzeichen und das neunte Zeichen des Tierkreises (eine zutiefst symbolische Zahl, die für Idealismus, aber auch für das Urteilen steht). Er folgt auf den Skorpion und hat von ihm die Leidenschaft und Vehemenz geerbt, aber auch seine Lehren gezogen aus dessen Auseinandersetzung mit äußeren Zwängen und Freiheitsliebe. Tatsächlich gibt es für den Schützen nichts Wichtigeres als seine Freiheit. Er wird alles tun, um sie zu erlangen: von jetzt auf gleich den Job kündigen, sich den Kopf kahl rasieren, mit jemandem schlafen, mit dem er besser nicht hätte schlafen sollen – also alles, was eher die *Illusion* von Freiheit ist als eigentliche Freiheit. Du wirst außerdem feststellen, dass der Schütze oft eine Gegenposition vertritt, ob er nun daran glaubt oder nicht. Dieses kontraintuitive Verhalten hat ebenfalls mit der ständigen Sorge um die eigene Freiheit zu tun. Mit seinem Widerstand glaubt er, seine Unabhängigkeit zu bewahren.

Es ist also wenig überraschend, dass man den Schützen gern «rebellisch» nennt – und «unhöflich». Er nimmt kein Blatt vor den Mund und ist sehr direkt. Wenn es nach ihm geht, ist er «einfach nur ehrlich», sagt eben nur, «wie die Dinge nun mal liegen». Wenn er deshalb jemanden zum Weinen gebracht hat, na ja, dann ist das ja wohl nicht seine Schuld. Dieser Jemand «musste einfach mal die Wahrheit gesagt bekommen». Auf Dauer wirst du seine Art zu schätzen lernen. Seinen Rat und seine Zuneigung lässt er dir ohne Rücksicht auf Verluste zukommen. Ebenso wie seine Ablehnung. Im Gegensatz zum Löwen macht es für ihn keinerlei Unterschied, ob er der Queen oder seiner Kurzzeit-Affäre mitteilt, sie hätte schon besser ausgesehen (zu seiner Bindungsangst später mehr).

Schützen lassen sich in keine Schublade stecken. Sie sind keine Mitläufer, aber geborene Anführer sind sie auch nicht. Sie könnten es sein, aber es liegt nicht in ihrer Natur. Ihr Ego hat das schlicht nicht nötig. Viel wichtiger ist es ihnen, in aller Ruhe ihren Leidenschaften nachzugehen und ihre eigenen Entscheidungen treffen zu können, jederzeit und ganz nach Belieben. Wenn es nach den Schützen ginge, sollte das für alle gelten. Es sind wahre Idealisten an ihnen verlorengegangen. Sie sind der Ansicht, das Experiment Mensch könnte sehr wohl gelingen, wenn sich alle einfach nur in Frieden leben ließen. Sie würden es zwar nie zugegeben, aber tief im Innern sind sie Optimisten, egal wie gothmäßig sie rüberkommen. Wundere dich nicht, wenn du irgendwann einen Schützen siehst, wie er einsam und allein eine Zigarette im Regen raucht, und ihn später auf einer Party im Zentrum des Geschehens wiederentdeckst.

Wenn der Widder derjenige ist, der die Dinge ins Laufen bringt (die Party anheizt), und der Löwe derjenige, der sie aufrechterhält (für Unterhaltung sorgt), dann ist der Schütze der Gast, der eine Stunde zu spät kommt, mit allen flirtet, irgendetwas höchst Umstrittenes von sich gibt und dann einfach wieder abhaut (wahrscheinlich ohne sich zu verabschieden – keine Ahnung, wie oft ich das schon getan habe, um Verabschiedungen zu entgehen, die vor unnötigen Gefühlsanwandlungen oft nur so triefen). Auch deshalb ist er immer in aller Munde. Das weiß er, und das liebt er. Und zum Teil ist das der Grund für sein Benehmen. Fast alle Schützen, mit denen ich befreundet bin, sind große Fans des polnischen Abgangs. Anstand und Höflichkeiten fühlen sich für mich und meine Leute an wie Unterdrückung. Wenn du mit uns feiern willst, begib dich bitte auf unsere Ebene, und erwarte nicht, dass wir uns wie in einem Jane-Austen-Roman benehmen. Und wenn du dich tatsächlich trauen solltest, uns dazu zu bringen, das zu tun, was du willst, schlag das Gegenteil vor – geh ironisch an die Sache ran. Wir sind nicht grundsätzlich biestig. Wir wollen dich nur nicht auf Teufel komm raus heiraten.

Der Schütze als Liebhaber

Einen Schützen hält man am besten, indem man es gar nicht erst versucht – und noch dazu drei Privatdetektive engagiert, die seinem geheimen Leben nachgehen, damit du ihn wenigstens zu drei Prozent kennst. Jeder von uns hatte wohl schon einen Schützen-Liebhaber, der eines Tages spurlos verschwand, ganz wie eine heißgeliebte Jeans, sodass wir unbefriedigt zurückblieben. Soll heißen: Zeig ihm dein Interesse, aber sei nicht berechenbar und übertreibe es nicht. Du becircst hier nicht einen Fisch oder einen Krebs. Der Schütze legt bei seinen Annäherungsversuchen Wert auf Zurückhaltung und Feingefühl. Und selbst wenn du deine Trümpfe richtig ausspielst, wird er nicht unbedingt bei dir bleiben. Es liegt nicht an dir, es liegt an ihm – dieses Klischee trifft auf den Schützen von allen Zeichen am meisten zu. Seine Bindungsangst ist berüchtigt. Er ist ständig auf der Suche nach etwas Besserem, ganz wie die New Yorker, wenn es um Wohnungen geht. Wir wissen einfach, dass es irgendwo da draußen etwas noch Besseres für uns gibt. Und selbst wenn wir diese eine Wohnung ergattert haben, die mietpreisgebunden ist, näher an der U-Bahn-Haltestelle liegt und in die mehr Sonnenlicht einfällt – es macht keinen Unterschied. Leben, meine Freunde, bedeutet, ständig unzufrieden zu sein mit dem, was man hat und vielleicht sowieso gar nicht unbedingt wollte. Zumindest ist das bei den Schützen so. Es fällt ihnen sehr schwer dranzubleiben, da machen sie weder sich noch anderen etwas vor.

Mit einem Schützen auszugehen, ist sehr verwirrend. Er hat einen Hang zu großen romantischen Gesten, kann aber schon wenige Minuten später sang- und klanglos den Kontakt abbrechen. Er ändert ständig seine Meinung und agiert meist alles aus. Auch schmort er nicht wie ein Wasserzeichen vor sich hin, sondern schießt einfach aus der Hüfte. 2004 heiratete unsere Schützenkönigin Britney in Las Vegas. Und beschloss fünfundfünfzig Stunden später, sich wieder scheiden zu lassen. Nicht, dass sie nicht wirklich hätte heiraten wollen. Wahrscheinlich hatte sie zum damaligen Zeitpunkt tatsächlich Lust darauf. Und dann … wieder nicht. Willkommen in Psyche der Schützen – Grundkurs I. Auch die schlauesten Köpfe haben Jahre damit zugebracht, herauszufinden, warum der Schütze sich nie wieder bei ihnen gemeldet hat, nachdem er ihnen doch ewige Liebe geschworen hatte? Was hatten sie nur falsch gemacht?

Einem Schützen geht man nur allzu leicht ins Netz. Seine Anziehungskraft ist enorm. Trotz aller Selbstzweifel und Grübelei weiß er sehr gut, wie er die Leute rumkriegt. Und das bringt alle in Schwierigkeiten. Schützen versuchen praktisch immer, jemandem die Freundin oder den Freund auszuspannen. Auch wenn sie niemals mit ihnen ins Bett gehen würden. Sie wollen schlicht begehrt und mit hingebungsvoller Zuneigung bedacht werden. Und da sie wissen, wie sie daran kommen, endet es meist damit, dass sie eine Menge Leute vor den Kopf stoßen, die annehmen, sie hätten einen Draht zu ihnen (was nicht unbedingt auf Gegenseitigkeit beruht, weil es für den Schützen wahrscheinlich einfach nur ein kleiner Flirt war). Das klingt jetzt so, als ob Schützen in der Liebe grausam und gemein seien, dabei möchten sie in Wirklichkeit einfach nicht die Verantwortung für die Gefühle anderer übernehmen. Es sei denn, alles ist *easy-going* und sexy. Auf *easy-going* und sexy können sie sich einlassen. Frag einen Schützen mal nach seiner Meinung zur Ehe. Er wird sich höchstwahrscheinlich umdrehen, an die Bar gehen und einen Doppelten ordern.

Die erogenen Zonen des Schützen sind Hüfte und Oberschenkel. Er mag es, wenn du ihn an dich heranziehst, und erwidert diese Geste gerne. In seinem Hüftbereich sitzt eine Menge sexueller Energie. Du brauchst ihn dort nur kurz zu berühren, und schon kommt er in Fahrt. Es sei denn, du bist ein Erdzeichen. Steinbock und Jungfrau: Viel Glück damit, einen Schützen ins Bett zu kriegen. Von all euren Regeln, Zeitplänen und pingeligen Vorgaben könnt ihr euch gleich verabschieden. Dem Schützen sind sie nicht nur egal, er wird euch auch noch seine Meinung dazu geigen. Der Stier hat von den Erdzeichen noch die größte Chance auf eine Beziehung mit dem Schützen. Das liegt an seiner Liebe zu Glamour und Dekadenz. Und daran, dass er das größte Stilbewusstsein hat. Der Stier ist selbstbewusst, kann sich aber auch unauffällig geben. Seine Liebhaber weiß er wenn nötig zu verhätscheln. Aber es wird natürlich auch riesige Streits zwischen Stier und Schützen geben. Keiner möchte dem anderen entgegenkommen. Vom Stier wird der Schütze grenzenlos vergöttert, was den Schützen irgendwann langweilt. In der Liebe sucht er nämlich die Herausforderung. Es ist die Jagd, die ihn reizt, also hält euer Techtelmechtel vielleicht ein paar Minuten länger, wenn du dich rar machst.

Widder und Löwe passen super zum Schützen. Heißer Sex, interessante Gespräche, Auseinandersetzung, die an die Substanz gehen, aber nach fünf Minuten wieder vergessen sind. Feuerzeichen sind nicht bekannt dafür, nachtragend zu sein. Sie haben Wichtigeres zu tun. An ihrer Berühmtheit arbeiten zum Beispiel oder eine neue Affäre eingehen. Ihr Antrieb ist der Ehrgeiz, nicht die Rache. Und wo wir gerade bei Rache sind: Liebe Schützen, nehmt euch vor den Wasserzeichen in Acht. Nach ihnen werdet ihr euch am meisten verzehren. Weil ihr wisst, dass sie nicht gut für euch sind und ihr die Finger von ihnen lassen solltet. Der Krebs klammert zu sehr und ist für euch zu häuslich (und viel zu wenig glamourös). Die Kombi Fische–Schütze ist träumerisch, steckt voller Idealismus und tollem Sex – bis sich der Fisch in seiner Selbstanalyse und seinen Unsicherheiten verzettelt. Als jemand, der drei Fische-Lover und zwei lange Krebs-Beziehungen hatte, behaupte ich: Für Wasserzeichen ist der Schütze einfach zu aufregend. Kommt damit klar! Aber ihr Skorpione, mal ganz unter uns: Mit euren Psychospielchen macht ihr euch für den Schützen ziemlich interessant (so ungern ich das auch zugebe). Das manipulative Verhalten eines Skorpions findet der Schütze irgendwie heiß. Nur dieses Herumspionieren und Überwachen ... Letzten Endes sage ich als Schütze also doch nein danke. Lieber vögele ich mit dem FBI, als mit einem Skorpion zu daten.

Ein Schütze und ein Zwilling, die miteinander flirten, sind ein herrlicher Anblick. Er kann einem den Glauben an die Liebe auf den ersten Blick zurückgeben. Und es hat etwas wahnsinnig Jugendliches und Abenteuerliches. Diese beiden Zeichen können es lange miteinander aushalten und machen mit ihrer Freude aneinander alle neidisch. Die Waage ist so verkopft, dass sie sich sofort zum Schützen hingezogen fühlt – der nämlich sagt einfach, was er denkt, und tut, was er will. Der Schütze wiederum weiß das ästhetische Bemühen der Waage zu schätzen, das sich bei ihr durch alle Lebensbereiche zieht. Alles soll schön und durchdacht sein. Unter den Luftzeichen stellt der Wassermann die größte Herausforderung für den Schützen dar. Beide sind Rebellen. Doch beim Schützen weiß man stets, woran man ist, während der Wassermann kalt und unnahbar erscheinen kann. Ihr Temperament passt einfach nicht zusammen, was vielleicht sogar ihre anfängliche Anziehung ausmacht. Ich habe mich einmal von einem Wassermann getrennt (okay, wahrscheinlich beruhte es auf Gegenseitigkeit), weil er meinte, ich würde ihn

SCHÜTZE

zu oft anschreien. Irgendwie fürchtete er sich vor Gefühlen. Besonders vor schrillen, romantischen Gefühlen. Ja, ich habe die ein oder andere Tür zugeknallt und ihn vielleicht auch betrogen. Eine Warnung vorab: Wenn du nicht bereit bist, in unter zehn Sekunden von null auf hundert zu schalten oder auch von hundert auf null – dann ist der Schütze nichts für dich. Er ist zum Fühlen geboren. Er wird es dir vielleicht nicht sagen, weil er nicht verwundbar wirken möchte. Aber er benimmt sich dementsprechend. Also wie ein Verrückter.

Der Schütze als Freund

Der Schütze ist die Art Freund, die dir hilft, deine Träume zu verwirklichen, indem er als gutes Beispiel vorangeht. Er ist immer in Bewegung. Selbstverwirklichung ist ihm enorm wichtig. Er erkennt darin die Chance, seiner Traumvorstellung von einem Leben in vollkommener Freiheit näherzukommen – niemandem Rechenschaft schuldig sein, sich keine Gedanken um Geld machen, niemals erklären, was man mit der eigenen Zeit anfängt. Dementsprechend schwierig gestaltet es sich, beim Schützen mal zu Wort zu kommen. Er scheint die ganze Zeit von sich selbst und seinen Zukunftsplänen zu reden. Im Gegensatz zum Löwen ist er dabei aber nicht auf Komplimente aus. Er steht ständig unter Strom, ist besessen davon, alles auszuprobieren. Und er möchte auch dich unter Strom setzen, etwa indem er dich zu einem spontanen Kurzurlaub entführt oder mit dir eine Business-Idee umsetzt, auf die du allein nie gekommen wärst.

Der Schütze ist nicht die Art von Freund, die regelmäßig bei dir nachhört und dir Nachrichten schickt. Dafür musst du dir eine Jungfrau oder einen Krebs suchen. Das heißt nicht, dass du ihm egal bist. Sondern dass er in seiner eigenen kleinen Schützen-Welt lebt, in der er Tickets für einen Flug an einen Ort kauft, den er zehn Minuten zuvor auf Google entdeckt hat, und sich auf die unmöglichsten Liebschaften einlässt, um sich in ihnen zu verrennen. (Alte Weisheit eines Schützen: Ist deine Auserwählte unerreichbar, hast du nichts zu verlieren; sie kann dir nicht weh tun, du hättest sie eh nie für dich gewinnen können.) Der Schütze wird zur Stelle sein, wenn du ihn am meisten brauchst, und in Krisensituationen ist er unschlagbar. Damit würde niemand rechnen, schließlich sagt man ihm nach, er sei ein fieses Früchtchen. In Wahrheit möchte er seine Freunde jedoch wachsen und gedeihen sehen. Er ist jemand, der dir einen Gefallen tut und es dir hinterher niemals aufs Brot schmieren würde.

Viele Schützen tun sich schwer damit, Hilfe anzunehmen und sich verletzlich zu zeigen. Aus der Ferne erscheinen sie manchmal unnahbar. Du erweist ihnen einen wahren Freundschaftsdienst, wenn du auf sie zugehst, obwohl sie vor Selbstvertrauen nur so strotzen (gerade dann). Selbstbewusstsein ist ihr Abwehrmechanismus. Das ist hauptsächlich darauf zurückzuführen, dass ihnen jegliche Form von Abhängigkeit – von einer Person, einem Ort oder irgendetwas anderem auf dieser Welt – furchtbare Angst einjagt. Sie möchten sicher sein, dass schon alles gut werden wird, selbst wenn sie alles verlieren und auf einer einsamen Insel stranden (um ehrlich zu sein eher Traum als Albtraum eines jeden Schützen). Je offener und freigebiger du dich als Freund zeigst, desto lieber wird der Schütze dich mit auf diese Insel nehmen (und dich dabei unablässig daran erinnern, dass er auch prima allein zurechtkäme).

In Gesellschaft ist der Schütze zwar überaus charmant und quirlig, doch es zehrt auch an ihm. Es mag so aussehen, als hätte er einen Haufen Freunde, doch in Wahrheit hört er auf sein Bauchgefühl und schenkt nur ein paar wenigen Auserwählten sein Vertrauen. Das liegt auch daran, dass er tiefe Freundschaften sehr zu schätzen weiß, die manchmal sogar mehr mit einer Ehe gemein haben. Ist dein bester Freund ein Schütze, kennst du das Gefühl, du seist mit ihm verheiratet, und hast wahrscheinlich alle zwei Wochen den Drang, dich von ihm scheiden zu lassen, weil er sich unmöglich aufgeführt hat, unterkühlt gewesen ist oder Salz in Wunden gestreut hat, von denen er weiß, dass er kein Salz hineinstreuen darf. Ja, das Leben mit einem Schützen ist kompliziert. Aber niemals langweilig. Im Gegensatz zu den Erdzeichen wird er dir deine Fehler niemals vorhalten. Einen schlimmen Fehltritt kann er dir innerhalb von Minuten verzeihen, wenn du deine Loyalität bereits unter Beweis gestellt hast. Und unter Beweis stellen kannst du sie, indem du stets verlässlich zur Stelle bist und sein ungestümes Verhalten und seine schrägen Ausraster erträgst. Er wird versuchen, dich wegzustoßen, womit er schlicht versucht auszuloten, wer ihm treu zur Seite steht.

Schütze-Style

Der Schütze besitzt mehr Lederjacken als irgendjemand sonst im Tierkreis. Oder er besitzt nur eine einzige, die er aber so oft trägt, dass man sich fragt, ob alles okay ist, wenn er mal ohne sie unterwegs ist. Jacken sind sein liebstes Kleidungsstück. Ihm gefällt alles, was irgendwie nach Panzer aussieht. Alles, was Schutz bietet und nach außen Härte ausstrahlt. Bomberjacken oder Jacken im Military-Stil. Uniformen findet der Schütze erregend (aber keine komplette Uniform, er ist schließlich Nonkonformist). Er trägt gern Teile einer Uniform mit einem Augenzwinkern und weiß ganz genau, dass er einen damit aus der Fassung bringt. Erinnerst du dich noch, als Britney sich zum ersten Mal in ihrem Outfit als katholisches Schulmädchen blicken ließ? Das ist das perfekte Beispiel. Ja, ich komme immer wieder gern auf sie zurück, denn sie ist die Mutter aller Schützen.

Was Farben anbelangt, so tendiert der Schütze zu dunklen

Tönen, insbesondere zu Schwarz. Wobei er Batik und Muster genauso gern mag. Würde man die Sixties mit dem Gothic/Grunge-Stil der Neunziger kreuzen, zeichnet das ein genaues Bild des Schützen-Styles: Grunge aber eher von der Ostküste als von der Westküste, also etwas adretter und gepflegter. Ja, wegen seines Modegeschmacks hat man dem Schützen schon nachgesagt, er sei wenig authentisch oder es komme ihm zu sehr auf seine Wirkung an. Als wollte er unmissverständlich klarmachen, dass seine rebellische Phase nie vorbei sein wird. Und genau das tut er. Und das macht ihn eher noch authentischer. Zu den Sechzigern und Neunzigern fühlt er sich deshalb hingezogen, weil beide Jahrzehnte vom Widerstand gegen gesellschaftliche Normen geprägt waren und sich das auch im Kleidungsstil niederschlug.

Stichwort Schuhe: Der Schütze liebt Doc Martens und Vans. Diese (oder ähnliche Springerstiefel und Sneakers) trägt er häufiger als alle anderen Schuhe. Klar wird, der Schütze ist nicht der klassisch ungeschliffene Mode-Rebell, aber Trends rennt er auch nicht hinterher. Die Doc Martens trägt er nicht, um irgendwie cool rüberzukommen. Er denkt, er sei sowieso cool, weil er existenzialistische Ansichten vertritt und ein experimentierfreudiges Naturell hat, wodurch jederzeit alles möglich ist. Er möchte gesehen werden, das ja, aber es geht ihm viel mehr darum, sich wohlzufühlen, als Komplimente abzustauben. Und dieses Mantra lässt sich beim Schützen auf ziemlich viele Lebensbereiche anwenden.

Ein bisschen nerdig und auch ein bisschen peinlich ist seine Liebe zu Aufnähern. Und Ansteckern. Zu allem, was seine Wertvorstellungen und was ihm wichtig ist, nach außen sichtbar macht (auch Band-T-Shirts stehen bei ihm hoch im Kurs). Beides wird er in seine Wohnung und seinen Kleiderschrank integrieren. Hauptsächlich, um mit Leuten ins Gespräch zu kommen. Er kann endlos über Dinge reden, gegen die er aufbegehrt, und darüber, warum du das ebenfalls tun solltest. Das klingt dann ein bisschen esomäßig oder nach ewiger Student, aber lass ihn nur reden. Es ist eher unterhaltsam als nervig.

Texten mit dem Schützen

Eines Abends war ich mit einem befreundeten Schützen feiern, und während wir so trinken, vergisst er doch glatt, dass er in einer Beziehung steckt. Sein Lover war gerade noch Thema gewesen, als er wie aus dem Nichts einem Skorpion-Ex textete, der meines Wissens mehr oder weniger die Liebe seines Lebens war. Als der Skorpion nicht innerhalb von dreißig Sekunden antwortete, textete er einem anderen Ex, einem Stier. Es war, als würde ich mich selbst beobachten. Denn genau das Gleiche würde auch ich tun, wenn ich an einem Wochenende einen sitzen und das Gefühl hätte, mein Aktueller hielte mich an der kurzen Leine.

Ich versuchte meinem Freund klarzumachen, dass er es morgen früh bereuen würde. Aber als Schütze wusste ich, dass das nicht stimmte. Ich wusste, was hier gerade passierte, war fahrlässig, aber echt. Mein Bekannter war nicht verliebt und wollte raus aus der Beziehung, auch wenn er dafür alle Uhren zurückdrehen musste. Als sich nach zehn Minuten immer noch kein Ex gemeldet hatte, bekam ein Dritter dieselbe dahingeschluderte Nachricht. Jemand, mit dem er erst vorige Woche seinen Liebsten betrogen hatte. Wieder war ich wenig überrascht. Und versuchte auch nicht, ihn davon abzuhalten. Noch einen Drink später hatten alle drei geantwortet. Jetzt lagen mehrere Möglichkeiten auf dem Tisch, und im Scherz schlug ich vor, ich könne ja auch mit einem von ihnen schlafen. Scherz beiseite, genau das passierte. Mein Bekannter schlief mit dem Skorpion, ich schlief mit dem Stier, und der jüngste Lover ging leer aus. Den hoben wir uns für später auf. Die Moral von der Geschichte?

Ein Schütze kriegt immer, was er will. Und hilft einem anderen Schützen bei der Gelegenheit gerne aus.

Die tägliche unverlangt eingesandte Schützen-Nachricht ...
DU:
SCHÜTZE: Bevor man stirbt, kann man immer noch ins Flugzeug steigen, mit einem Fremden schlafen oder ein Gedicht lesen, während man allein in der Küche sitzt und eine Zigarette raucht.

Der Schütze an die Broadcast-Liste ...
SCHÜTZE: Wenn du mein Freund bist, schick mir bitte bis heute Abend eine Million Euro. Danke!

Der Schütze im Glück ...
DU: Alles okay bei dir? Hab schon über einen Monat nichts von dir gehört.
SCHÜTZE: Hatte einen super Monat ohne Boyfriend. Partyyy!

Der dramatische Schütze ...
DU: Also, du brauchst ja keinen Roman zu schreiben, aber kannst du mir bitte mal sagen, warum du das getan hast??
SCHÜTZE: Das Genre, in dem ich mich besonders hervortue, ist das Texten emotionaler Nachrichten in Taxis. Kurz gesagt: Du kannst mich mal.

Der spirituelle Schütze ...
DU: Wir sehen uns auf der Party heute Abend!
SCHÜTZE: Mit Leuten, die nicht an das Hier und Jetzt glauben, feiere ich keine Partys.
DU: Äh ...??

Der geile Schütze ...
DU: Na, wie geht's?
SCHÜTZE: Blättere gerade im Duden, damit mein Dirty Talk via Text noch besser rüberkommt.

Der Schütze am Sonntag ...
SCHÜTZE: Irgendwelche neuen Ideen, warum wir hier oder nicht sind? Lol
DU: Hast du wieder gesoffen?

Die fabelhafte Welt des Schützen

Wäre der Schütze eine Stadt, so wäre er Las Vegas. Schrill und düster, und man könnte meinen, man befände sich gleichzeitig überall auf der Welt. Las Vegas ist das Versprechen, dass sich dein Leben, wenn du Glück hast, von einem Moment auf den anderen verändert, dass deine wildesten Träume leichter zu verwirklichen sind, als gedacht und dass du nur mal etwas wagen musst, um sie wahr zu machen. Nicht umsonst wird der Schütze von Jupiter beherrscht, dem Planeten des Glücks. Das Glück auf die Probe zu stellen und Risiken einzugehen, liegt also in seiner Natur. Wäre der Schütze ein Satzzeichen, so wäre er ein Gedankenstrich. Raumgreifend, irgendwie streng und deutlich wahrnehmbar. Wäre er eine Wetterlage, so wäre er Nebel. Mysteriös, gespenstisch und auf seltsame Art schön anzusehen. Wäre der Schütze eine Landschaft, so wäre er definitiv eine Wüste. Eine Wüste bei Nacht. Alle Stunde durchquerte diese Wüste ein Wagen, der eine Menge Sand aufwirbelt und wieder aus dem Blickfeld verschwindet. Und hin und wieder würde in dieser Wüste ein Schütze aufschauen und darüber nachsinnen, ob er den Wagen anhalten, die fremden Insassen kennenlernen und mit ihnen fortgehen sollte. Die meiste Zeit über würde er aber weiter

voranschreiten und gelegentlich stehen bleiben, um den Himmel zu betrachten und die Stiefel enger zu schnüren.

Der Schütze ist das Mädchen, das auf dem Abschlussball in Netzstrümpfen und der Lederjacke ihres Vaters auftaucht. Sie weiß nicht genau, wozu sie eigentlich hergekommen ist. Eine Verabredung hat sie keine. Nicht weil keiner sie begleiten wollte, sondern weil sie es nicht darauf angelegt hat. Sie wollte keinen fragen, und jeder, der sie gefragt hat, bekam nie eine Antwort. Eigentlich sah es ganz danach aus, dass sie nicht auf den Abschlussball gehen würde, doch am Ende hat sie irgendwas dazu getrieben, ihr Zimmer zu verlassen. Jetzt steht sie in der Ecke, starrt die anderen lässig an und tut so, als starre sie gar nicht. Wenn du zu ihr gehst und mit ihr sprichst, bringt sie irgendeinen Spruch. Irgendetwas Emomäßiges. Dass sie wünschte, die würden mal *The Smiths* spielen oder so. Sie ist nicht wirklich eine Zicke, sieht aber irgendwie wie eine aus. Wenn ihr euch unterhaltet, erzählt sie dir von dem düsteren Roman, den sie gerade schreibt, davon, dass sie sich wie ein Einzelkind fühlt, obwohl sie keines ist, und dass sie trotz ihrem Gehabe tief drinnen glaubt, dass alles möglich ist, obwohl es nicht cool ist, so etwas zu sagen.

Vielleicht denkst du, du würdest gerne mit ihr befreundet sein. Vielleicht ist sie genau der Roadtrip, der etwas so Elementares in dir verändert, dass du unmöglich zu deinem alten Leben zurückkehren kannst. Sie ist die Fremde, mit der du dich lange unterhältst in irgendeiner Stadt, in die du nie wieder zurückkehren wirst, in der du dich nur auf der Durchreise befindest. Und sie versteht dich. So richtig. Selbst wenn sie schweigt, versteht sie, warum du von vorne anfangen willst, warum du dich der Malerei statt der Welt der Finanzen widmen, nie heiraten und jemanden zurückrufen möchtest, den du einst geliebt hast, obwohl du es besser nicht hättest tun sollen.

Das mag alles sein, doch nun ist sie fort. Du hast sie eine Sekunde aus den Augen gelassen, und sie hat eine andere Ecke gefunden, in der sie vor sich hin brüten kann. Auf einer anderen Party, nicht dieser. Einer wie dieser, auf der jeder sie ansieht, aber nicht so recht weiß, was er sagen soll. Sie wird sowieso nicht lange bleiben. Sie denkt schon daran, wieder abzuhauen. In ein anderes Land oder zum Mond. Sie färbt sich das Haar schwarz, schreibt den Roman zu Ende, in dem du zwar nicht auftauchst, nein, das nicht, aber in dem du glaubst, ein Stück von dir selbst zu entdecken. Denn sie ist eine verlorene Münze am Wegesrand. Ein Park nach Mitternacht. Sie ist genau diejenige, von der du dir wünschst, sie wäre am Telefon, obwohl es garantiert jemand anderes ist. Mag schon sein, für dieses Mädchen sind die Dinge niemals einfach, und es wird wohl auch nie genug sein, aber was soll's. Du bist vernarrt in sie. Sie ist die eine, die du schon immer kennenlernen wolltest. Es ist nur so, letzten Endes wirst du nicht mal ihren Namen erfahren.

Der berühmte Schütze

Zwei Wege schlägt der Schütze bekanntermaßen ein. Der erste ist gesäumt von Bewunderern, Ruhm und Reichtum: Taylor Swift, Walt Disney, Joan Didion, Nicki Minaj. Der zweite besteht in einem Rückzug aus der Welt, um sich eine ganz eigene zu erschaffen, aus einem Sich-Rausziehen, um ganz nach den eigenen Vorstellungen leben zu können. Diese Schützen erreichen einen anderen Grad der Berühmtheit als Erstere. Ich wette, du hast schon von Emily Dickinson gehört. Diese Lyrikgöttin hat bekanntermaßen niemals geheiratet, sie hatte keine Kinder, und den Großteil ihrer Gedichte ließ sie unveröffentlicht. Ihr ganzes Leben widmete sie dem Schreiben, wohnte zeit ihres Lebens in ihrem Elternhaus, trug weiße Kleidung und war stets auf ihre Unabhängigkeit bedacht.

Der Dichter Robert Lax schlug einen ähnlichen Weg ein, nachdem er seinen Abschluss von der Columbia University in der Tasche hatte. Mach dir keinen Kopf, wenn du noch nie von ihm gehört hast. Wahrscheinlich hat er es darauf angelegt. Er entschied, sich für die meiste Zeit auf die griechische Insel Patmos zurückzuziehen, die fast näher am Mittleren Osten liegt als an Europa. Dort beherbergte er in seiner ganz in Weiß eingerichteten Wohnung einen Haufen Katzen, verfasste Gedichte und empfing von Zeit zu Zeit Besucher. Sein Leben stellte er in den Dienst seiner Kunst und der Kontemplation. Hätten Lax und Dickinson sich kennenlernen können, sie hätten sich wohl alle halbe Jahre auf einen Tee getroffen. Vermutlich tun sie das gerade, auf welchem Mond sie auch gelandet sein mögen.

Auch die Künstlerin Marina Abramovic (die übrigens am selben Tag wie Lax und ich geboren wurde), hat einen unorthodoxen Weg eingeschlagen. In jungen Jahren zog sie mit ihrem Lebensgefährten Ulay (der ebenfalls Schütze war) in einem Van von Ort zu Ort. Sie kochten, schufen Kunst und trieben so allerlei in diesem Wagen. Es mag ein eher einfaches Leben gewesen sein, aber es ermöglichte ihnen ein Dasein als Künstler. Der Van war ihr Zuhause. Zwei Schützen, die auf der Suche nach ihren geistigen und künstlerischen Visionen in der Welt umherschweiften. Wie bei Lax und Dickinson fand der Kontakt mit der äußeren Welt zu ihren eigenen Bedingungen statt. Am Ende kam Marina groß raus und wird seither von berühmten Galerien und Institutionen vertreten. Sie machte sich auf an einen Ort, wohin der Van sie nicht mehr fahren konnte. Viele nahmen ihr das übel (aber wen interessiert's). Abramovic gilt als eine Mitbegründerin der Performance-Kunst. In gewisser Hinsicht hat sie beide Wege beschritten und ist zuletzt in den mit der breiteren Öffentlichkeit eingeschwenkt. Sie steht für das innere Bedürfnis des Schützen zu rebellieren und sein eigenes Leben zu leben, wie auch für die Sehnsucht nach Anerkennung, Geld und Ruhm.

Die Leute, die ihr das verübeln, hatten womöglich nie etwas von alledem.

Ein Leben am Limit hat allerdings auch seine Schattenseiten. Das sieht man an Jimi Hendrix und Jim Morrison. Die beiden waren Pioniere auf ihrem Feld und schon in jungen Jahren ausgebrannt. Obwohl keiner behaupten kann, sie hätten ihre Leidenschaft nicht gelebt. Als ich mal bei einer gemeinnützigen Lyrikgesellschaft angestellt war, pflegte eine Schütze-Kollegin zu sagen: Mach einfach, was du liebst, Mann. Mach einfach, was du liebst. Dickinson hat danach gelebt. Lax hat danach gelebt. Und auch Morrison hat danach gelebt. Eines schönen Tages in New York flüsterte ihm eine Stimme ein, er solle nach Venice Beach ziehen und eine Band gründen. Er wusste, es würde funktionieren. Auf eine andere Bewusstseinsebene hatte er es sowieso schon geschafft – die Stimme war der Beweis. Also ging er nach Kalifornien und gründete *The Doors*. Wenn du dich vor dem Tod fürchtest, schreibe Gedichte oder gründe eine Band. Einen anderen Ausweg gibt es nicht.

Weitere berühmte Schützen

1. BEETHOVEN
2. SHIRLEY CHISHOLM
3. BRUCE LEE
4. BILLIE JEAN KING
5. JAY-Z
6. WILLIAM BLAKE
7. BRAD PITT
8. TINA TURNER
9. NOAM CHOMSKY
10. TYRA BANKS

Schütze-Playlist

TRINA – «Da Baddest B* * * h»
FRANK SINATRA – «Fly Me to the Moon»
THE DOORS – «Love Me Two Times»
NICKI MINAJ – «Super Bass»
OZZY OSBOURNE – «See You on the Other Side»
BRITNEY SPEARS – «Gimme More»
JAY-Z – «Young Forever»
BILLY IDOL – «Dancing with Myself»
SINÉAD O'CONNOR – «Nothing Compares 2 U»
MOS DEF – «Ms. Fat Booty»

Der Schütze (Ein Gedicht)

Wen hast du davon überzeugt,
dass es die Mitternacht ist,
wo du in Wahrheit lebst und der Frühling
Winter ist. Es ist nicht wahr,
und überdies
ist es nur Mitternacht,
wenn du ins Nirgendwo reist.
Der Himmel. Der Himmel.
Und alles auf Erden
erscheinen dir nie
neu oder groß genug.
Ein Nebel aus Vögeln bist du.
Bedeckst und entblößt
die Tage. Wahrlich passiert.
Feuer am Wasser.
Pfeile in den Bäumen.

SCHÜTZE

And who have you convinced
that midnight's truly where
you live and all of spring
is winter. It isn't true
and more than that
it's only midnight
when you're traveling nowhere.
The sky. The sky.
And all of earth,
they'll never seem to you
quite new or big enough.
You'll be a fog of birds.
You'll dress and then undress
the days. It really happened.
Fire by the water.
Arrows by the trees.

STEINBOCK

♑

at what point after it enters
the mouth is it no longer in the
mouth but the throat the colon
making sumptuous death of the world
this is what crossing the line gains

CACONRAD, GEBOREN AM 1. JANUAR 1966

Der Steinbock

Das Paradebeispiel für einen Steinbock ist die Country-Legende Dolly Parton. Sie ist die ultimative Performerin und fühlt sich offensichtlich nirgends wohler als auf der Bühne, wo sie vor einem Millionenpublikum Hof hält, ihre Vom-Teller-wäscher-zum-Millionär-Erzählungen und Liebeskummer-Ge-schichten vor einem «Erdnüsse knabbernden Publikum» (wie es Skorpion Sylvia Plath formulieren würde) ausbreitet, das pro Kopf Hunderte von Dollar gezahlt hat, um einfach nur dazusitzen. Die wichtigste Botschaft ihrer Songs: Ein Steinbock kann alles überstehen. Und das erzählen Steinböcke nicht nur am liebsten, es stimmt auch noch.

Der Steinbock wird jedes Hindernis auf seinem Weg erst ertragen, dann dagegen angehen und es dann überwinden, er ist das eine Tierkreiszeichen, das niemand besiegen kann. Nicht einmal der feurige Widder, der in Sekundenschnelle umswitcht und mit brutalster Kälte auf dich losgeht, weil du ihn im falschen Augenblick schief angeschaut hast – just an dem Tag, an dem er seinen Mittagsschlaf versäumt hat. Nein, nicht einmal die listige Waage, die eigens eine Scheinwelt errichtet, um dich in die Falle zu locken, und dann deinen Lebenswillen bricht, sodass du gar nicht anders kannst, als dich ihr bis in alle Ewigkeit zu fügen. Und nein, nicht einmal der instinktgetriebene Skorpion, der manchmal mehrere Leben lang auf der Lauer liegt, um das Leid zu vergelten, das du ihm beschert hast, noch bevor du einen Fuß auf diese Erde gesetzt hast. Nein, kein anderes Zeichen bringt den Schneid auf, sich so ins Leben zu stürzen wie der Steinbock. Wenn du anderer Meinung bist, dein Problem, denn du liegst so was von falsch und wirst die Konsequenz dafür tragen müssen. Solltest du jemals auf die Idee kommen, die Überlegenheit des Steinbocks nicht anzuerkennen, wird er dich deine Dummheit spüren lassen. Wenn es einen gibt, der zuletzt lacht, dann ist es der Steinbock.

Im Netz kursieren zahlreiche geistreiche Bemerkungen von Dolly Parton, die hauptsächlich ihren Liveshows entnommen sind. Auf der Bühne ist sie ganz sie selbst und läuft zu absoluter Höchstform auf. Viele ihrer Lieder sind heißgeliebt, der bekannteste ist aber wohl *Jolene*.

Jolene erzählt die Geschichte eines Verrats und davon, was passiert, wenn du dich mit einem Steinbock anlegst. Meine

Lieblingsversion stammt von einer Aufnahme der *Halos & Horns*-Tournee von 2002. Das Livealbum ist phantastisch, nicht nur weil ihre Performance so elektrisierend und ungekünstelt wirkt, sondern auch weil sie sich was traut, um dem Publikum Lacher (und jede Menge Tränen) zu entlocken.

Was ihre Performance von *Jolene* von allen anderen abhebt, ist ihre Ehrlichkeit. Ihre einleitenden Worte lauten: «In diesem Song geht es um eine Frau, die einer anderen Frau den Mann stehlen will», womit sie die typischen Ängste des Steinbocks in puncto Verrat in einem Satz zusammenfasst. Doch dann, bevor wir sie zu sehr bemitleiden, fährt sie fort: «Wenn man die Typen, mit denen ich ausgegangen bin, stehlen würde, wäre das eher ein Bagatelldelikt.» Tosendes Gelächter. Dolly Partons Selbstironie ist einfach entwaffnend komisch. Sie verleitet das Publikum dazu, zu glauben, dass sie sich zuerst an die eigene Nase fassen würde, ehe sie jemand anderen beleidigt. Das können sie ruhig glauben, bis ihnen aufgehen wird, dass das die Steinbock-Masche ist, mit der er jeden Rivalen zu Fall bringt.

Dolly weiter:

«Jedenfalls handelt dieser Song von einem rothaarigen Mädel, das versuchte, mir den Mann auszuspannen, als ich gerade frisch verheiratet war. Oh, sie war umwerfend. Groß und schlank, rothaarig, mit diesen langen Beinen, sie war alles, was ich wollte, aber eben nicht hatte. Sie war der Hammer. Sie hat ihn nicht gekriegt. Aber hin und wieder schau ich ihn an und denke, ach, hätte sie doch nur.»

Wieder verlieren die Zuschauer den Verstand. Sie schreien vor Lachen. Sie fressen ihr aus der Hand, können kaum abwarten, dass es endlich losgeht, und sehnen die trostspendende und katharische Rache herbei, die in der Psyche des Steinbocks so wunderbar ausgespielt wird. Es ist wichtig zu betonen, wie

Dolly Jolenes Vorzüge beschreibt. Nämlich in ganz typischer Steinbock-Manier. Dolly sorgt sich nicht um eine emotionale Verbindung, die Jolene mit ihrem Ehemann haben könnte. Vielmehr schießt sie sich auf deren körperliche Vorzüge ein, denn die sind für sie viel bedrohlicher. Der Steinbock lebt in einer körperbetonten Welt.

Wahrscheinlich handelte es sich bei Jolene um einen wehmütigen Wassermann, elegant und mit Sicherheit sehr einnehmend. Womöglich war Jolene mit all ihrer Schönheit sogar bereit, es auf einen Kampf ankommen zu lassen. Tja, leider hat sie nicht das Stehvermögen eines Steinbocks. Dollys Ehemann hat sie jedenfalls nicht gekriegt. Und vielleicht noch wichtiger: Die Welt erobert wie Dolly hat sie auch nicht. Nach Jolenewood pilgert heute schließlich keiner, oder? Nach Dollywood schon. Mehr noch: Jolenes törichtes Verhalten wurde zu einer gewinnträchtigen Ware – ein wahrer Geniestreich. Nicht einmal ihr eigener Name gehört ihr noch. Stattdessen wandern jedes Mal, wenn wir ihn aussprechen, ein paar Dollarscheinchen auf Dollys Konto. (Und besser du zahlst gleich alles, anzahlen gibt's beim Steinbock nicht.) Wer diese junge und törichte Jolene auch war, es spielt keine Rolle mehr. In unserem Kopf wird sie für immer die schöne Verliererin sein. Dank des immer hart arbeitenden Steinbocks.

Wäre er nicht so beängstigend, man könnte ihn fast schon albern nennen – diesen Song, der keine Liebesgeschichte ist, sondern eine von der Siegerin vorgetragene Geschichte über einen Krieg. Er ist der Siegeszug, das Fest der Herrscherin, die den blutenden Leichnam ihrer Feindin über den Marktplatz schleifen lässt, während sie selbst eine kokette Gleichgültigkeit an den Tag legt. Er ist der böse Falke, dem Körper und Eingeweide einer armen Ratte aus dem Schnabel baumeln wie die Luftschlangen auf einer Party von der Decke. «Jolene, Jolene, oh I'm begging of you, please don't take my man», singt Dolly ganz lieblich dazu.

Und dann brennt der Song die Hütte ab. Ach, komm schon. Jolene hatte doch keine Chance.

Was du über einen Steinbock wissen solltest

Der Steinbock ist das zehnte Zeichen des Tierkreises und ein
kardinales Erdzeichen. Als Anführer der Erdzeichen (und wohl
auch aller anderen Lebewesen) betritt der Steinbock nach dem
wilden Treiben des Schützen die Bühne. Der Schütze denkt zeit
seines Lebens «Ich betrachte», nur damit der Steinbock hinterher «Ich ziehe meinen Nutzen daraus» denken kann. Vom
Schützen hat der Steinbock eine wichtige Lektion gelernt, nämlich das Freisein, was für den Steinbock leider weniger damit zu
tun hat, sorgenfrei zu sein. Er verbucht es eher unter einer Lektion in Sachen radikaler Unabhängigkeit. Während der Schütze
keine Verpflichtungen eingehen möchte, möchte der Steinbock
vor niemandem Rechenschaft ablegen müssen. Er kriegt absolut
alles alleine hin, und zwar ganz hervorragend, vielen Dank auch.
(Falls du trotzdem helfen möchtest: Die To-do-Liste liegt vorne
bei der Tür, und sieh bitte zu, dass alles bis zum Nachmittag erledigt ist. Danke auch.)

Kurz gesagt: Der Steinbock braucht weder dich noch irgendjemand sonst, um in dieser verdammten Welt, die so gut wie
noch grün hinter den Ohren ist, zu überleben. Der Disco-Hit *I
Will Survive* von Jungfrau Gloria Gaynor ist quasi seine Hymne.
Ein Teil seiner Entschlusskraft speist sich aus seinem Seelenalter
auf dem karmischen Rad. Wenn der Skorpion um die dreißig ist
und der Schütze um die vierzig, dann ist der Steinbock ganz klar
im mittleren Alter, in den Fünfzigern, und geht auf die sechzig
zu. Sein Ernst rührt auch von seinem Herrscherplaneten Saturn
her. So wie die Rückkehr des Saturns einen ernüchternden Ef-
fekt auf die Menschen hat und sie dazu anregt, endlich erwach-

sen zu werden und ihren Scheiß geregelt zu kriegen, sorgt der Saturn als Herrscherplanet beim Steinbock für totale Ernüchterung. Aus diesem Grund setzt der Steinbock seine Schritte mit Bedacht und sorgt für eine sichere und auskömmliche Zukunft vor – eine, die jede Menge leibliche Freuden und Kapital beinhaltet (sei es gesellschaftliches oder finanzielles, obwohl er meistens auf beides zugreifen kann).

Im Lauf der Geschichte hat sich das Symbol des Steinbocks, der Ziegenfisch, als fruchtbar für dieses Zeichen erwiesen. Dieses mythische Mischwesen hat den Oberkörper einer Ziege und den Unterleib einer Meerjungfrau und verrät uns eine Menge über den Charakter des Steinbocks. Denn genau wie eine Ziege trotz aller Wetterkapriolen, selbst bei Weltuntergangsstimmung, einen steilen Berghang besteigt, um an ihr Ziel zu gelangen, so wird auch der Steinbock absolut alles tun und ertragen, um an das zu kommen, was er begehrt. Behalte diese Eigenschaft immer im Hinterkopf, wenn du mit ihm zu tun hast. Denn so lieb und sanft und irgendwie bescheiden er am Anfang auch daherkommen mag – unterschätze ihn bloß nicht.

Genau wie sich eine Ziege auf dem Berg gut auskennen muss, um hinaufzugelangen, so weiß auch der Steinbock, wie es für ihn ganz nach oben geht. Er hat ein Verständnis für Autorität und gesellschaftliche Strukturen und einen so tiefen Respekt davor wie kaum ein anderer. Um sein Verhältnis zur Macht wirklich zu verstehen, lohnt es sich, ihn erneut mit dem Schützen zu vergleichen, der jeglichen Respekt vor Autoritäten missen lässt, wenn er das Gefühl hat, er wurde übergangen oder in seiner persönlichen Freiheit beschnitten. Dem Steinbock sind solche Niederungen egal. Stattdessen wird er seinen Weg an die Spitze finden und dabei alles Steinige und Schroffe zu umgehen wissen.

Das soll nicht heißen, dass er dir bei jeder Gelegenheit seine herausgehobene Position aufs Brötchen schmiert. Am liebsten sind dem Steinbock Menschen, die mächtiger sind als er und die über ihm stehen. Ich sage immer: Wenn der ein oder andere Steinbock versucht, dich zu kontaktieren, dann weißt du, dass es mit deiner Karriere steil bergauf geht. Mal ehrlich, allein *ein* Steinbock im Posteingang ist total aufregend. Gibt es in deinem Leben einen Steinbock, handelt es sich mit hoher Wahrscheinlichkeit entweder um ein Familienmitglied oder um jemanden, dem nicht entgangen ist, wie erfolgreich du in letzter Zeit gewesen bist.

Auf einer Party kannst du dir das alles live und in Farbe ansehen. Steinböcke gehen nämlich ohne Umschweife auf die Person zu, die es draufhat. Die Nähe zur Macht fühlt sich für sie einfach richtig an. Sie sind regelrecht heiß darauf, wie viele andere Zeichen auch. Im Gegensatz zum Skorpion, der lieber im Hintergrund bleibt und mit Peitsche und Gleitgel den großen Strippenzieher spielt, oder zum Krebs, der an der Macht die Nähe zum Reichtum und die daraus folgende Sicherheit liebt, aber dennoch bevorzugt, eine untergeordnete Rolle zu spielen, scheut sich der Steinbock nicht davor, ganz allein die Bühne einzunehmen und gegen Cash die Beine zu werfen. Nein, es ist nicht wirklich die Macht, die ihn in immer neue Höhen treibt, sondern der Ehrgeiz. Wann immer du große Mühen auf dich nimmst, um etwas zu erreichen, horcht der Steinbock auf. Solche Menschen erscheinen ihm vielversprechend, er findet ihre Leistungsbereitschaft anziehend und bemerkenswert. Und er möchte dann unbedingt der Erste sein, der bei dir einen Fuß in die Tür bekommt, um dich auf ewig als seine Jagdtrophäe auszugeben. Oder zumindest so lange, bis die nächste Trophäe des Weges kommt.

Das mag ganz danach klingen, als würde mit dem Steinbock alles sehr tief gehen. Und ja, so ist es auch. Aber obwohl ich an der Seite eines stolzen Steinbocks tiefe Liebe und ebenso tiefen Schlaf und Geborgenheit erfahren habe, hat er mich zuletzt doch auch tief verletzt. Es hat einige Steinböcke gegeben, die sich die

Zeit nahmen, sich wie niemand sonst in mich einzufühlen. Im Licht ihrer himmlischen Liebe habe ich mich weniger verlassen und verängstigt gefühlt als je zuvor. Doch bezahlt habe ich dafür noch immer. Das gilt sicher nicht für jeden Steinbock, den ich je kennengelernt habe. Ohne groß nachdenken zu müssen, fallen mir allein drei Steinböcke ein, die mir stets mit größter Güte und Freundlichkeit begegnet sind. Doch eine ungestüme, partywütige Widder-Dame wie ich passt einfach nicht zu einem gerissenen Steinbock. Widder werden von ihm locker ausgetrickst und übertrumpft. Denn während die noch damit beschäftigt sind, sich zu ärgern oder zu freuen, und allen, die es hören wollen, von all dem Guten in der Welt erzählen, machen die Steinböcke im Hinterzimmer fette Beute. Ganz ehrlich – ich fürchte mich vor ihnen.

Ja, die Ziege ist ein gutes Bild für den Steinbock, wegen ihrer Unerschütterlichkeit und Zähigkeit. Er scheut sich nicht davor, die Ärmel hochzukrempeln und sich an die Arbeit zu machen. Das ist genau genommen das, was ihn am meisten motiviert. Er ist ein absolutes Arbeitstier und hat meist eine Führungsposition inne. (Nicht umsonst ist er ein kardinales Zeichen.) Wenn etwas erledigt werden muss und die Arbeit daran vielleicht sogar mit Schmerzen verbunden ist, wird er es mit einem tiefen Glücksgefühl angehen. In jedem Steinbock verbirgt sich auch eine masochistische Ader.

Ein anderes Tier, das mir in den Sinn kommt, wenn ich an einen Steinbock denke, ist der Pfau. Ein wunderschönes Tier, das stets luxuriös und gediegen aussieht, allein durch die natürliche Pracht seines Gefieders. Er ist ein recht freundliches Tier und wird teilweise sogar als Haustier gehalten. Auch wenn das Zusammenleben mit Menschen nicht unbedingt artgerecht ist, so besteht zwischen beiden doch eine ziemlich harmonische Partnerschaft. Bei mir in der Nähe gibt es eine Kirche, die auch ein paar Pfauen beherbergt, und bei schönem Wetter laufen sie draußen herum, gehen an Sonntagen ohne Scheu auf Erwachsene und Kinder zu und begrüßen sie auf ihre ganz eigene Vogelweise. Was für erstaunliche, starke Tiere. Jeder liebt es, sie um sich zu haben. Dass sie bei mir im Ort in der Kirche untergekommen sind, ergibt Sinn, denn der Pfau galt den Menschen über alle Zeiten hinweg als heiliges Tier. Für gewöhnlich sind diese Wesen eher scheu und zurückhaltend. Sie nähern sich anmutig, aber vorsichtig, achten das gesellschaftliche Gefüge, lieben es unaufdringlich. Wie die Pfauen, so halten auch die Steinböcke mit höchster gesellschaftlicher Vollendung Hof.

Trotzdem sind es die Federn, die mich beim Pfau am meisten an den Steinbock erinnern. Ich könnte mir vorstellen, dass es sich bei den Federn, die Pfauen um sich aufspannen, um eine Taktik handelt, um Feinde abzuwehren. Welches Tier, das es auf ihn abgesehen hat, wäre nicht abgeschreckt von all den aufgerissenen Augen? Im Grunde ist diese Taktik ein bisschen traurig, hängt das Überleben des Pfaus doch unmittelbar an der Pracht seiner Federn. Und die wiederum schrecken nahezu jedes Lebewesen ab. Der Steinbock hat ständig den Blick auf dich gerichtet, hundert Augen. Es ist gar nicht so leicht, sie auszumachen, aber sei dir gewiss, dass sie dich argwöhnisch beobachten. Der Steinbock möchte unbedingt wissen, wer du bist, und er möchte, dass auch du weißt, wer er ist. Wenn du lange genug bei ihm bleibst, wird er bis in alle Ewigkeit und noch darüber hinaus alles in seiner Macht Stehende tun, um zu ergründen, wer du bist. Denn der Steinbock-Ziegen-Pfau ist ein Langstreckenläufer.

Der Steinbock als Liebhaber

Steinböcke fühlen sich zu vielen Menschen sexuell hingezogen, in erster Linie achten sie auf Äußerlichkeiten. Das soll nicht heißen, sie wären oberflächlich oder fühlten sich zu klassischen Schönheiten hingezogen. Doch wie ihre verwandten Erdzeichen, Jungfrau und Stier, definieren sie Liebe meist über das Gefühl, das Schönheit in ihnen auslöst, im Gegensatz zu den Gefühlen, die sie für die Person selbst hegen. Anderen Sternzeichen kann es schwerfallen, diesen feinen Unterschied zu verstehen, deshalb zieht es die Steinböcke in Sachen Liebe und Sex zu anderen Steinböcken hin. Ein solches Paar kann eine dauerhaft glückliche Beziehung führen.

Auch mit Jungfrau und Stier versteht sich der Steinbock blendend, und im Skorpion kann er einen lebenslangen Seelenverwandten finden. Wenn sich der Fisch in sich zurückzieht, um seinen seltsamen Gedanken nachzuhängen, wird der Steinbock sofort mit einsteigen. Vom Widder fühlt sich der Steinbock heftig angezogen, aber es wird nicht funktionieren. Ebenso wenig mit dem Löwen, nur dass sich der Steinbock nicht ganz so stark zu ihm hingezogen fühlt. Den Zwilling betrachtet er als sein Spielzeug, und der Zwilling macht das gerne mit. Was mit dem Schützen als Freundschaft beginnt, könnte sich bald zu etwas sehr Bedeutsamem wandeln – bis der Steinbock untreu wird oder der Schütze davonläuft. Der Krebs ist genau das, wonach der Steinbock schon immer gesucht hat. Wassermann und Waage mögen ihn beeindrucken, doch sobald er die Rechnung serviert bekommt, ist er ziemlich schnell underwhelmed.

In der Liebe, wie in allen anderen Bereichen auch, legt der Steinbock Wert auf Status. Soll heißen, er hat gerne jemanden an seiner Seite, auf den er stolz sein kann. Er liebt es, mit seiner festen Freundin anzugeben und sie überall als seine Nummer 1 vorzuführen (obwohl Nummer 2 bis 99 bereits mit den Hufen scharren). Wenn er dich liebt, wird er dich mit allem, was man für Geld kaufen kann, überschütten. Je nach Budget des jeweiligen Steinbocks kann das natürlich sehr verschieden ausfallen, generell führt er sein Herzblatt aber mindestens einmal die Woche in ein schickes Restaurant aus (das ist wieder relativ und richtet sich ganz nach dem jeweiligen Steinbock-Budget). Auch wenn dem Steinbock nachgesagt wird, er sei knauserig, ist er so ziemlich das Gegenteil, wenn es darum geht, seine Seelenverwandte zu verwöhnen. Das liegt auch daran, dass er eine Beziehung als endloses Hofieren begreift. Sein Liebster oder seine Liebste soll bis in alle Ewigkeit von ihm betört sein, damit niemand ihn ihm ausspannen kann.

Der Steinbock liebt es, in jemanden vernarrt zu sein, und blüht regelrecht auf, wenn seine Zuneigung lange unerwidert bleibt. Wenn er es dann doch durch reine Willenskraft oder pures Glück geschafft hat, seinen Schwarm an sich zu binden, wird er ihn genauso verehren und auf Händen tragen wie vorher. Er betrachtet ihn als ein seltenes und wertvolles Juwel und wird alles daransetzen, um ihn zu behalten. Wenn er dafür seine Freunde oder sogar die eigene Mutter verraten muss, nun, dann soll es so sein. Das alles und noch viel mehr tut er, ohne zu zögern, wenn seine Angebetete dadurch auf ewig sein Ein und Alles bleibt.

Wie die Erdzeichen und wie manche Wasserzeichen ist der Steinbock ganz schön besitzergreifend und ein echter Kontrollfreak, wenn er auf jemanden steht. Betrachtet dich der Steinbock als sein Eigentum, dann nimm diese Rolle dankend an. Als ich mal bei einem Steinbock übernachtet habe, erzählte ich ihm, dass ich wahrscheinlich früh aufstehen und laufen gehen würde, so um Viertel vor sechs. Nun, dieser majestätische Pfau schaute mich daraufhin an, als hätte ich den Verstand verloren und ihn noch dazu darum gebeten, meine Katze umzubringen. «Ich stehe nie vor ein Uhr mittags auf», sagte er ungläubig. «Lass uns doch einfach erst dann aufstehen, und ich mache dir ein paar leckere Pfannkuchen zum Frühstück.» Wenn ich so darüber nachdenke, klingt das eigentlich ganz verlockend, vielleicht weil ich gerade Hunger habe, aber wer die Widder und ihre Angst, in der

Falle zu sitzen, kennt, dem muss ich nicht erzählen, was sich damals in meinem Kopf abspielte. Ich sage nur so viel: Etwa zwanzig Sekunden später rauschte ich wutentbrannt zur Tür hinaus und wechselte nie wieder ein Wort mit diesem Steinbock. Es ist idiotisch, aber ich vermisse ihn immer noch.

Mit einem verliebten Steinbock ist der Sex heftiger als heftig (sorry not sorry). Er steht auf ein langes, intensives Vorspiel mit Öl und Kerzenschein und jeder Art von Fetisch, die man sich nur vorstellen kann – essbare BHs, lange Unterhosen, lange Dildos. Die ganze Zeit über schaut er seiner Freundin oder seinem Freund dabei tief in die Augen, außergewöhnlich lange, bis in alle Ewigkeit. Ganze Drehbücher denkt er sich aus, die er zusammen mit dir umsetzen möchte und bei denen er üblicherweise irgendeine aktive und überlegene Rolle einnimmt und du meist putzt oder jemanden verarztest. Doch selbst inmitten solcher Spielchen, die manch einer für ultrakrank halten mag, sind die Berührungen des Steinbocks durch und durch liebevoll und sanft. Die Lorbeeren für *das* Sex-Sternzeichen darf der Skorpion mit nach Hause nehmen, aber der sexuelle Akt an sich ist wie für den Steinbock gemacht.

Möchtest du deinen Steinbock in Stimmung bringen, konzentrierst du dich am besten auf seine Knie und Beine und machst dich dann auf einen nächtlichen Sexmarathon gefasst. Knie sind genauso komplex wie der Steinbock selbst, sie ermöglichen uns das Gehen, ja, das Durchs-Leben-Gehen. Sie folgen einer komplexen Anatomie, und wie jeder weiß, der sich dort einmal verletzt hatte, reicht es, wenn ein kleines Teilchen nicht mehr in Ordnung ist, und schon fällt das ganze System in sich zusammen. Die gleiche Aufmerksamkeit, die du dem Steinbock außerhalb des Schlafzimmers schenkst, solltest du also auch seinen Knien zukommen lassen. Wenn er über dich herfallen soll, massiere seine Knie mit ein bisschen Zedernholzöl ein und lecke und küsse seine Waden. Dein Steinbock wird von deinem Anblick dort unten bezaubert sein und es dir doppelt und dreifach vergelten, glaub mir.

Rechne nicht damit, dass er euer Liebesleben geheim hält. Der Steinbock prahlt wahnsinnig gerne. Wenn er sein Sexleben mit Freunden bespricht, erzählt er, wie «heiß» du bist, wie du im Bett «abgehst» und wie eure Beziehung immer großartiger wird. Das erzählt er natürlich nur, wenn es in der Beziehung gut läuft, schließlich stellt der Steinbock auch sein Privatleben nur zu gern in einem guten Licht dar. Alle sollen wissen, wie glücklich und zufrieden er ist. Andererseits erzählt er es auch überall herum, wenn es mal nicht so gut läuft, und zwar in allen Einzelheiten. Dann ist er weit weniger großherzig, oder sagen wir großzügig, und schlägt bissigere Töne an. Ich sage es ja nur ungern, aber wenn er beschlossen hat, dass ein Partner seinen Vorstellungen nicht gerecht wird, kann er ganz schön fies werden.

Wenn du mit einem Steinbock zusammen bist und dich fragst, ob er fremdgeht, dann ist das wahrscheinlich auch so. Das soll keineswegs heißen, dass der Steinbock nicht unglaublich treu und ehrlich ist, wenn er wirklich liebt. Nur kann er seine Leidenschaft nicht besonders gut im Zaum halten, und außerdem findet er nicht, dass Beziehungsregeln auch für ihn gelten. Wenn du nicht täglich mehrere Stunden investierst, um ihn bei der Stange zu halten, könnte dein Steinbock *ihn* woanders reinstecken, um es mal so klar zu sagen.

Der Steinbock als Freund

Als Freund ist der Steinbock außerordentlich treu und immer zur Stelle, wenn ihn seine Liebsten brauchen, besonders wenn ihre Seele Not leidet. Ich hatte einmal eine Steinbock-Frau als beste Freundin, die ich zu jeder Tages- und Nachtzeit anrufen konnte, wenn mir irgendwas auf der Seele lag oder auch nur vage im

Kopf herumging. Sie hatte stets ein offenes Ohr. Ich liebte ihre Hilfsbereitschaft, und ich liebte das Gefühl, dass ihr meine Gefühle am Herzen lagen. Die schnelle Auffassungsgabe und Menschenkenntnis meiner Steinbock-Freundin waren berauschend. Mit ihr in meiner Umlaufbahn habe ich mich zutiefst geborgen gefühlt. Und obwohl unsere Freundschaft ziemlich dramatisch in die Brüche ging (Widder und Steinbock sind nun mal kein ideales Match), hätte ich doch Probleme, wenn ich jemanden nennen sollte, der mir ähnlich viel Trost spendete.

Mit einem Steinbock befreundet zu sein, ist ganz schön aufregend. Wegen seiner Schwäche für Status und Wohlstand weiß er stets, wo die besten Partys steigen. Und entgegen seinem Ruf, schon um halb sechs ins Bett zu gehen, bleibt der Steinbock gerne mal bis in die Puppen auf, um sich zu vergnügen. Er liebt Essen, mit Vorliebe gutes Essen, und kaum etwas macht ihm mehr Freude, als in eine feine Decke gehüllt (oder nennt man das heute einen Überwurf?) auf einer Party mit gemütlichem Ambiente zu hocken und extravagante Cocktails zu schlürfen, die er nicht bezahlen muss. Oder lass es ein Whiskey sein, bernsteinfarben und richtig teuer, den er unverdünnt aus einem altmodischen Glas trinkt und dabei urkomische Geschichten zum Besten gibt, die mindestens zu 45 Prozent erstunken und erlogen sind. Der Steinbock phantasiert gerne herum und denkt sich ganze Romane aus, die nicht viel mehr als einen Funken Wahrheit enthalten, hauptsächlich weil er es liebt, wie die Leute auf seine Geschichten reagieren. Auch Partys, auf denen getanzt wird, liebt er sehr. Zwar wird er nicht selbst das Tanzbein schwingen, aber trotzdem ist er irgendwie Teil des Geschehens und knüpft Kontakte, während du auf der Tanzfläche bist und dank ihm das Gefühl hast, dass sich all die Mühen auf Erden doch irgendwie lohnen.

Was der Steinbock in einer Freundschaft unter Garantie nicht tun wird, ist, irgendwelche Kränkungen oder Konflikte herunterzuschlucken. So zu tun, als sei alles in Ordnung, bringt bei einem Steinbock also nichts. Ich hatte mal einen guten Draht zu einer Steinbock-Dame und war dann eine Zeitlang ziemlich *busy*, typisch Widder, und vergaß, mich bei ihr zu melden. Nun ja, nach ein paar Wochen, die ich mit irgendeinem blöden Zwilling vergeudete, kochte sie vor Wut und fragte sich, was zwischen uns passiert war, dass ich mich so verhielt. Als sie sich dann bei mir meldete, um «mal darüber zu reden», hatte ich natürlich keine Ahnung, wovon sie eigentlich sprach, weil ich sie mochte wie eh und je. Wir trafen uns dann noch ein paarmal, und es war immer irgendwie seltsam, und ich muss leider sagen, dass ich seither nie wieder mit ihr gesprochen habe.

Ich habe den Steinbock seitenweise als unabhängigen, starken Superstar dargestellt, der sowohl alles gibt, um zu überleben als auch zu gewinnen. Das stimmt auch, aber zugleich ist der Steinbock sehr sensibel. Genau wie seine verwandten Erdzeichen ist er insgeheim hochemotional. Hin und wieder braucht er jemanden, der ihn an die Hand nimmt, und fordert das auch von seinen Freundinnen und Freunden ein. Er liebt ewig lange Gespräche über alles, was euch jemals durch den Kopf gegangen ist, und wenn ihr einander sehr nahesteht, am liebsten vierundzwanzig Stunden täglich. Trotz seines bockigen Wunsches nach Unabhängigkeit, sehnt er sich im Grunde nach nichts weiter als Ruhe und Frieden, beides sucht er mit Hilfe seiner Freunde zu erlangen.

Die Freundschaft mit einem Steinbock kann anstrengend sein, aber sie ist es wert.

Steinbock-Style

Wie die mit ihm verwandten Erdzeichen, wird auch dem Steinbock nachgesagt, er gebe sich mit einem langweiligen Klei-

dungsstil zufrieden. Ich kenne ein paar Steinböcke, die voll auf satte Aubergine-Töne abfahren, auch trifft man sie gerne mal von Kopf bis Fuß in suppige Brauntöne, in Frosch-Oliv und Kröten-Grün gekleidet an. Ja, es stimmt, Steinböcke mögen erdige Farben, Naturtöne. Extrapunkte gibt es für hippiesque Kleider mit schrägen Mustern und Kreisen, die meist keinerlei Bedeutung haben. Der Steinbock liebt Hüte, und wenn du ihm einen schenkst, wird er ihn für immer behalten, ihn bei jeder Verabredung mit dir tragen und anmerken, was für eine Freude du ihm damit vor fünfundzwanzig Jahren gemacht hast.

Der Steinbock mag es gemütlich und sucht sich deshalb Kleider aus, in denen er Luft zum Atmen hat. Wenn es irgendwie geht, trägt er fließende Stoffe, in denen er erstaunlicherweise trotzdem sexy aussieht. Seine Vorzüge kehrt er stolz hervor und hat auch keine Hemmungen, mit gutem altem Sex-Appeal aufzuwarten. Auch wenn er es am liebsten superbequem hat, liegt seine Kleidung an genau den richtigen Stellen eng an, und er schert sich auch nicht groß darum, wenn er ein bisschen zerknittert aussieht, weil es am Abend später geworden ist oder er länger im Büro bleiben musste. Er liebt alles Körperliche und seinen eigenen Körper ganz besonders. Alles, was lebt, ist für den Steinbock eine wahre Freude.

Zwei weitverbreitete Klischees über den Steinbock lauten: Er sei knauserig und sein Auftreten irgendwie geschäftsmäßig. Das mag oft zutreffen, denn der Steinbock hasst es, Geld zum Fenster hinauszuwerfen. Wenn er also günstig an hochwertige Klamotten kommen kann, greift er gerne zu. Doch auch wenn das Business-Image nicht ganz abwegig ist, ergibt es noch lange nicht das ganze Bild. So kenne ich zum Beispiel jede Menge Steinböcke, die ein Faible für Klamotten haben, die über und über mit Pailletten besetzt sind und glitzern, und die nicht ohne gigantische Strass-Broschen können. Steinböcke lieben alles, was *fake* und schrill ist. Man denke nur an Dolly Parton.

Kaum ein Steinbock, der nicht wenigstens ein paar (oder sogar viele) Teile mit Leoprint im Schrank hat. Alles, was nach billiger Raubkatzenimitation aussieht, ist ein todsicherer Geschenktipp. Achte nur darauf, dass es auch wirklich *fake* ist, denn viele Steinböcke setzen sich für den Tierschutz ein.

Texten mit dem Steinbock

Obwohl er etwas schwerfällig ist und Zeit braucht, sich an Neues zu gewöhnen, gerät der Steinbock über neue Möglichkeiten der Kontaktpflege, ob für private oder geschäftliche Zwecke, völlig aus dem Häuschen. Und da Textnachrichten in der heutigen Zeit nun mal *das* Mittel der Wahl sind, wenn es gilt, schnell und unkompliziert miteinander in Kontakt zu treten und Verbindungen zu pflegen, liebt der Steinbock sie heiß und innig. Er wird dir schreiben wie ein Wahnsinniger, denn meistens ist der Kontakt zu dir zu seinem eigenen Vorteil.

Schlägst du ihm via Textnachricht ein Date vor, antwortet er, wenn auch bei ihm Interesse besteht, schnell und sachlich. Selbst den ersten Schritt zu machen, bereitet ihm keinerlei Probleme. Und wenn du ihm bei einem Treffen zu verstehen gibst, dass ihr das ja mal wiederholen könntet, ob es sich nun um ein romantisches Date oder um etwas anderes handelt, meinst du es besser ernst, denn der Steinbock wird dir gleich an Ort und Stelle eine Nachricht schicken, damit du auch wirklich seine richtige Nummer hast. Auch nachfassen wird er, schließlich soll bis zum Date oder bis zum geschäftlichen Treffen nicht allzu viel Zeit ins Land gehen. Das alles macht er mit links. Vergiss nicht, es handelt sich hier um einen Steinbock. So tickt er nun mal.

Wenn du sein *Love Interest* bist, wird er sich fast zwanghaft bei dir melden und dir ständig irgendwelche Nacktfotos von sich schicken. Deaktiviere bei deinem Handy also besser die

Pop-up-Benachrichtigungen, sonst wissen deine Kollegen bald sehr gut über die Anatomie deines Steinbocks Bescheid. Damit er dir nicht mehr aus dem Kopf geht (und auch wenn ihr euch erst zwei Stunden vorher verabschiedet habt), wird er sich dir in ganzer Pracht in Erinnerung rufen. Alle fünfzehn Sekunden wird er fragen, wie es dir geht, und wenn du für später mit ihm verabredet bist, wird er minütlich nachhaken, ob du noch Lust darauf hast. Zum Mitschreiben: Wenn er dich mag, und ganz besonders, wenn er dich sehr mag, ist er alles andere als scheu und zurückhaltend.

Sobald ihr euch nachrichtentechnisch aufeinander eingestellt habt, wird er die Verbindung zu keiner Zeit abreißen lassen, dich sowohl trösten als auch bestärken, wann immer ihr euch nicht seht. So handhabt er es mit Freundinnen und Freunden, mit Lovern und, zur Hölle, sogar mit Geschäftspartnern. Der Steinbock ist treu und fürsorglich (vergiss, was ich vorher gesagt habe) und wird dir so oft wie möglich liebevolle Textnachrichten senden. Wenn es dir nicht gut geht und du ein bisschen Zuwendung brauchst, wird er ausnehmend zärtlich sein. Liegst du ihm am Herzen, zeigt er dir das liebend gern und wird sich sofort zurückmelden, wenn du nach seiner Aufmerksamkeit verlangst. Er versteht es, für dich da zu sein, wenn du seelischen Beistand brauchst, und in der heutigen Zeit sind wir auf den Beistand der anderen nun mal in Form von Textnachrichten angewiesen, so furchtbar das auch klingen mag. Der Steinbock besitzt für diese Wahrheit ein intuitives und tiefes Verständnis.

Wie bei allem anderen, gilt auch hier: Ist der Steinbock sauer auf dich oder ist er der Ansicht, du spielst in seinem Privatleben keine große Rolle, oder, noch schlimmer, in seinem Berufsleben, trifft Obenstehendes nur bedingt zu. Hält er dich nämlich in beiden Bereichen für eine Zeitverschwendung, wird er sich nicht mal dazu herablassen, mit einem einfachen Ja oder Nein auf die Frage zu antworten, ob er morgen zu deiner Party zu kommen gedenkt oder nicht. Falls er tatsächlich auftaucht, dann erst sehr spät und wahrscheinlich nur, weil es etwas umsonst gibt. Glücklich schätzen kannst du dich in diesem Fall trotzdem, denn selbst wenn er nur da ist, um sich heimlich ein paar Brötchen in die Umhängetasche zu stopfen, wird er für den nötigen Glamour sorgen. Mach ein Foto von ihm und lade es anschließend irgendwo hoch. Steinbock-Pro-Tipp: Das ist gut fürs Geschäft.

STEINBOCK: Vielen Dank.
WIDDER: Für was???
STEINBOCK: Du weißt schon.
WIDDER: Nein!!!!!

STEINBOCK: Du bist so elegant.
STIER: *Du* bist so elegant.
STEINBOCK: Ich hab Öl zu Hause.
STIER: Dachte schon, du fragst nie.

STEINBOCK: Ich habe hier ein Buch, das dir gefallen könnte.
ZWILLING: Hab ich wahrscheinlich schon gelesen.
STEINBOCK: Wohl kaum. Es ist äußerst obskur.
ZWILLING: Ich habe jedes Buch gelesen, das jemals geschrieben wurde.

STEINBOCK: Es war echt schön, dich heute kennenzulernen.
KREBS: Kannten wir uns nicht schon von irgendwoher?
STEINBOCK: Ich glaube nicht.
KREBS: Du kannst dich nur nicht erinnern.

STEINBOCK: Stehst du auf Sternchen?
LÖWE: Du meinst die Astrologie?
STEINBOCK: Nein.
LÖWE: Etwa Hollywood-Stars?

STEINBOCK

STEINBOCK: Kann es sein, dass du auf mich stehst?
JUNGFRAU: Ja.
STEINBOCK: Willst du vorbeikommen?
JUNGFRAU: Nein.

STEINBOCK: Ich hab Zeit, aber nur eine Stunde.
WAAGE: Dann lass stecken. Du machst dir eh nichts aus mir.
STEINBOCK: Ich mache mir sehr wohl etwas aus dir.
WAAGE: Warum dann die Zeit begrenzen?

STEINBOCK: Wenn ich einen Pilotenschein mache, fliegst du
dann mit mir?
SKORPION: Mach ihn nicht.
STEINBOCK: Warum denn nicht?
SKORPION: Warum solltest du?

STEINBOCK: Hast du morgen Zeit?
SCHÜTZE: [keine Antwort]
STEINBOCK: Hast du morgen Zeit?
SCHÜTZE: Vielleicht.

STEINBOCK 1: Wie viele Konten hast du?
STEINBOCK 2: 3
STEINBOCK 1: Ich hab 5.
STEINBOCK 2: Hör auf, mit mir zu flirten.

STEINBOCK: Glaubst du an Schicksal?
WASSERMANN: Nein.
STEINBOCK: Warum nicht?
WASSERMANN: Hör auf, mir zu schreiben.

STEINBOCK: Du bist der Inbegriff von Ewigkeit.
FISCHE: Ich lebe im Hier und Jetzt.

STEINBOCK: Kalt wie Eis.

FISCHE: Ich bin verheiratet.

Die fabelhafte Welt des Steinbocks

Wäre der Steinbock eine Stadt, so wäre er Chicago, mit den starken Winden und kalten Wintern, mit ihrem Trubel und ihrem Sinn für das pralle Leben. Diese Stadt mit ihrer riesigen Skyline aus Stahl, mit Hochhäusern, die allem trotzen. Wäre der Steinbock eine Jahreszeit, so wäre er der Winter. Gibt es etwas Schöneres als Leben, das die Kälte des Winters übersteht und sich dann aus Erde und Regen selbst erschafft? Wäre der Steinbock ein Laut, so wäre er das, was du von dir gibst, wenn du bis über beide Ohren verliebt bist und versuchst, nicht durchzudrehen. Es mag dir nicht ganz gelingen, aber dennoch versuchst du es wieder und wieder. Wäre der Steinbock ein Händedruck, so wäre er einer, bei dem man seinem Gegenüber tief in die Augen schaut (Betonung auf tief) und sich daraus irgendwie eine Umarmung entwickelt. Wäre der Steinbock ein Insekt, so wäre er eine Spinne, mit ihren acht Beinen, mit denen sie auf jeder Oberfläche Halt findet, und mit ihrer Fähigkeit, noch jeden in ihr Netz zu locken. Wäre der Steinbock eine Tageszeit, so wäre er elf Uhr abends, just der Moment, wenn du denkst, der Tag hätte nicht genug Stunden. Doch dann besinnst du dich bei dem Gedanken an die nahende Mitternacht und an den neuen Tag eines Besseren, auch wenn der neue Tag noch nicht angebrochen und nicht mehr als eine Möglichkeit ist. Wäre der Steinbock eine Zahl, so wäre er die Zwanzig, zweimal die Zehn. Wäre er ein Tisch, dann einer für zwei Personen. Wäre der Steinbock eine Brotsorte, so wäre er ein Brötchen, so köstlich und buttrig, dass dir ganz ofenwarm ums Herz würde. Wäre der Steinbock eine Grußformel, so würde er «Herzliche Grüße» lauten, nur dass es der Steinbock im Gegensatz zu allen anderen auch wirklich so meinen würde.

Um zu verstehen, wer der Steinbock ist, stellt man sich am besten einen König vor. Oder eine Königin. Mit diesem Bild möchte ich verdeutlichen, dass der Steinbock mit einem königlichen Habitus an die Dinge herangeht und der eigenen Sache stets treu verpflichtet ist. Ein König weiß sich zu behaupten. Er wirkt anziehend auf die Menschen, die an seinen Lippen hängen. Noch der unbekannteste Steinbock hält sich für etwas ganz Besonderes und erwartet, dass ihm die gebührende Anerkennung entgegengebracht wird. Auch Aufmerksamkeit genießt ein König (im Normalfall) sehr und fordert sie notfalls auch ein. Worum es sich auch handeln mag, meistens hat der Steinbock den Hut auf.

Am besten stellen wir uns den Steinbock vor wie die Erde, deren Schätze der Quell seiner Regentschaft sind. So wie die Erde immer wieder neue Möglichkeiten hervorbringt, so bringt der Steinbock immer neue Dinge hervor. Jeder Steinbock hat einen Sinn für die Reichtümer der Erde und der Gewässer und für das unermesslich Gute, das sie bergen. In einer Zeit, in der wir zu einem ganz neuen Umgang mit unserer Erde finden müssen, um die verheerenden Auswirkungen des menschengemachten Klimawandels zu bekämpfen, brauchen wir den Steinbock mehr denn je.

Er gleicht einem Zauberwald, der jedem Lebewesen offensteht, das jemals auf der Erde gewandelt ist, ob tot oder lebendig. Im Zauberwald des Steinbocks sind die Teiche und Kaulquappen gerahmt von goldenem Glitter und die Felsen sind mit strahlend blauem, ökologisch abbaubarem Glanzlack überzogen. Das Land des Steinbocks ist das Land der Bäume, der Moore und von Torf, es ist ein gütiges Land, das einem Mutterleib gleicht – berstend vor dunkelroten Möglichkeiten.

Der berühmte Steinbock

Der Steinbock lebt für den Ruhm. All die Annehmlichkeiten, die Reichtümer, der Luxus, jeder kennt deinen Namen, nie musst du erklären, wer du bist und was du machst – das alles liebt der Steinbock. Wenn man hart arbeitet, warum sollte man dann nicht berühmt werden, würde er wohl sagen. Ruhm ist die Droge, nach der sich der Steinbock verzehrt. Er kann Unmengen davon einschmeißen, und dennoch steigt er ihm nicht zu Kopf. Keiner erfreut sich mehr an der eigenen Berühmtheit als der Steinbock.

Ich habe schon lange einen Narren an Martin Luther King jr. gefressen. Er ist mein absolutes Idol, und wenn es bei all dem Hass scheint, unsere Welt gerate aus den Fugen, lese ich seine Texte und fühle mich besser. Täglich danke ich dem Universum, dass es ihn hervorgebracht hat. Verfallen bin ich ihm, als ich Einführungskurse zum Thema Kreatives Schreiben für College-Studenten gab und wir seine Werke durchnahmen; sie stehen überall auf dem Lehrplan. In meinem Magisterstudium hatte ich eine Freundin und Mentorin namens Dr. Marit Dewhurst (auch ein Steinbock), eine phantastische Geisteswissenschaftlerin und Pädagogin, die ebenfalls begeistert von Dr. King war. Bis heute verschickt sie anlässlich seines Geburtstags Postkarten mit seinen besten Zitaten an Freunde und Kollegen, nur um uns daran zu erinnern, wie sich Hoffnung anfühlt. Ich hoffe, sie zieht eines Tages ein florierendes Versandgeschäft mit diesen Karten auf. Unsere Welt könnte es definitiv gut gebrauchen.

King war ein hervorragender Rhetoriker, einer der besten Amerikas. Das Publikum zu beeinflussen, ist ein Talent berühmter Steinböcke. Es heißt, der Steinbock sei extrem redegewandt, und das stimmt. Einer meiner Lieblingstexte von King ist sein «Brief aus dem Gefängnis von Birmingham». Ich liebe die Unnachgiebigkeit, dass er eine Welt entwirft, in der Hass keine Chance hat, weil er alle Menschen als gleich und voller Liebe betrachtet. Eine meiner liebsten Stellen in diesem Brief ist eine Randbemerkung gleich am Anfang. Darin heißt es:

> Hier im Gefängnis von Birmingham kam mir Ihr Schreiben in die Hände, in dem Sie unsere augenblicklichen Aktionen als «unklug und zeitlich ungelegen» bezeichnen. Ich halte mich selten – wenn überhaupt – damit auf, kritische Äußerungen über mein Tun und Denken zu beantworten. Wenn ich das wollte, kämen meine Sekretäre kaum noch zu etwas anderem, und mir bliebe keine Zeit für konstruktive Arbeit. Da ich aber glaube, dass Sie Männer guten Willens sind und da Sie Ihre Kritik offen und ehrlich ausgesprochen haben, möchte ich versuchen, Ihnen ohne Empfindlichkeit eine sachliche Antwort zu geben.

Das Schönste an dieser Eröffnung ist natürlich die Großzügigkeit, die den Adressaten entgegengebracht wird, obwohl sie King offenbar kritisiert haben. Es waren Amtsbrüder, die klarmachten, dass sie Kings friedliche Proteste nicht billigten, und King wollte ihnen mit diesem Brief den Kopf zurechtrücken. Weiter unten schreibt er:

> Ich kann nicht untätig in Atlanta herumsitzen, ohne mich darum zu kümmern, was in Birmingham geschieht. Wenn irgendwo Unrecht geschieht, ist überall die Gerechtigkeit in Gefahr. Wir sind in einem Netz wechselseitiger Beziehungen gefangen, aus dem wir nicht mehr entrinnen können. Uns alle hüllt dasselbe Gewand des Schicksals ein. Was den einen unmittelbar berührt, berührt mittelbar auch alle anderen.

In diesen Worten spiegelt sich das Weltbild des Steinbocks ganz klar wider. Es ist das Bild einer vernetzten Welt, in der jeder einzelne Atemzug untrennbar mit dem Atem der Menschheit verbunden ist. Was diesen Brief zu einem wahren Meisterwerk berühmter Steinböcke macht, ist Kings Bekenntnis, dass er sich nur «selten» damit aufhält, «kritische Äußerungen über [s]ein Tun und Denken zu beantworten».

Was für ein genialer Schachzug. Kings Eingeständnis, er ernte häufig Kritik, wirkt erst mal wenig selbstbewusst, dabei steckt hinter einer solchen Selbstoffenbarung so viel Kraft. Wie auf einem reichweitenstarken Social-Media-Account eine Menge ätzender Kommentare eingehen, so erntet auch King einfach deshalb so viel Kritik, weil er berühmt ist und für etwas Wichtiges einsteht. Noch dazu verfügt er nicht nur über einen, sondern über viele «Sekretäre». Hinter ihm steht ein mächtiges Netzwerk, und er widmet sich nur deshalb der Kritik seiner Amtsbrüder, weil er sich moralisch dazu verpflichtet fühlt. Es ist der klassische Powermove eines Steinbocks und für King nur eine Fingerübung.

Berühmte Steinbock-Dichterinnen und -Dichter lieben es erdverbunden und erklären mittels Sprache, was es heißt, ein lebendes, atmendes Wesen zu sein. Dara Wier ist so eine berühmte Steinbock-Lyrik-Göttin und hat zum Zeitpunkt, da ich dies schreibe, fast zwanzig Bücher herausgebracht. Eins meiner Lieblingsgedichte von ihr ist *The Pressure of the Moment*, das folgendermaßen beginnt: «The pressure of the moment can cause someone to kill someone or something.» Weiter geht es mit:

> *But if my house is on fire and you notice,*
> *I wish you would kill*
> *That fire. But if my hair is on fire, while I'm sure*
> *you'll be enjoying*
> *The spectacle of it, act quickly or don't act at all.*

Das ist das Wesen der Energie des Steinbocks: Welcher Steinbock hätte kein Verständnis für diese mörderischen Instinkte? In jedem Vers scheint das Verlangen auf, etwas zu tun. Das Haar des lyrischen Ichs brennt. Und während sie mutmaßt, dass dem Betrachter das Spektakel gefällt, fordert es ihn auf, entweder schnell einzugreifen oder es ganz bleibenzulassen. Lass niemals los, sagt das Gedicht, gib niemals auf, sei ein Steinbock und tu, was die Situation verlangt. Mach deine Sache gut.

Ein weiterer berühmter Steinbock ist David Lynch, der in seinen Filmen sein Tierkreiszeichen beispielhaft auf die Leinwand bringt. Ohne Frage ist er ein Genie – wie er ohne viel Aufhebens und gleichzeitig hingebungsvoll ein sublimes Bild seines Landes zeichnet, ist unübertroffen. Am bekanntesten ist er für seine Fernsehserie *Twin Peaks*, in der er an der Wurzel packt, was das Leben in einer amerikanischen Kleinstadt derart entsetzlich macht: Die vollkommene Banalität des Daseins stürzt die Seele in ein allumfassendes Gefühl von Bösartigkeit.

Obwohl BOB (oder der Teufel) von dem äußerst attraktiven Skorpion Frank Silva gespielt wird (Baby, ich wünschte du könntest aus dem Jenseits mit mir in Verbindung treten), ist sonnenklar, dass, wenn man BOB in Aktion sieht, er den Wesenskern des Steinbocks repräsentiert. Finster entschlossen, reißt er uns ins Verderben – nicht in ein chaotisches Verderben (wie der Zwilling, der einen in sinnlose [Streit-]Gespräche verwickeln würde), sondern in ein kälteres, kalkuliertes. Wenn du in der Ecke des rosa beleuchteten Wohnzimmers kauerst und BOB auf dich losgehen siehst, verkörpert er all das, was jedes Gedicht sein möchte oder sein sollte. Er ist hinter dir her. (Google mal «Bob Moment» und «Twin Peaks», dann siehst du, was ich meine.) Wenn BOB mit diesen mörderischen, sexy Augen auf dich losgeht, ist er durch und durch Steinbock.

David Lynchs Filme haben noch etwas mit den Arbeiten anderer berühmter Steinböcke gemeinsam: So schräg und verstörend sie sein mögen, es haftet ihnen auch etwas Konservatives an. Egal wie mystisch eine Szene auch sein mag, stets dreht sich alles um Macht, wobei die Macht der Sprache und das Surreale der Realität untergeordnet bleiben. Wenn BOB hinter dem Bett lauert, ist das furchtbar. Zutiefst gruselig ist es aber deshalb, weil es eine ganz alltägliche Welt ist, in die er einbricht. Der berühmte Steinbock, insbesondere der künstlerisch veranlagte, wird immer mit einem Bein in der Realität stehen. Bei seiner seltsamen Faszination für das Grauen geht es ihm nicht um Geschehnisse in der Phantasie, sondern um Dinge, die wirklich wahr sein könnten, um die Möglichkeiten, die jeder echte Augenblick auf Erden birgt. Dies ist die Gabe des Steinbocks, an der er uns freigebig teilhaben lässt.

Weitere berühmte Steinböcke

1. MUHAMMAD ALI
2. SADE
3. ELVIS PRESLEY
4. MICHELLE OBAMA
5. HENNY ZHANG
6. RICHARD NIXON
7. ZORA NEALE HURSTON
8. J. D. SALINGER
9. STEPHEN HAWKING
10. SHEILA HETI

Steinbock-Playlist

DAVID BOWIE – «Space Oddity»
JANIS JOPLIN – «Piece of My Heart»

SADE – «The Sweetest Taboo»
FRANCIS POULENC – «The Human Voice»
DOLLY PARTON – «Love Is Like a Butterfly»
RICKY MARTIN – «Livin' La Vida Loca»
AALIYAH – «Rock the Boat»
ANNIE LENNOX – «Money Can't Buy It»
MARILYN MANSON – «The Beautiful People»
JOAN BAEZ – «Love Is Just a Four-Letter Word»

Der Steinbock (Ein Gedicht)

Im tiefen, tiefen Wald. Wächst ein winziges Pflänzlein. Es braucht dein Wasser nicht. Braucht deinen Schatten nicht. Es hat alles, was es braucht. Es hat Gebete. Seinen Namen weiß ich nicht mehr. Einst waren wir Freunde. Ach, doch erinnern kann ich mich nicht. Einst waren wir. Ach ja. Das Blau. Ganz Blau. Blaue Papiere, auf die er blaue Worte schrieb. Mondsäfte, die endlos aus blauen Reben tropfen. Ich jedoch fürchte mich davor, was aus mir werden wird. Die Pflänzlein werden wachsen. Mit Humor und einem Sinn für Hoffnung. Sie werden wachsen und größer werden als du. Und dieses eine Pflänzlein, das du einst kanntest. Schatten wird es dir spenden und dunkelorange Früchte tragen. Eines Tages wird es sich nach vorne neigen und dich zermalmen. Nein, ich fürchte mich davor, was ich einst gewesen bin. Der Mond wird dich zermalmen. Du lagst die ganze Zeit falsch. Mit dem Baum. Er ist ein Fels.

In the deep deep woods. There is a tiny plant. It doesn't need your water. It doesn't need your shade. It has everything that it needs. It has prayers. I don't remember its name. We were friends once. Oh, but I can't remember it. We used to. Ah yes. The blue. Blue in its entirety. Blue papers in which we wrote the blue words. Moon juices, dripping endlessly from blue vines. But I am frightened of what I will become. The plants will grow. With humor and a sense of hope. They will grow and grow taller than you. And that one plant who you used to know. It will give you shade and bring forth the dark orange fruits. One day it will bend over to hug you and will crush you. No I am frightened of what I have already been. The moon will crush you. You were wrong all along. It's not a tree. It's a rock.

WASSERMANN

Truth is always strange,
stranger than fiction.

LORD BYRON, GEBOREN AM 22. JANUAR 1788

Der Wassermann

Als 1969 das offizielle Werbeplakat für Woodstock auftauchte, wurde das Festival als «Wassermann-Ausstellung» angekündigt. Geh hin und lass dich verändern. Bleib daheim, und die Leute, die hingehen, werden trotzdem alles verändern. Mehr als mit Veränderung wird das Zeichen des Wassermanns allerdings mit Zeitgeist assoziiert. Und mit der Zukunft. Ein Wassermann ist stets am Puls der Zeit. Nicht unbedingt was tatsächliche Entwicklungen betrifft, sondern wenn es um eigentlich notwendige Entwicklungen geht, um unsere

Kultur und unsere oftmals mythologisierte kollektive Seele und was beidem abgeht (Was ist der Mensch, Warum sind wir hier?). Man denke an den «Sommer der Liebe», an 1967, oder an die Stimmung in den USA in den späten Sechzigern und frühen Siebzigern – als sich das kollektive Bewusstsein weitete und damit auch das, was die Leute für möglich hielten. Eine Zeit neuer Ideen, in der sich die Menschen von überkommenen Werten abwandten. Hier und da sprang der Funke über – 1994, Generation X, Nirvana, die Occupy-Bewegung und die sozialen Medien, die den Aktivismus sowohl befeuert als auch komplexer gemacht haben. Als Wassermann hinterfragst du die Realität. Indem du Zweifel sähst und aufrührst, bewirkst du Veränderung.

Es heißt, die Wassermänner können vor allen anderen erspüren, was die Zukunft bereithält. Nicht durch übersinnliche Kräfte, sondern im Sinne einer Zeile wie: «May the bridges I burn light the way». Dem Wassermann wohnt der Geist der Revolution inne, er hat eine gute Intuition und zeigt ein hohes Maß an Eigeninitiative. Und doch ist es nicht immer leicht, diese enorme innere Kraft zu händeln – so ganz ohne Leitfaden. Und selbst wenn es einen gäbe – jeder Wassermann ist auch ein Rebell. Gib ihm einen Leitfaden an die Hand, und er wird ihn nicht befolgen. Weise ihn darauf hin, dass es eine Kleiderordnung gibt, und er wird nackt erscheinen.

Wer sich schon einmal mit einem Wassermann unterhalten hat, der weiß, wie rechthaberisch und zugleich verworren er sein kann. Er fühlt sich wie ein Außerirdischer, der die Sprache der Menschen beherrscht. Es ist schwer, ihn zu ergründen (was nicht wenige Fische versucht haben), und es ist unmöglich, sich von seiner respekteinflößenden Art nicht angezogen zu fühlen. Der Wassermann wird von Uranus regiert (der geheimnisvolle blaue Planet, assoziiert mit Entdeckungen, Erkenntnis und Technologie) und auch von Saturn (der Planet, der den Göttern am nächsten steht, assoziiert mit Unsterblichkeit und anhaltender Kraft).

Typischerweise ist der Wassermann etwas distanziert, insgeheim aber sensibel, er pflegt seine Exzentrik und bleibt stets fremd in der eigenen Stadt, egal wie lange er dort schon wohnt. Kaum zu glauben, dass so jemand tatsächlich in unserer Welt überleben kann, obwohl er sie doch ständig auf die Probe stellt. Auch als das Zeichen der Genialität und des Erfindergeists hat man ihn schon beschrieben, als willensstarken Mahner, der die Menschen daran erinnert, sich auf das Wesentliche zu besinnen. Anders formuliert: Der Wassermann ist der sexy Sonderling, der eine Punk-Phase, eine Grunge-Phase, eine Esoterik-Phase und eine Goth-Phase durchlebt hat, seine Zigaretten jetzt selbst dreht und jeden dazu ermuntert, sich im Gemeinschaftsgarten zu engagieren. Wer würde nicht gern wenigstens einmal im Leben mit einem Wassermann vögeln? Ich persönlich bin immer erleichtert, wenn ich einen am Tresen stehen sehe, von wo aus er so gerne die Leute beobachtet (selbst wenn er mit Freunden da ist) und darauf wartet, dass irgendjemand tief beeindruckt davon ist, dass er den Song *Bitch* von Meredith Brooks auswendig kennt (sein Standard-Karaoke-Song).

Was du über den Wassermann wissen solltest

Der Wassermann ist ein fixes Luftzeichen und das elfte Zeichen des Tierkreises. Er folgt auf den Steinbock und hat dessen gerichtete Wut und feste Überzeugungen geerbt. Was er mit dieser Wut anstellt, willst du gar nicht wissen. Er ist nachtragender als irgendjemand sonst und bei Kneipenschlägereien (eigentlich allen Streits) stets der Brutalste. Hast du jemals einen betrunkenen Wassermann erlebt? Irgendeinen Grund findet er immer, um auf alles und jeden sauer zu sein. Widerstand zu leisten (manchmal auch nur um des Widerstands willen), liegt ihm im Blut. Aus der Unnachgiebigkeit des Steinbocks hat der Wassermann ebenfalls etwas Wichtiges gezogen: Mit purem Pragmatismus kommt man oft nicht weit, genau genommen führt er nicht selten in eine Sackgasse oder ins Unglück (Grüße an den Steinbock), insbesondere wenn du die wirklich wichtigen Dinge des Lebens, Liebe und Leidenschaft, pragmatisch angehst. Mit einiger Sicherheit lässt sich sagen, dass der Wassermann eher Träumer als Rationalist ist.

Das Sternbild des Wassermanns zeigt einen Wasserträger, der Wasser aus einem Gefäß gießt. Da er im Tierkreis weit hinten steht, hat er ein Glaubenssystem etabliert, in dessen Zentrum Realismus und Erfindungsreichtum stehen. Manchmal stehen beide Kräfte miteinander im Widerstreit, aber sie sind es, weshalb der Wassermann so tatkräftig und einfallsreich ist. Wenn es hart auf hart kommt, gerät er nicht gleich in Panik. Und er ist keiner, der erduldet. Der Wassermann nimmt Spucke statt Gleitgel und entzündet das Feuer mit einer Zigarette. Er ist wie Shakira in ihrem Video zu *Whenever, Wherever* – steigt aus dem Meer empor, tanzt mit Wildpferden in der Wüste, robbt durch den Schlamm und landet schließlich irgendwie auf einem Berggipfel, wo sie bei Eiseskälte nicht viel mehr als ein bauchfreies Oberteil trägt – und dabei immer geziert und zugleich fordernd rüberkommt (für mich ja der Dauerzustand des Wassermanns).

Das Musikvideo suggeriert, dass es niemand sonst auf der Welt gibt außer Shakira. Als hätte sie als Einzige den Weltuntergang überlebt – Shakira und die Wildpferde. Die Pferde symbolisieren jeden ihrer Exliebhaber, und die Tiere rennen auf sie zu und entfernen sich gleich wieder von ihr. Wenn du je mit einem Wassermann ausgegangen bist, weißt du, dass es sich in etwa so anfühlt. Doch sein widersprüchliches Wesen ist sexy. Mit ihm zu streiten macht mich richtig an. Neben ihm wirken alle, mit denen du jemals geschlafen hast, langweilig und anspruchslos. Die Art, wie er dich anschaut, lässt sich nur schwer beschrei-

WASSERMANN

ben – als bewerte er dich und als sähe er dich zum allerersten Mal.

Dir das Vertrauen eines Wassermanns erarbeitet zu haben, ist beeindruckender, als eine FBI-Untersuchung zu überstehen. Der Wassermann ist von Natur aus kühl und kritisch. In vielem ähnelt er einem Wissenschaftler – er zieht eine Vielzahl von Quellen zu Rate (aka Leute, mit denen er über seinen Scheiß spricht) und stellt jede Menge Nachforschungen an (aka er stalkt dich minimal), bevor er irgendetwas von sich preisgibt oder sich eine Meinung über dich bildet. Das kann ganz schön beunruhigend sein. Zuweilen kommt er unpersönlich und streng rüber. Dass er sehr geradeheraus ist, sobald er den Mund aufmacht, erleichtert die Sache auch nicht wirklich. Ich finde aber, in dieser undurchsichtigen Welt, in der wir leben, sind es diese Eigenschaften, die aus ihm einen wahren Freund machen. Der Wassermann hat keine Zeit für Bullshit. Und im Gegensatz zu den Feuerzeichen, zeigt er das nicht, indem er eine Szene macht oder polemisch wird, sodass man sich für ihn schämt. Nein, der Wassermann schließt dich aus, er blockiert dich und straft dich mit seiner stärksten Waffe: Schweigen. Das funktioniert immer. Und ist zeitsparend.

Der Wassermann als Liebhaber

In einen Wassermann kann man sich leicht verknallen, weil er nur wenig von sich preisgibt. Mit ihm fühlt es sich an, als würde man mit dem Mathestreber der Klasse lernen, der keine Ahnung hat, wie sexy er ist, aber ahnt, dass du in ihn verliebt bist, und trotzdem versucht, mit dir über Differenzialrechnung zu reden. Es ist zum Wahnsinnigwerden. Und total heiß. Es steckt keine Absicht dahinter, gehört aber zu seinem Dasein als Sonderling dazu. Sprich mal mit seiner Therapeutin darüber. Sie ist garantiert genauso ratlos wie du und wird dir wahrscheinlich erzählen, dass sie sogar ihre Zimmerpflanze im Büro besser kennt als ihn. Glücklicherweise ist es aber nicht die Therapeutin, die mit ihm ins Bett geht, sondern deine Wenigkeit. Was eine geheimnisvolle Aura nicht alles bewirken kann. Manche Wasserzeichen haben schon ganze Leben ruiniert, weil sie alles totreden mussten. So wie das ein oder andere Feuerzeichen ganze Beziehungen ruiniert hat, weil es die Dinge «nur mal beim Namen nennen wollte». Sei froh, dass die Wassermänner außerhalb des Schlafzimmers so zurückhaltend sind, denn deshalb sind sie im Schlafzimmer so innig und sinnlich. Dort bedarf es glücklicherweise nämlich keiner Worte.

Nicht jeder ist von der Rätselhaftigkeit des Wassermanns angeturnt. Steinbock und Jungfrau jedenfalls nicht. Die brauchen Klarheit. Und für den Wassermann sind sie zu langweilig und bestehen viel zu sehr auf Regeln. Fische und Krebs überfordern den Wassermann emotional. Mit dem Skorpion passt es auf kreativer und freundschaftlicher Ebene gut – heißt: Die beiden führen zwar tiefsinnige Gespräche, aber in den wirklich wichtigen Dingen sind sie meistens unterschiedlicher Meinung. Für manche Paare geht das auf, für andere weniger. Schütze, Zwilling, Waage und Widder wissen, wie man einen Wassermann bei der Stange hält und wie man mit schwierigen, reservierten Menschen umgeht. Und mit ihrer Extrovertiertheit schaffen sie es, zu ihm durchzudringen. Liebe Löwen, tut mir leid, aber euer Gehabe wirkt auf den Wassermann verzweifelt. Das wird auf Dauer nichts.

Die erogenen Zonen des Wassermanns sind Waden und Knöchel. Perfekt für Fesseln und für Streicheleinheiten in der 69er-Stellung. Manchmal wirkt der Wassermann beim Sex wie weggetreten, weshalb man oft nur schwer einschätzen kann, worauf er steht und worauf nicht. Denk deshalb nicht, er wäre nicht versaut. Das ist er nämlich – wenn auch auf eine ruhige Art. Du solltest die Führung übernehmen und damit anfangen, seine Waden zu streicheln. Mein Wassermann-Boyfriend stand total auf Hate Sex (den normale Menschen als Versöhnungssex bezeichnen würden). Aus irgendeinem Grund turnte es ihn wahnsinnig an, wütend auf mich zu sein. Was wiederum mich anturnte, weil ich richtig zickig sein durfte. Es ging nicht lange gut, weil wir eines Abends über ein Lagerfeuer in Streit gerieten. Er versuchte, es mit einer Zigarette zum Brennen zu bringen, und ich hätte ihn beinahe hineingestoßen. Leider bin ich nicht so gut im Schubsen, also überlebte er es.

Wassermänner wirken etwas unbeholfen. Manchmal glaube ich, sie verarschen sich damit selbst. Sie sind keine Waagen, die dein Herz durch Anmut und Liebreiz erobern. Aber ihr eigenwilliger Humor wird dich bezaubern. Und die kruden Fakten, die sie sich über die Zeit angeeignet haben, führen dir vor Augen, wie schön das Leben auf diesem Planeten ist. Würde ein Wassermann in einer romantischen Komödie mitspielen, er wäre der leicht verpeilte, aber empathische Freund, der so offensichtlich eine alte Seele ist, dass dir klarwird, dass du ihn schon immer geliebt hast. Der Wassermann ist zu tiefer, elektrisierender Liebe fähig. Du wirst ihn selten darüber reden hören, aber er fühlt sie. Fast so, wie wir den Wind niemals sehen werden und dennoch wissen, dass er da ist. Er versetzt das Meer in Aufruhr. Er fährt durch die Bäume. So fühlen sich die ersten Monate mit einem Wassermann an. Seine Fremdartigkeit ist verblüffend. Du wirst deine Freunde bitten, seine Nachrichten zu lesen und sich Fotos anzuschauen, auf denen sein mystisches Wesen aufflackert und dann wieder entschwindet. Mag er dich? Will er dich wiedersehen? Das wird er nicht so direkt sagen. Auf persönliche Fragen antwortet er äußerst selten mit der Sorglosigkeit und Unbefangenheit der anderen Luftzeichen (wie der Zwilling).

Liebe und Leidenschaft geht der Wassermann mit dem Verstand an. Im Kern ist er nun mal ein kopflastiges Wesen. Und

Kopflastigkeit ist nicht unbedingt aufregend, wenn es um die Liebe geht. Das kann man ihm schon mal als Rarmachen oder als Desinteresse auslegen. Hast du dich in einen Wassermann verguckt (oder willst ihn dazu bringen, sich in dich zu vergucken), gilt es, diese unterkühlte Anfangsphase zu überstehen. Er macht dir nichts vor. Es ist nicht seine Absicht, gleichgültig zu wirken. Es ist nur so, dass jeder noch so kleine Nerv in seinem Hirn gerade feuert ohne Ende, dann vom Netz geht und sich wieder neu verschaltet, und dass er dadurch dazu neigt, eher zu analysieren, statt zu fühlen. Instinktiv tritt er erst einmal einen Schritt zurück und wartet deine nächsten Schritte ab.

Seine Vorstellungen von der Liebe sind total überzogen. Es verhält sich dabei wie mit seinem Weltbild: Beides ist nur schwer mit der Realität in Einklang zu bringen. Einerseits will er das Ruder in der Hand haben, andererseits sollen sich alle ganz frei fühlen. Kein Wunder, dass es schon fünf US-amerikanische Wassermann-Präsidenten gegeben hat. Hast du die unterkühlte, analytische Phase endlich hinter dich gebracht, ist dein Wassermann ganz schön herrisch. Wenn du endlich Gewissheit hast, dass er auf dich steht, fängt er an, dir zu sagen, was du zu tun und zu lassen hast. Er stellt dir gerne einen Haufen Fragen – seine Art, Kritik zu verpacken und dir Befehle zu erteilen. Das hat nichts mit der Planungswut der Jungfrauen oder den Bespitzelungen des Skorpions gemein. Vielmehr geht es ihm um das große Ganze. Er wird dich fragen, warum du dich für deinen Job entschieden hast, ob du glücklich bist, ob du dir dein Leben so vorgestellt hast, ob du nächsten Samstag mit ihm zusammen auf den Mond fliegen möchtest. Ziemlich hochtrabende Fragen, die einem Angst einjagen können. Fragen, die weitere Fragen nach sich ziehen.

Gute Bildung findet der Wassermann wahnsinnig anziehend. Und zwar sowohl emotionale Bildung (durch traute Zweisamkeit erlangt) als auch die Art von Bildung, die seinen Intellekt herausfordert. Willst du ihn bei einem Date beeindrucken, geh mit ihm zu einer exzentrischen Tanz-Performance oder zu einem experimentellen Theaterstück. Es gefällt ihm vielleicht gar nicht, aber das ist nicht so wichtig. Er kennt sich gern mit allem aus, besonders mit Dingen, die ihm fremd sind. Der Wassermann ist ein neugieriger Mensch. Und er findet es äußerst anregend, wenn du mit ihm in dieser Hinsicht gleichziehst. Kannst du ihn auf diesem Gebiet überraschen, steht einer gemeinsamen Zukunft nichts im Wege. Beim Gedanken an die Zukunft blüht der Wassermann übrigens regelrecht auf. Er ist wahnsinnig unabhängig. Wenn du klammerst, schlägst du ihn in die Flucht, aber zu sehr an der langen Leine lassen darfst du ihn auch nicht, denn das deprimiert ihn. Er ist zu stolz, um dich um deine Zuwendung zu bitten. Mit der Psyche des Wassermanns umzugehen, ist ein echter Balanceakt und kommt dem Bemühen gleich, eine Orchidee am Leben zu erhalten.

Die Karten nicht offen auf den Tisch zu legen, ist typisch Wassermann. Oder sagen wir, er legt sie ab, aber es bleibt dir überlassen, sie zu interpretieren. Von der durchschaubaren Sorte ist er jedenfalls nicht. Ich bin einmal mit einem Wassermann ausgegangen, der drei Tage lang campen ging, ohne irgendjemandem Bescheid zu sagen. Am Ende dachte ich, er sei tot. Siebenundsechzigmal hatte ich ihn angerufen. «Du hast mich siebenundsechzigmal angerufen», lautete die erste Nachricht, die er mir danach schrieb. Keine Erklärung, keine tiefe Besorgnis, nur diese Feststellung. Dann ging er zur Verteidigung über, indem er auf eine vorherige Nachricht verwies, die ich so hätte verstehen sollen, dass er ein wenig Freiraum brauchte. Es war klar, dass er das nicht aus Boshaftigkeit getan hatte. Aber zugleich konnte er nicht fassen, dass nicht jeder seine verklausulierten Nachrichten auf Anhieb verstand. Ich für meinen Teil war nicht wirklich in der Stimmung für eine Beziehung, die sich jede Woche wie das Kreuzworträtsel aus der *New York Times* anfühlt.

Auf Trab hielt mich das aber auf alle Fälle. Wenn du also auf zeitweiliges Verschwinden stehst, versuch es doch mal mit einem Wassermann.

Der Wassermann als Freund

Der Wassermann könnte eine Kneipe locker vollkriegen. Er kennt scheinbar jeden und ist die Art Mensch, die einen Haufen Freunde braucht. In Gesellschaft anderer zu sein, ist für ihn erholsamer, als sich zurückzuziehen. Stell ihn dir als Anthropologen vor: Unablässig beobachtet er, ist ständig von irgendetwas fasziniert und offen für Neues, ist mehr an der Wahrheit interessiert als an einer Einschätzung. In Gemeinschaft blüht er auf. Man muss ihm auch nicht ständig Honig ums Maul schmieren. So unerschütterlich sein Glaube an das Individuum auch sein mag, das Kollektiv steht bei ihm hoch im Kurs. Das ist es, was ihn dazu motiviert, seine Ziele zu verfolgen. Und ohne seine Freunde würde er über diese Ziele hinausschießen.

Die Kehrseite der sozialen Ader des Wassermanns: Wirklich nah kommt man ihm nur schwer. Bei vielen Menschen in seiner Umlaufbahn handelt es sich eher um Bekannte. Der Wassermann übt eben eine riesige Anziehungskraft aus. Wir alle fühlen uns zu Menschen hingezogen, die Individualität groß schreiben – in diesem Fall riesengroß. Dem Einzelnen seine Einzigartigkeit zugestehen – ihn frei und ungehindert leben lassen –, das ist eines der wichtigsten Grundprinzipien des Wassermanns. Und das weiß er bei seinen Freunden am meisten zu schätzen: Wenn sie auch dann authentisch bleiben, wenn sie sich damit unbeliebt machen. Aus diesem Grund verteilt er auch nicht wahllos Lob und Komplimente. Er hat einen wachen Geist. Und er sagt nur, was er auch wirklich so meint. Die Komplimente, die mir Wassermänner gemacht haben, kann ich an einer Hand abzählen. Dafür waren es die einzig wahren Komplimente, weil sie von Herzen kamen.

So wie sich der Stier in Liebesdingen Zeit lässt, so lässt sich der Wassermann Zeit, zu einem Menschen Vertrauen zu fassen. Mit ihm befreundet zu sein, fühlt sich teilweise wie eine Therapiesitzung an. Er hört zu. Er stellt ein paar Fragen. Er legt es darauf an, alles über dein Leben in Erfahrung zu bringen, aber du wirst das Gefühl nicht loswerden, dass er mit seiner wahren Meinung hinterm Berg hält. Der Wassermann ist kein Zeichen, das dich mal eben um Rat fragt. Wenn er wegen eines Problems auf dich zukommt, kannst du dir sicher sein, dass er sich schon monatelang damit herumträgt. Er hat eine Menge Power. Obwohl er verlässlich ist, schweigt er sich über die eigenen Probleme lieber aus, weil er davon ausgeht, er könne sie alleine lösen, und das kann er auch. Wie wir alle wissen, ist der Wassermann mehr Magier als Normalsterblicher.

Die Gefahr beim Wassermann und seinen vierhundertundeins Freunden liegt in seiner Eigenart, sich abzusondern – etwas, das allen bekannt sein dürfte, die in Gesellschaft aufblühen. Comedians zum Beispiel. Um einen Sketch auf die Bühne zu bringen, musst du ihn selbst durchlebt haben. Und wenn die Zuschauer fort sind, wenn alle heimgegangen sind, bist du kein Comedian mehr. Du bist allein in einem Raum. Wie alle anderen auch. Und davor hat der Wassermann Angst.

Ein Grund, dass der Wassermann zwischen sozialer Immersion und sozialer Isolation pendelt, ist sein universalistischer Standpunkt. Er möchte entweder mit allen Menschen verschmelzen oder mit allem, das kein Mensch ist – mit dem Himmel, dem Meer, dem Leuchtstern, den er an die Decke geklebt hat. Hoffnung und Möglichkeiten, das sind Dinge, die er zutiefst zu schätzen weiß. Und beides sucht er in Extremen. Als Nachfolger des Steinbocks hat der Wassermann gelernt, auf seine Freiheit zu pochen. Diese Freiheit, gepaart mit strengem praktischem Denken – auch das hat er vom Steinbock gelernt. Einen Wassermann zum Freund zu haben, bedeutet also, sich darüber im Klaren zu sein, dass er wild entschlossen sein wird, dir immer Neues zu zeigen, einen Ort, den er erst noch erfinden muss. Achte also darauf, dass du ihn aus seinem Kämmerlein zerrst, wenn er zu kopflastig und nachdenklich wird.

Wassermann-Style

Der Wassermann kleidet sich ziemlich schrill. Er ist derjenige in deiner Clique, zu dem du sagst: «Das kannst echt nur du tragen.» Was seinen Kleidungsstil anbelangt, ist er sich für nichts zu schade. Er trägt Dinge, die einfach nicht zusammengehen, Wildleder im Regen, Leder in einer Bullenhitze und im tiefsten Winter wiederum so gut wie gar nichts. Er folgt seinem eigenen Geschmack und hält sich von dunklen Farben eher fern. Weist du ihn darauf hin, kommt er das nächste Mal natürlich in einem Outfit, das eines Death-Metal-Konzerts würdig wäre. Auf meiner Schule gab es einen Wassermann, der zwei verschiedene Turnschuhe trug – an jedem Fuß einen anderen. Die Schnürsenkel waren blaumetallic, und auf beide Converse hatte er Sternenbilder gemalt.

Der Wassermann mag es bequem. Je bequemer, desto freier fühlt er sich. Damit möchte ich keineswegs sagen, dass sich viele Wassermänner wie Kiffer anziehen, aber viele Wassermänner ziehen sich nun mal wie Kiffer an. Und wie Skater. Und wie gescheiterte Schauspieler, die jetzt für B-Movies vorsprechen. Außerdem mögen sie Capes, bauchfreie Oberteile und T-Shirts von einem ehrenamtlichen Einsatz für irgendeine Sache, die ihnen am Herzen lag. Zum Beispiel die Umwelt oder die Finanzierung der EP irgendeiner grottigen Punkband.

Erwähnenswert ist außerdem, dass der Wassermann nicht

WASSERMANN

materialistisch veranlagt ist. Sein Kleiderschrank ist ein Kleiderschrank. Und mehr gibt es für ihn nicht dazu zu sagen. Wenn es ihm darin zu voll wird, gibt er einen ganzen Haufen Klamotten einfach her. Ohne jegliche Skrupel. Er lebt eben im Augenblick. Steht er einen Sommer lang auf abgeschnittene Jeans im Acid-Wash-Look, heißt das noch lange nicht, dass es nächsten Sommer noch genau so ist. Er liebt Veränderungen, bezweckt damit aber nichts (im Gegensatz zum Löwen, der einen Knalleffekt durchaus zu schätzen weiß).

Der Wassermann hat definitiv auch eine glamouröse Seite (von der Kiffer-Ästhetik mal abgesehen), selbst wenn sie bei ihm etwas schräg ausfällt, wie alles andere auch. Raste bitte nicht gleich aus, wenn er auf deiner Hochzeit aussieht, als käme er direkt von einem Rave oder als trage er einen Duschvorhang. Glamour hat für ihn mit Experimentierfreude zu tun. Je esoterischer, desto besser. Das solltest du im Hinterkopf behalten, wenn du einem Wassermann was Nettes kaufen willst. Nimm etwas mit einem Hauch von Mystik und mit verblüffenden visuellen Elementen. Etwa ein Tuch, das eigentlich ein Kleid, eigentlich eine Blumenwiese ist.

Texten mit dem Wassermann

Ich bin mir nie ganz sicher, was mir der Wassermann eigentlich sagen möchte. Er benutzt schon irgendwie Worte, aber für diese Worte braucht es einen Übersetzer. Eine Nachricht von einem Wassermann zu erhalten, ist, wie mit einem besoffenen Hochzeitsgast zu reden: Entweder ist es kurz und aufwühlend, oder es dauert länger als erwartet und dreht sich in hundert Schleifen um etwas, das nichts mehr damit zu tun hat, worüber ihr anfangs geredet habt. Noch merkwürdiger finde ich, dass ich ihm Nachrichten schicken kann, die total ab vom Thema sind, und er zieht mit. Als ob das Handy angezapft worden wäre und jetzt sämtliche Nachrichten verschlüsselt verschickt würden – nur dass man sich eben auf keine bestimmte Verschlüsselung geeinigt hat. Trotz alledem ist der Wassermann ganz gut darin, Pläne zu schmieden, und zieht die Pläne dann auch wirklich durch. Kann halt sein, dass du ihm auf Mittelhochdeutsch oder Französisch schreiben oder vielleicht auch bellen musst. Hier einige Klassiker:

Der Wassermann beim Sexting ...
WASSERMANN: Hey, magst du in die Kneipe namens Schlafzimmer kommen
DU: Oh, äh ...
WASSERMANN: Die Sterne erinnern mich an die Art, wie du dein Haar im Winter trägst, umstanden von toten Bäumen.

Wie geht's, Wassermann?
DU: Hey, wie geht's, wie steht's?
WASSERMANN: Sinniere gerade darüber, ob König Lear das moderne Leben versinnbildlicht. Und dass Crystal Pepsi in den Neunzigern voll das Ding war. *[Pommes-Emoji]*

Der planende Wassermann ...
WASSERMANN: Kann kaum erwarten, dich morgen um 19:47 Uhr bei der Skulptur, die wir beide so mögen, zu treffen!
DU: Oh! Ja ...

Der nostalgische Wassermann ...
WASSERMANN: Ich vermisse einfach, wie es am Anfang war.
DU: Welcher Anfang?
WASSERMANN: Na ja, am Anfang der Zeit ...

Der wütende Wassermann ...

DU: Bist du wegen irgendwas sauer ...?

WASSERMANN:

DU: Okay, wir müssen ja auch nicht drüber reden.

WASSERMANN: Wenn wir darüber reden wollten und wenn ich sauer wäre, dann sollten wir schon einen passenden Ort suchen, um na ja, eben darüber zu reden. Kino?

Der traurige Wassermann ...

WASSERMANN: Denkst du auch manchmal an all die Orte, an denen es gerade regnet?

DU: Es regnet aber gerade gar nicht.

WASSERMANN: Ich weiß, aber irgendwo schon.

Der unternehmungslustige Wassermann ...

DU: Bis später, ja?

WASSERMANN: Yeah. Kannst gerne noch Leute mitbringen! Ich hab ein paar Bekannte aus der Uni, aus der Schule und aus dem Kindergarten eingeladen – und aus dem Krankenhaus, in dem ich geboren wurde!

Die fabelhafte Welt des Wassermanns

Wäre der Wassermann eine Stadt, so wäre er Tokio – wegen dem ganzen Neonlicht mitten am Tag. Wäre er Teil eines Buches, so wäre er eine Fußnote. Spezifisch. Nerdig. Ohne Hintergrundwissen kaum verständlich. Wetterlage: Hagel. Karaoke-Song: eine Disco-Version von Sheryl Crows *All I Wanna Do*. Kochutensil: Reibe. Tageszeit: kurz vor Tagesanbruch. Kleidungsstück: Strumpfhosen aus Holographie-Lycra. Und wäre er ein Obst, so wäre er ein Granatapfel.

Ich schätze mich glücklich, einige Wassermann-Geborene

zu kennen. Sie schneiden dir den Pony, helfen dir, deine Möbel umzustellen, und schenken dir Heilsteine für unters Kopfkissen, damit du besser schlafen kannst. Rauchst du mit einem Wassermann Gras, bist du der Erleuchtung danach einen Schritt näher gekommen. Gehst du mit ihm Fallschirm springen, siehst du, wie ernst er es mit dem Himmel meint. Er denkt so intensiv über den Himmel nach, wie sich andere den Kopf über Geld zermartern. Sie wissen, dass das Leben nach dem Tod irgendwo auf Erden stattfindet und nicht irgendwo da oben.

Die Menschen benutzen so gern das Wort «Stil». Walt Whitman hat dazu geschrieben: «The greatest poet has less a marked style and is more … the free channel of himself.» Stil zu haben, heißt, keinen Stil zu haben. Anreicherung ist Stil. Oder eher das, was wir mit dieser Anreicherung tun, mit all den Dingen, für die wir uns entscheiden oder eben nicht entscheiden und dann mit deren Fehlen leben müssen. Keiner weiß das besser als der Wassermann. Er ist dieser «offene Kanal». Für ihn ist Stil wie die See. Die kalte See. Mitunter eher grün als blau und oftmals so schwarz wie die Nacht. Die See versteht es, sich zu wandeln, und bleibt doch stets gleich. Was könnten wir uns nicht alles ausmalen, wenn wir die See die See sein ließen, uns ihrer Bewegung hingeben würden, statt entlang ihrer Ufer Rettungsbojen zu installieren? Genau dieses Rätsel ist der Wassermann ständig bemüht zu lösen.

Ich bin einmal mit einem Wassermann Unterwäsche kaufen gegangen. Es war seine Idee. Ich steckte damals irgendwie fest, war schlecht drauf. Und dieser Wassermann riet mir zu neuer Unterwäsche. Diese eine Veränderung, so prophezeite er, würde noch ganz andere Veränderungen nach sich ziehen. Also hörte ich auf ihn (irgendetwas daran überzeugte mich) und ließ ihn neue Unterhosen für mich aussuchen – was ich normalerweise nicht mal dem Typen gestatte, mit dem ich ins Bett gehe. Nach Hause ging ich mit irren Retropants von Calvin Klein. Eine war neonpink, eine andere hellblau-metallic. Mein Bettzeug ist komplett weiß, und die Unterhosen färbten aufs Laken ab. Die Mitte meines Betts zierte plötzlich ein großer hellblau-metallic-farbener Fleck. Ich war außer mir. Ich schrieb dem Wassermann eine Nachricht und regte mich über seine bescheuerte Idee auf. «Halt, stopp», schrieb er zurück. «Das ist ein Zeichen. Wirf dein Bettzeug weg. Lass das Weiß, schlaf lieber in Gold.» Ich war stinksauer. Wo bitte sollte ich goldene Bettwäsche herkriegen? Ich bestellte sie im Internet, ich schlief darin, und eine Woche später fühlte ich mich noch immer miserabel. Nur dass der Fleck jetzt neonpink auf goldenem Untergrund war. Ich, der Schütze, der sich schwarz kleidet und in Weiß schläft, fühlte mich einfach nur unwohl. Eines Freitags dann, als ich gerade einen Kaffee in meinem goldenen Bettzeug trank, erhielt ich einen Anruf, dass ein Verlag meine zweite Gedichtsammlung veröffentlichen wollte. Der erste Mensch, dem ich das mitteilte, war besagter Wassermann. Er meinte: «Ja, klar, Hellblau-Metallic steht für einen neuen Style, Neonpink steht für Vitalität, und Gold – Gold kriegst du, wenn du etwas veränderst, wenn du aufhörst, dein Leben so zu leben wie immer. Du musst einfach nur irgendetwas ändern.» Selbst Kleinigkeiten können einen dramatischen Wandel herbeiführen.

Ich erzähle das nicht, weil mir die Geschichte nicht mehr aus dem Kopf gehen will (doch auch schon deshalb), sondern weil der Wassermann bei all seiner Prinzipientreue immer noch ein Hintertürchen für Magie offen lässt – wenn nicht sogar sämtliche Türen. Er würde nicht von Magie sprechen, eher von Ritualen. Aberglaube. Aura. Schwingungen. Da er sehr lebenstüchtig ist, spricht er nicht über all die kleinen Zauber, von denen sein Leben durchdrungen ist. Doch es gibt sie. Und wenn er sieht, dass du sie gut gebrauchen könntest, wird er dir von ihnen erzählen. In den frühen Morgenstunden, wenn du es besonders schwerhast, wird er dir seinen Zauber offenbaren. Wenn es nach dem Wassermann geht, sind wir alle seine Brüder und Schwestern. Sind wir alle auf die ein oder andere Weise mit ihm verbunden.

Der berühmte Wassermann

Vor dem Sommer der Liebe und vor der sexuellen Revolution gab es James Dean in *Denn sie wissen nicht, was sie tun*. In Bluejeans, weißem T-Shirt, roter Jacke. Der draußen noch eine raucht, während der Wagen schon läuft, und dabei nicht weiß, wohin es gehen wird. Dean war der klassische Wassermann, und in diesem Film verkörpert er mehr oder weniger einen. Der Wassermann-Spirit wird oft mit den Sixties und Hippies in Verbindung gebracht. Mit dem Streben nach einer Utopie, die Aussteigertum und den Umsturz des kapitalistischen Systems beinhaltet. Aber dem Dasein als Wassermann haftet auch eine gewisse Gefahr (und Faszination) an. Dean selbst starb mit vierundzwanzig Jahren in seinem Sportwagen (ein Porsche, den er «Little Bastard» getauft hatte), weil er in Kalifornien an irgendeiner Kreuzung in einen anderen Wagen rauschte. Er liebte das Rennfahren. Er hasste die Presse. Und während seiner kurzen Berühmtheit erwarb er sich den Ruf, unnahbar, geheimnisvoll und distanziert zu sein. Ein Outsider, der sich viel mehr als unter Hollywood-Größen in Gesellschaft ganz normaler Leute wohl fühlte.

Der Geist der Revolution, der dem Wassermann eigen ist, brannte auch in Heldinnen und Helden der amerikanischen Bürgerrechtsbewegung wie Rosa Parks. In Abraham Lincoln. In Bob Marley und seiner Idee vom Universalismus. In Yoko Ono und ihrem Friedensaktivismus. Sie zeigt sich in Thomas Edisons visionärem Denken und in Galileos rebellischem Charakter. Und natürlich in Oprah Winfreys Imperium und ihrer Philanthropie – alles Beispiele dafür, wie Instinkt und Furchtlosigkeit den

Wassermann zum Erfolg führen, solange er seiner Leidenschaft nachgeht, seiner Berufung folgt statt irgendwelchen ausgetretenen Pfaden. Für den Wassermann wird es viel eher gut laufen, wenn er Risiken eingeht, statt sich zu mäßigen.

Möchtest du dich einen ganzen Tag lang einem einzigen Tag im Leben einer Frau widmen, dann nimm dir *Mrs. Dalloway* von Virginia Woolf vor und mach dich auf eine echte Wassermann-Erfahrung gefasst. Dass Woolf ein Wassermann war, mag kaum überraschen. Ihr Schreibstil war revolutionär, ihre Figuren komplex, launisch und zutiefst menschlich. Die Lektüre von *Mrs. Dalloway* – die abrupten Wechsel zwischen Vergangenheit und Zukunft, die Einsicht, dass der gegenwärtige Augenblick allein deshalb überwältigend ist, weil es ihn gibt – fühlt sich an, als schwimme man durch einen wassermännischen Gedankenstrom. Es ist dieses Glück, das der Wassermann in den kleinen Dingen des Alltags entdeckt, das ihn antreibt. So leicht lässt sich der Wassermann nicht entmutigen. Wenn er sein Leben und seine Entscheidungen kritisch beäugt, dann nur, weil er sich der Zeit sehr bewusst ist, weil er sich bewusst ist, dass der Zeit selbst ein Bewusstsein innewohnt, das außerhalb unseres Einflusses liegt, sosehr wir uns auch dagegen sträuben mögen.

Weitere berühmte Wassermänner

1. FREDERICK DOUGLASS
2. WOLFGANG AMADEUS MOZART
3. SHAKIRA
4. ELLEN DEGENERES
5. JACKIE ROBINSON
6. LANA TURNER
7. FRANKLIN D. ROOSEVELT
8. HARRY STYLES

Wassermann-Playlist

THE 5TH DIMENSION – «Aquarius / Let the Sunshine in»
BOB MARLEY – «Could You Be Loved»
HARRY STYLES – «Kiwi»
GUNS N' ROSES – «Paradise City»
GARTH BROOKS – «Friends in Low Places»
DR. DRE – «Let Me Ride»
ROBERTA FLACK – «Killing Me Softly»
THE WEEKND – «Starboy»
REGINA SPEKTOR – «Fidelity»
GUCCI MANE – «Wake Up in the Sky»

Der Wassermann (Ein Gedicht)

Die Leute reden von der Zukunft
als wüssten sie um ihre Existenz

und sprächen sie mit dir
wüssten sie, die Zukunft ist

wüssten sie, die Zukunft ist blau.
Schiffe in der gewaltigen Dunkelheit.

Dunkelheit im blauen Rad.

Bevor die Sonne aufgegangen ist
nur Erinnerungen damals

WASSERMANN

und Erinnerungen heute
an Sterne, an Hände

in jemandes Haar
so nah an deinem.

Du hast die Welt
so oft berührt

dass sie sich an dich erinnert.
Dass sie zu verstehen beginnt.

People speak of the future
as if they know it's there

and if they spoke to you
they'd know the future is

they'd know the future's blue.
Ships in the vast dark.

Dark in the blue wheel.

Before the sun has risen
only memory then

and memory now
of stars, of hands

in someone's hair
this close to yours.

You've touched the world
so many times

it does remember you.
It does begin to see.

FISCHE

♓

We cannot live, except thus mutually
We alternate, aware or unaware,
The reflex act of life: and what we bear
Our virtue onward most impulsively.

ELIZABETH BARRETT BROWNING, GEBOREN AM 6. MÄRZ 1806

Der Fisch

Mitten in der Menschenmenge des Coachella-Musikfestivals 2012 saß Rihanna in einem bauchfreien Top mit der Aufschrift PEACE und in einer auquamarinfarbenen, nietenbesetzten Shorts auf den Schultern ihres Bodyguards und baute sich auf seinem Kopf einen Joint – so sind Fische. Bei einem Nirvana-Konzert im Jahr 1992 redete Kurt Cobain über seine Liebe zu Courtney Love und bat das Publikum, «Courtney, we love you» zu rufen, weil sie glaubte, dass «jeder sie hasst» – so sind Fische. 1905 ersann Albert Einstein die Relativitätstheorie, und einundsiebzig Jahre später brachte Steve Jobs Apple auf den Markt und veränderte für immer unser Leben und unsere Art zu kommunizieren – so sind Fische. Liebe, Frieden und Kommunikation – das ist das Fische-Mantra.

Wir alle haben Gefühle in uns, die unser Hirn umkreisen wie die neunundsiebzig Jupitermonde den Jupiter. Bei den Fischen aber ist das etwas anders. Nicht nur können sie mehr als neunundsiebzig Gefühle die Minute empfinden, sie fühlen ununterbrochen (sogar während sie schlafen). Für sie selbst ist das nicht so angenehm, für alle anderen allerdings schon. Die emotionale Freigebigkeit der Fische ist unermesslich. Erinnerst du dich noch an diese abgedroschene Szene aus *American Beauty*, in der Ricky Fitts versucht, Jane Burnham mit einem selbstgedrehten Video einer im Wind tanzenden Plastiktüte zu beeindrucken? Da sitzt er auf seinem Bett und redet davon, wie viel Schönheit der Welt doch innewohnt. So viel, dass er es «kaum aushält». Am Ende bekommt er feuchte Augen und betrachtet seine eigene Kunst so ehrfürchtig, als hätte er gerade das Ende eines Kriegs oder das Ende einer der vielen Hungersnöte auf dieser Welt miterlebt. Natürlich hat er Jane Burnham damit an der Angel. Einem so schräg-sensiblen Typ kann man wohl kaum widerstehen. Und dieser Typ ist natürlich ein Fisch. Ricky Fitts ist ein Fisch. Vielleicht sogar ein doppelter. Jede Wette, dass in seinem Horoskop auch Krebs und Skorpion im Spiel sind, denn in diesem Film tut er nichts anderes, als gemeinsam mit Jane in seinem Zimmer abzuhängen und tote Lebewesen zu filmen, die er auf der Straße findet. Dass er Jane auch noch heimlich nachspioniert, macht ihn zum ultimativen Wasserzeichen. Er hat mit jeder Menge existenziellen Ängsten zu kämpfen und führt gern «tiefschürfende» Gespräche, wenn er was geraucht hat. Er hat den absurden Plan, mit Jane nach New York durchzubrennen und bei seinem Drogendealer unterzukommen. Komplett verrückt, aber alles für die Liebe. Das ist gleichzeitig sexy und furchteinflößend. Beim Anblick dieser tanzenden Plastiktüte kann man wieder nur sagen – so sind die Fische. Sehr poetisch. Diese Szene in *American Beauty* symbolisiert das Herz der Fische – weit offen, bereit, sich mitreißen zu lassen und alles zu fühlen.

Was du über den Fisch wissen solltest

Der Fisch ist ein veränderliches Wasserzeichen und das letzte des Tierkreises. Da er auf alle anderen folgt, hat er schon eine ganze Menge karmischer Lehren verinnerlicht – Hingabe, Empfänglichkeit, Bindungsfähigkeit und vor allem den unerschütterlichen Glauben an die Liebe als Leitstern. Für die Liebe würde er jedes Opfer bringen, überall hingehen und alles tun, manche Fische sind sogar dafür bekannt, dass sie die Liebe heraufbeschwören können wie Hexen oder liebeskranke Dichterinnen. Kurz: Der Fisch ist eine alte Seele. Die älteste. Außerdem ist er zwei Fische, die in unterschiedliche Richtungen schwimmen, was für Dualität steht. Mit der Dualität des Zwillings hat sie jedoch wenig gemein. Die des Zwillings dreht sich um List, um eine Darbietung vor Publikum und um eine Fixierung auf Äußerlichkeiten (aus diesem Grund sind Zwillinge die geborenen Celebrities). Der Fisch hingegen ist kaum an Oberflächlichkeiten interessiert. Er möchte in die Tiefe gehen. Seine Dualität liegt darin begründet, dass er für alle Welt die Fühler ausstreckt und alles Bewusste und Unbewusste des Daseins in sich aufnimmt. «Vertrau auf deinen Instinkt» – nach diesem Motto lebt er. Nur dass er dabei informierter vorgeht als alle anderen, weil er auf mehr Gefühlsdaten zugreifen kann (was direkt aus seiner Stellung auf dem Tierkreis folgt). Menschen und Situationen sind für ihn leicht zu durchschauen.

Ob es ihm gefällt oder nicht, der Fisch hat derart viele Rezeptoren, dass er dir an der Nasenspitze ansehen kann, in welcher Stimmung du gerade bist. Dass er anhand deiner Körpersprache oder deines Schweigens sogar sagen kann, was du gerade denkst. Der Fisch bringt für die Menschen sehr viel Mitgefühl auf, selbst für seine Feinde. So viel Mitgefühl, dass die Energie seines Gegenübers eine Zeitlang auf ihn übergeht. Selbst wenn er nur irgendwo einen Kaffee kauft. Fremde lässt er manchmal sehr nah an sich heran. Und diese werden feststellen, dass sie in seiner Gegenwart die intimsten Dinge preisgeben wollen, selbst wenn das eher untypisch für sie ist, dass sie sogar mehr zu sich selbst finden, weil die meisten Fische ein Gefühl von Heimat vermitteln. Sie sind sanfte, zugewandte und verträumte Wesen. Oft wirken sie etwas wunderlich, neigen dazu, vom Boden der Tatsachen abzuheben und sich in all den Möglichkeiten da draußen zu verlieren. Das macht ihren Charme aus. Sie kommen wie Künstlerinnen und Künstler daher, selbst wenn sie gar keine sind.

Das Zusammensein mit einem Fisch gleicht einer Reise zurück in die Kindheit. Zum einen, weil er diese Lebensphase liebt. Er empfindet eine große Nostalgie für seine eigene Kindheit und umgibt sich gern mit Erinnerungsstücken aus dieser Zeit – Fotos, Eintrittskarten, gebrannte CDs, Playlisten, Briefe und so weiter. Seine frühen Jahre sind für ihn eine magische Zeit (auch dann, wenn sie nicht ganz so idyllisch waren). Eine Zeit, in der er noch völlig sorglos war und sich auf Menschen einlassen konnte, ohne Angst zu haben, dass sie ihn ausnutzen oder verletzen könnten. Klar verklärt er damit die Vergangenheit, aber er verklärt einfach alles, was bereits gewesen ist. Die Erinnerungen des Fischs laufen den ganzen Tag im Hintergrund ab – wie eine alte VHS-Kassette. Wenn der Wassermann die Zukunft und der Widder die Gegenwart ist, dann ist der Fisch die Vergangenheit – sepiafarben, mit *Belle and Sebastian* als Hintergrundmusik. Ein

FISCHE

vollbesetztes Auto mit Freunden, die sich schon ihr Leben lang kennen, auf dem Weg zu einer Hütte am See.

Der Fisch als Liebhaber

In der Liebe ist der Fisch obsessiv und anhänglich. Er ist die Sorte Mensch, die sich durch jedes einzelne Foto auf Instagram scrollt, zwischen den Zeilen zu lesen versucht und sich fragt, ob du in deine Freundin Becky verknallt bist. Die taucht nämlich nicht nur auf fast jedem deiner Fotos auf, auch das Foto von vor zwei Jahren, auf dem du ihre Hand berührst, erscheint ihm sehr verdächtig. Und da die meisten Fische nun mal in ihre Freundinnen und Freunde verknallt sind, schließen sie von sich auf andere. Eine Warnung: Du wirst furchtbar neidisch sein auf die Bindung, die der Fisch mit seinen engsten Vertrauten eingeht. Seine Freundschaften ähneln Liebesbeziehungen, voller romantischer und erotischer Spannung, hinter der eine einschüchternd lange Geschichte steht, sodass eure Beziehung (besonders wenn ihr gerade frisch zusammen seid) kaum an sie heranreichen kann. Gewöhn dich daran. Der Fisch verliebt sich in Bäume und Ameisen und den Himmel zwischen sieben und acht Uhr morgens. Tag für Tag. Sich leidenschaftlich mit der Welt zu verbinden, liegt in seiner Natur, und die Landschaft der Seele ist ihm dabei am liebsten.

Textnachrichten, E-Mails und Briefe immer wieder zu lesen, ist eine weitere Eigenart des Fischs. Meisterhaft analysiert er Tonfall und Wortwahl. Er ist ein brillanter Detektiv. Genau wie der Skorpion, nur dass die Untersuchungen des Fischs auf deine Seele abzielen. Der Skorpion ist manipulativ. Was er mit seinen Erkenntnissen anstellt, kommt ganz auf seine Laune an. Darüber musst du dir beim Fisch keine Sorgen machen. Er möchte dir einfach nur nahe sein. Sehr, sehr nahe. Achtung: «Die im Spiegel sichtbaren Objekte sind näher, als sie erscheinen» – so ist es mit den Fischen, sie *sind* diese Objekte.

Das Irre beim Dating mit einem Fisch: Kaum etwas aus deiner Vergangenheit, kaum eines deiner Gefühle schlägt ihn in die Flucht. Fürchten sich Fische vor ihrer eigenen Innerlichkeit? Klar. Aber ihren Liebsten geben sie gerne einen Vertrauensvorschuss und sind gewillt, seelische Altlasten mitzutragen. Das kann (natürlich) auch nach hinten losgehen, aber als ihr Partner kann man sich dennoch glücklich schätzen. Mit einem Fisch bist du 24/7 auf einem Selbstfindungstrip. Teilweise fühlt sich eine Beziehung mit ihm wie eine niemals enden wollende Therapiesitzung an, nur dass dein Therapeut darüber hinaus dazu bereit ist, mit dir rumzumachen und sich gemeinsame Urlaube auszumalen. Dafür, dass der Fisch es so sehr mag, Orte mehrmals zu besuchen, weil sie dann beim nächsten Mal mit Erinnerungen aufgeladen sind, ist er doch ziemlich spontan. Und kinky. Seine erogene Zone sind die Füße. Zu einer Fußmassage wird er also niemals nein sagen ... zu manch anderem vielleicht auch nicht. (Gib mal «feet» bei Xtube ein.)

In der Liebe klappt es beim Fisch am besten mit einer geborenen Führungspersönlichkeit. Der Krebs passt in dieses Beuteschema (obwohl er mehr ein Pseudo-Anführer ist, weil er insgeheim selbst angeführt werden möchte). Das Gleiche gilt für die Jungfrau, auch wenn die Verbindung der beiden von Gegensätzen geprägt sein wird. Die Jungfrau plant und handelt; der Fisch träumt und verarbeitet. Jeder Fisch fühlt sich zu den Feuerzeichen hingezogen, doch wenn er diesem Gefühl nachgibt, wird es alles andere als einfach. Den Widder findet er anfangs wahnsinnig spannend, letzten Endes aber doch zu jugendlich – obwohl er gerade deshalb im ersten Moment auf ihn abfährt (erinnere dich an seine Liebe zur Kindheit). Der Löwe verwirrt ihn und wirkt auf ihn eindimensional, besonders aufgrund seines Geltungsbedürfnisses. Der Schütze bringt den Fisch völlig um den Verstand. Beide Zeichen träumen sich gerne in andere Welten. Sie lieben Ausflüge und Abenteuer. Sie sind Idealisten und brauchen jemanden, der ihrem kreativen Geist folgen kann. Letzten Endes wünscht sich der Fisch aber etwas Festes. Er ist bindungsfähig, während, wie wir alle wissen, der Schütze nur bleibt, solange er noch geheimnisvoll und unvergleichlich auf dich wirkt. Aber eben nicht viel länger.

Die Luftzeichen findet der Fisch unterhaltsam und verwirrend. Das liegt daran, dass ihr seelisches Gleichgewicht so fragil ist. Der Wassermann ist ihm zu reserviert und der Zwilling zu chaotisch. Mit der Waage passt es von den Luftzeichen noch am besten. Die beiden finden über ihren Hang zur Ästhetik einen Zugang zueinander, und der Fisch wird den Eindruck gewinnen, dass der Intellekt der Waage von Sehnsuchtsgefühlen durchdrungen ist (was schon stimmt, nur dass die Gefühlswelt des Fischs viel komplexer ist, deshalb wird es in der Beziehung schnell langweilig). Steinbock und Stier sind zu starrsinnig. Sie können nicht verstehen, dass der Fisch in der Liebe grenzenlos ist. Das vermittelt ein Gefühl von Weite und Offenheit, das die meisten Menschen in der Liebe nie erfahren werden. Der Skorpion kann das vielleicht gerade noch nachvollziehen. Doch der Fisch gibt sich diesem Gefühl noch umfassender hin. Für ihn ist die Liebe eine Berufung.

Der Fisch als Freund

Sich mit anderen zu verbinden, ist für den Fisch der Hauptgrund, warum wir auf dieser Erde wandeln. Das hat er durch seine Reise auf dem karmischen Rad gelernt. Seine Beziehungen nimmt er also äußerst ernst. Freundschaft steht bei ihm an erster Stelle, sogar noch vor Liebesbeziehungen. Oft tut sich der Fisch mit der Entscheidung schwer, ob es sich lohnt, Zeit und

Energie in eine Beziehung zu stecken. Das liegt daran, dass er die Leute beim Wort nimmt und generell ein sehr vertrauensvoller Mensch ist. Zu vertrauensvoll vielleicht. Egal wie oft der Fisch sich schon die Finger verbrannt hat, den Glauben an die Menschheit verliert er darüber nicht. Deshalb ist er ein so großartiger Freund (und Dichter).

Trotz seiner emotionalen Intelligenz fällt es dem Fisch schwer, Hilfe anzunehmen. Obwohl er im Gegensatz zu Jungfrau und Schütze (die diese Unfähigkeit mit ihm gemeinsam haben) offen über seine Probleme spricht und unter vier Augen auch seine Verletzlichkeit offenbart. Normalerweise wartet er erst einmal ab und lässt dich reden. Und er überlegt lange hin und her, bevor er sich an irgendjemanden wendet. Er schaut, was bei dir gerade so los ist und ob seine eigenen Probleme es wert sind, dich damit zu belasten. Meistens lautet das Fazit nein. Diesem Umstand haben wir viele großartige Kunstwerke zu verdanken. Eigentlich solltest du das Buch jetzt mal kurz beiseitelegen und dir Johnny Cash anhören. Oder Vivaldi – wenn du hören möchtest, wie ein Fisch so richtig abgeht.

Was die Freundschaft mit diesem Wasserzeichen trübt, ist sein passiv-aggressives Verhalten. Wenn er sauer auf dich ist, tut er gerne so, als wäre nichts. Und seine Wut ist nicht so offensichtlich wie die des Steinbocks oder Stiers, bei denen man immer genau weiß, was man verbrochen hat und wie man es wiedergutmachen kann. Und anders als die Feuerzeichen wird der Fisch dich auch nicht zur Rede stellen. Der Groll ist seine Art, sich zu schützen. Seine Art, vor dir zu verbergen, wie verletzt er in Wahrheit ist. Ihm ist nicht klar, wie leicht man ihn durchschaut. Sein «Alles-ist-gut»-Getue wirkt übertrieben und unglaubwürdig. Ein bisschen wie eine Seifenoper.

Hat der Fisch ein Problem mit dir, wird er es hinter Höflichkeiten und Anstand verbergen, obwohl er innerlich kocht. Jeder einzelne Streit, den ich mit meinen Fische-Exfreunden hatte (drei an der Zahl), lässt sich auf ihre Unfähigkeit zurückführen, den Grund ihrer Verärgerung zu benennen. Als ob es etwas über ihre Gefühle und ihre Hingabe verraten würde – was es ja auch tut. Aber ich bitte euch, werdet erwachsen! Fahrt, wenn es sein muss, auch mal aus der Haut! Leider ticken die Fische nicht so. Viele ihrer Gefühle unterdrücken sie und halten das für einen frommen Akt der Großzügigkeit, obwohl es in Wahrheit einfach nur Angst ist.

Fische-Style

In Anbetracht seiner zwanghaften Textnachrichten, seiner allumfassenden Emotionen und grenzenloser Nostalgie kommt der Fisch in Sachen Mode überraschend dezent daher. Nie würde er etwas tragen, nur um aufzufallen. Genau genommen würde er es gar nicht mögen, wenn alle ihn anstarrten und große Augen machten. Er würde sofort alles totanalysieren und in Panik verfallen. Der Fisch hängt an den kleinen Dingen. Ein Schmuckstück, das er von seiner Großmutter geschenkt bekommen hat, eine nicht besonders teure Sonnenbrille, die er in einem Urlaub gekauft hat, an den er sich gerne zurückerinnert, oder ein Shirt, das er seit Jahren im Schrank hat und das ihm deshalb sehr ans Herz gewachsen ist. Der Fisch ist ein Sinnstifter. Das ist seine Art, sich durchzuschlagen. Und aus irgendeinem seltsamen Grund, der meist mit seiner Vergangenheit zu tun hat, sind ihm dabei seine Lieblingsstücke enorm wichtig.

Der Fisch sieht selten billig oder bemüht aus, anders als die Feuerzeichen oder der Zwilling. Seine Kleider sitzen immer ein bisschen locker, sind ein bisschen luftig und wirken verblüffend geheimnisvoll. In Sachen Verführung verlässt er sich mehr auf seine Ausstrahlung als auf seine Kleidung und greift eher zu Basics. Während der Widder in einem Aufmerksamkeit heischenden roten Kleid daherkommt, fühlt sich der Fisch in hellen Jeans und transparent weißer Bluse wohler und zieht damit locker ebenso viel Aufmerksamkeit auf sich. Was er auch trägt, er wird die Blicke auf seine Augen lenken. Denn der Fisch weiß, wie er dich anschauen muss, damit du dich begehrt und bezaubert fühlst.

Die Geschichte eines Kleidungsstücks ist dem Fisch wichtiger als das Kleidungsstück selbst. Er liebt es zum Beispiel, befreundete Designerinnen und Designer, Künstlerinnen und Künstler und alle anderen Schöpfer zu fördern und wird dich gleichzeitig aus den Socken hauen, weil er auf einer ungezwungenen Party mit den perfekten silbernen Plateauschuhen antanzt. Eigentlich hat der Fisch einen sehr klassischen Geschmack. Viel Schwarzweiß, viele sportliche Elemente. Ehrlich gesagt erinnert mich sein Stil an Calvin Klein Mitte der Neunziger. Aber hin und wieder ist er eben auch für eine Überraschung gut. Diese silbernen Plateauschuhe haben ihn vermutlich einen Tausender gekostet, und er würde sie niemals auf einer Karnevalsfeier tragen. Wahrscheinlich hat er sie auch schon mal an Rihanna gesehen, aber das würde er dir niemals verraten. Der Sex-Appeal eines Fischs rührt daher, dass er dir die Befangenheit nimmt und dir das Gefühl gibt, ihr würdet einander schon ewig kennen. Wenn du ihm ein Kompliment für seine Bluse machst, bringt er dir bei eurem nächsten Treffen eine in der passenden Größe mit. Auf so etwas legt der Fisch großen Wert.

Texten mit dem Fisch

Der Fisch wird dir sämtliche Herz-Emojis in sämtlichen Farben schicken. Erinnerungsfotos ohne jeglichen Anlass. Links zu Songs und Gedichten über Herzschmerz, selbst wenn er glücklich und zufrieden ist. Oder Zitate: «Phantasie ist wichtiger als

Wissen» – Albert Einstein. «Bitch better have my money» – Rihanna. Er teilt Tweets, Screenshots von seinen E-Mails und miese Selfies mit dir. Er kommuniziert übermäßig viel. Und das ist eher zuckersüß als zudringlich. Er möchte einfach gern gesehen werden, möglicher Kritik zuvorkommen, das Gefühl haben, es sei okay, dass er dir schreibt (ja, er schiebt Paranoia, dass du nichts von ihm hören willst).

Der Fisch ist nicht die Sorte Mensch, die unerwartet abtaucht. Er möchte, dass du weißt, dass er für dich da ist bei jedem noch so kleinen Anlass. Er erzählt dir, was er zum Frühstück gegessen hat, wann er das letzte Mal geweint hat, dass er gestern vor dem Schlafengehen *Der große Frust* geschaut hat. Nichts macht der Fisch lieber, als anderen bei ihrem Gefühlsleben zu assistieren. Manchmal ist das Hin und Her mit ihm so mitreißend, dass man sich wie in einer Fernsehserie fühlt. Du spielst die Hauptrolle, und er übernimmt sämtliche Nebenrollen, spielt sämtliche besten Freundinnen und Freunde. Hier ein paar seiner Gemütslagen in Schriftform:

Und täglich grüßt der Fisch …
FISCH: Also, ich hab mir beim Duschen Gedanken über dein Leben gemacht und finde, dass Doc Martens deinen Style komplettieren würden. Gib Bescheid, wenn du mehr wissen willst!!

Der philosophische Fisch …
FISCH: *[Link zu «Torn» von Natalie Imbruglia]*

Der verliebte Fisch …
FISCH: DASS JEDEN TAG DIE SONNE AUFGEHT, OMG! Das Leben ist echt der Wahnsinn. Hahahaaa.

Der passiv-aggressive Fisch …

FISCH: Ja, also mir hat ein Freund, der sehr vertrauenswürdig ist, was ganz anderes erzählt. Aber wer weiß, vielleicht hast du ja trotzdem recht. Muss los, bin auf dem Sprung!!!

Der verletzte Fisch …

FISCH: Ja, bin nur shoppen. Hab ganz vergessen, dass ich kein einziges Paar Lederhosen habe. WIR HÖREN UNS SPÄTER! Küss dich.

Der Fisch nach 22:00 Uhr …

FISCH: Wow, hab gerade daran gedacht, wie du mich mal besucht hast und ich dir Platten vorgespielt hab und du in meinem Pulli geschlafen hast und wir darüber sprachen, welche Ameisenart wir wären, wenn wir Ameisen wären, und wie du morgens meine eine Brötchenhälfte gegessen hast und dann heimgegangen bist, und das fehlt mir …

Der vergeistigte Fisch …

FISCH: Wenn ich manchmal die Kneipe betrete und Stevie Nicks läuft, mein Gott, dann … weiß ich einfach, warum wir hier sind.

Der glückliche Fisch …

FISCH: Hab gerade über die Vergangenheit nachgedacht und wie schön es ist, dass sie uns immer bleibt, sogar die schlechten Zeiten. OMG LOL, fühl mich total crazy. Hat mich etwa der Kombucha betrunken gemacht auf der Arbeit???

Der gestresste Fisch …

FISCH: Vielen Dank, alles total super!! Wie geht's DIR denn? Haha.

Der gechillte Fisch …

FISCH: *[Nachricht an alle 234 Kontakte]* Die Sonne geht heute um
19:14 Uhr unter! *[Es folgen 234 Emojis]*

Die fabelhafte Welt des Fischs

Wäre der Fisch eine Stadt, so wäre er San Franciso. Launisch,
umgeben von Wasser, Sonne und Nebel stehend in ewigem Widerstreit und so nah an Europa wie in den USA nur irgend möglich. Und das allein ist schon eine Gemütslage der Fische. Es ist
schon irgendwie wunderlich, dem Ende der westlichen Welt so
nah zu sein. Als wäre die andere Seite ebenda und zugleich nirgendwo. Als gäbe es keinen anderen Ort, von dem aus man so
weit sehen könnte.

Wäre der Fisch ein Satzzeichen, so wäre er ein Doppelpunkt.
Integrativ, bescheiden, mit einer endlosen Liste von Erinnerungen, die auf ihn folgt. Zimmer? Ein Kinderzimmer. Tageszeit? Die
Dämmerung. Wäre er eine Wetterlage, so wäre er ein warmer
Winterregen. Unerwartet und wohltuend, der Raum schaffte für
eine Melancholie, von der du gar nicht wusstest, wie sehr du auf
sie angewiesen bist.

Die fabelhafte Welt des Fischs besteht aus Hoffnung. Er besitzt die besondere Gabe, die Dysfunktionalität der Welt zwar
anzuerkennen, sich davon aber nicht entmutigen zu lassen.
Denn der Fisch glaubt an Magie und an das Unsichtbare. Kunst
ist für ihn die höchste Form der Intelligenz, Emotion eine Religion. Die Zeit betrachtet er als einen Fluss, einen Fluss, dessen
Lauf sich jederzeit ändern kann – durch das Licht, die Steine,
das Leben in ihm. Er fließt auf etwas nicht unbedingt Perfektes,
aber doch Reales und definitiv Lebendiges zu. Da der Fisch von
Neptun beherrscht wird – dem Planeten der Träume, der Empfänglichkeit und Schöpfung –, dauert es bei ihm bisweilen etwas

länger, bis er sich für einen Lebensweg entschieden hat. Alles Berufliche muss für ihn eine Berufung sein, nicht nur eine Karriere. Hinter seinen Entscheidungen stecken achtsame und zielführende Überlegungen, wie auch eine Menge Grübelei, selbst wenn es um scheinbar unbedeutende Dinge geht – wie die Wahl der richtigen Blumen. (Der Fisch liebt weiße Tulpen, blaue Hortensien und jede Rose.) Das gibt er gern zu. Und das geht schon seit seiner Geburt so – seit er denken und fühlen kann (was er wahrscheinlich schon vor seiner Geburt konnte).

Der Idealismus, der dem Fisch in die Wiege gelegt wurde, hält auch eine lähmende Selbsterkenntnis für ihn bereit. Er ist sich bewusst, dass Idealismus in dieser Welt nicht belohnt wird. Gleichzeitig weiß er, dass nur Idealisten die Welt verändern können. Wie geht er damit um? Nun, vor allem starrt er vor dem Schlafengehen meist lange Zeit die Wand an, und vor dem Aufstehen mindestens eine Stunde. Hätte er keine Verpflichtungen, könnte er den ganzen Tag mit Denken und Starren zubringen. Und stundenlang Briefe schreiben. In Gedanken sitzt er ohne Unterlass an zwei Romanen. In dem einen ist er mit allen zusammen, die ihn jemals eines Blickes gewürdigt haben. In dem anderen findet er seine einzig wahre Liebe auf einem überfüllten Bahnsteig. Diese Liebe wird seinen Namen kennen und klug genug sein, mit ihm an einem charmanten Ort mit Aussicht ein Glas Wein zu trinken. Von dort oben haben sie einen Blick auf die Stadt oder auf lebhaftes Treiben. Von dort kann der Fisch sehen, dass die Menschen gerne leben und sich nicht so einfach unterkriegen lassen.

Der Fisch erschafft sich seine eigene Vergangenheit, die für ihn nahtlos in die Gegenwart übergeht. Und er weiß, dass die Zeit nicht linear verläuft. So erlebt er sie nämlich nicht. Bist du je mit einem Fisch ausgegangen und beschließt zehn Jahre später, wieder an seine Tür zu klopfen, wird er dich empfangen, wie er dich das allererste Mal empfangen hat. Er kann sich an sämtliche Augenblicke erinnern, in denen er sich mit dir zusammen lebendig gefühlt hat. Schlechte Erinnerungen blendet er aus.

Einer meiner Fische-Liebhaber rauchte gerne mal einen und nahm dann selbstkomponierte Songs mit seinem Handy auf. Er schickte sie mir mitten in der Nacht, gegen drei oder vier Uhr morgens, wenn ich noch tief und fest schlief, damit ich sie mir gleich nach dem Aufwachen anhören konnte. Das waren verträumte, folkige Lieder über die Liebe, den Frieden und ... über Essen. Jedes Mal, wenn ich mir eines davon anhörte, dachte ich: «Ich hoffe, er wird nicht eines Tages an dieser Welt zerbrechen.» Alle Fische sind Pazifisten und werden allein mit ihrem Intellekt kämpfen oder über ihre ethischen Grundsätze streiten. Machthunger oder Gier ist ihnen fremd. Tiere liegen ihnen dagegen sehr am Herzen. (Die meisten Mitarbeiter in Tierheimen sind als Fische auf die Welt gekommen.) Ob Hund- oder Katzenmensch – das lässt sich nicht sagen. Sie sind eher Katzen-, Schlangen-, Vögel-, Ameisen-, Wolfs- und Hundemenschen auf einmal. Und sie halten es mit der Tierwelt, weil sie so rein und unschuldig ist.

Trotz ihrer künstlerischen Ader wären die Fische hervorragende Wissenschaftlerinnen und Wissenschaftler. Sie fühlen sich eng mit der Natur verbunden und würden am liebsten bis ans Ende ihrer Tage im Freien leben, wenn es irgendwie möglich wäre. Zu viel Zeit in geschlossenen Räumen macht sie ängstlich und nervös. Sie müssen sehen, dass es auch noch eine Welt da draußen gibt und dass sie nicht allein sind. Es mag paradox klingen, aber die Menschen, die am engsten mit anderen in Verbindung stehen, vergessen genau das, wenn sie mit der eigenen Verzweiflung konfrontiert sind. Und Verzweiflung gleicht bei Fischen einer stetig tropfenden Infusion, die scheinbar nie zur Neige geht.

Tanz und Theater sind zwei Bereiche, in denen sich Fische hervortun. Das gilt auch für alle Berufe, in denen sie ihren Körper zum Einsatz bringen können, am besten gemeinsam mit anderen Menschen. Außerdem geben sie hervorragende Schauspielerinnen und Schauspieler ab. Und Geschäftsleute. Ihre zugewandte Art und ihre Fähigkeit, sich emotional auf andere einzulassen, bescheren ihnen viele Erfolge.

Manchmal gehen sie nur widerwillig auf eine Party, sind aber dann trotzdem die Letzten, die nach Hause gehen. Sie sind einfach wahnsinnig gern unter Menschen. Fische hören sich jede Geschichte an und betüddeln die Erzählerin oder den Erzähler. Selbst wenn sie die Geschichte traurig, langweilig oder unglaubwürdig finden – sie hören zu. Und sie werden ernsthaft versuchen zu verstehen, wie es so weit kommen konnte. Wahrscheinlich grübeln sie auch darüber nach, ob sie in die Erzählerin oder den Erzähler verknallt sind. Und meist ist das der Fall. Wie es sich anfühlt, einen Raum zu verlassen und in sämtliche Anwesenden verknallt zu sein, wissen sie schon. Sie sind es gewohnt, einem Menschen zu vergeben, der sie enttäuscht hat, wie sie es gewohnt sind, Fehler hinzunehmen.

Für die Fische sähe ein perfekter Tag so aus, dass sie alleine aufwachen, um sich dann mit jedem zu treffen, mit dem sie jemals geschlafen haben, und mit jedem, mit dem sie jemals beinahe geschlafen hätten. Das beträfe dann wohl so ungefähr die gesamte Menschheit. Es stimmt, dass die Fische am liebsten alleine schlafen. Sex ist ihnen nämlich nicht so wichtig, ist für sie nicht die größtmögliche Intimität. Die tiefste Liebe erfahren sie vielmehr in der Freundschaft. Dafür lohnt es sich aus ihrer Sicht zu leben. Sie fürchten sich nicht vor dem Alleinsein. Sie haben doch ihre Fotos und Lieder und alles, was sie verwahrt und verzeichnet haben. Tagebücher sind für den Fisch erfunden worden. Der Fisch *ist* ein Tagebuch.

Der berühmte Fisch

Als ältestes und weisestes Zeichen ist der Fisch prädestiniert, die Welt zu verändern. Albert Einstein. George Washington. Nina Simone. John Lewis. Ohne die Fische wäre die Welt weit weniger angenehm und auch weit weniger schön. Ein waschechter Fisch ist zum Beispiel auch die Richterin Ruth Bader Ginsberg, die als zweite Frau überhaupt ans Oberste Gericht der USA berufen wurde. Mit ihrer toughen und zugleich zutiefst mitfühlenden Art ist sie der wandelnde Beweis, dass diese Eigenschaften koexistieren können und dass jene, denen beide innewohnen, der Menschheit einen großen Dienst erweisen können. Schon am Anfang ihrer Karriere hat sich Ginsberg vehement für Frauenrechte starkgemacht. Ihr Stil und ihr Humor sind unvergleichlich. Inzwischen ist sie eine Ikone und hat so manch einen überlebt. So ist das mit den Fischen – trotz des Geredes über ihre Empfindsamkeit halten sie häufig als Letzte die Stellung.

Elizabeth Taylor, ebenfalls Fische, die bekanntlich achtmal verheiratet war, hat angeblich mal folgenden Satz gesagt: «Einige meiner besten Filmpartner waren Hunde und Pferde.» Auf der Suche nach Liebe ging sie mit offenen Augen durchs Leben und lernte, dass die Liebe grenzenlos ist. Dass sie nicht mit einer Heirat einsetzt und mit der Scheidung endet. Fische halten sich zwar an gesellschaftliche Konventionen, sehnen sich aber danach, von ihnen abzuweichen. Wenn sie könnten, würden sie in den Leben anderer ganz ungestört und ungebunden ein und aus gehen. «Ungestört» – kein Problem; «Ungebunden» – auch nicht unmöglich für den Fisch.

Wenn du dir einen echten Fische-Film anschauen möchtest, wähle *Do the Right Thing* von Spike Lee. In dem Film herrscht eine fast unerträgliche Spannung, und es steht eine Menge auf dem Spiel, aber das alles geschieht zwischen verschiedenen Menschen und kann deshalb auch von ihnen gelöst werden.

Obwohl sich der Film vordergründig um chaotische Zustände und Rassismus dreht, handelt er im Grunde doch von der Liebe. Oder der Möglichkeit von Liebe. Nach so vielen Erdenleben versteht der Fisch unter Konflikten etwas anderes als unsereins. Er weiß, dass sie unvermeidbar und manchmal sogar unerlässlich sind. Und er ist gewillt, sie hinzunehmen, obwohl er sich im Therapeutenmodus am wohlsten fühlt und wenn er versucht, die Dinge wieder geradezurücken.

Ist es unter diesen Umständen eine Überraschung, dass einer der längsten, schrägsten und gewaltigsten Romane unserer Zeit, *Unendlicher Spaß*, von einem Fisch verfasst wurde? David Foster Wallace versucht darin, na ja, irgendwie … einfach alles zu fassen. Das Unkontrollierbare. Das Unfassbare. Bei der Lektüre fühlt man sich nicht selten zutiefst unwohl und verloren. Was Wallace in diesem Roman festzuhalten sucht, ist der arbeitende Geist. Erfahrungsschichten, wichtig und unwichtig in einem, die sich im Gedächtnis auftürmen. Sie alle weisen in die Zukunft. Soll man lachen oder weinen oder doch erbost sein? – Man weiß es nicht. All die Emotionen. Die ganze Zeit. Das ist der Fisch.

Weitere berühmte Fische

1. STEVE JOBS
2. LIZA MINNELLI
3. NAT KING COLE
4. W. E. B. DU BOIS
5. GEORGE HARRISON
6. MICHELANGELO
7. JUSTIN BIEBER
8. DREW BARRYMORE
9. ANSEL ADAMS
10. QUEEN LATIFAH

Fische-Playlist

LOU REED – «Perfect Day»
NIRVANA – «Come as You Are»
CHOPIN – «Nocturne in E-Moll, Op. 9, Nr. 2»
RIHANNA – «Kiss It Better»
LISA LOEB – «Stay (I Missed You)»
JOHNNY CASH – «Hurt»
ERYKAH BADU – «Bag Lady»
NINA SIMONE – «Don't Let Me Be Misunderstood»
COLDPLAY – «Yellow»
TEENA MARIE – «I Need Your Lovin'»

Der Fisch (Ein Gedicht)

Das erste Gefühl am Tag
das noch eins von gestern enthält.
Ein Gefühl, das fühlt, wie
es sich durch alle Gefühle
bewegt, die einst gefühlt wurden,
ohne Ende, ohne uns, ohne Grund.
Wieder und wieder,
wie ein Meer, das sich verformt,
zum letzten Mal. Diese Stunde
der Nacht, die nun anbricht
durch Fenster und Türen
um zwölf Uhr mittags.

The first feeling of the day
and a feeling of yesterday in it.
A feeling that feels itself
moving through everything

once felt, without end
without us, without reason.
Again and again
like a sea losing its shape
for the last time. This hour
of night now arriving
through windows and doors
right at noon.